킬러 콘텐츠
승부사들

킬러 콘텐츠 승부사들

정해승 지음

프롤로그
'죽이는' 콘텐츠에 목숨 거는 사람들

필자의 첫 직장은 엔지니어링 회사로 해외영업팀에서 플랜트 수출을 담당했다. 지금이야 제2 중동 붐으로 엔지니어링 회사가 뭐하는 회사인지 아는 사람들이 생겼지만 1990년대 중반만 해도 잘 모르는 사람이 많았다. 엔지니어링이 A라는 물질을 열과 압력, 촉매의 반응에 의해 B라는 전혀 다른, 하지만 유용한 물질로 바꾸는 일이다 보니 일의 프로세스가 그 어떤 산업군보다 중요하다. 업무 프로세스와 매뉴얼은 100년 이상의 역사를 가지고 있고 PI(Process Innovation, 프로세스 혁신), ERP(Enterprise Resource Planning, 전사적 자원관리) 등을 국내에 최초로 도입한 것도 엔지니어링 회사들이다.

중동국가의 석유성 고위 공무원들과 끊임없이 협상하고, 건당 1억 달러 이상의 수출계약을 성사시키는 일. 엔지니어링 산업은 매우 매력적이고 일에 대한 자부심 또한 높았다. 하지만 필자에게는 더 늦기 전에 좋아하는 일을 하고 싶다는 갈망이 있었다. 그래서 결국 DNA 깊숙

한 곳에서 외치는 요구에 따라 엔지니어링 회사를 떠났다.

그렇게 좋아하는 일을 하고 싶어 새로 도전하게 된 일은 바로 엔터테인먼트 분야다. 회의 시간에 동방신기와 이효리를 얘기하고 소녀시대, 빅뱅과 함께 일할 수 있는 이곳의 업무는 너무 재미있다. 하지만 처음에는 이전 회사와 전혀 다른 업무 스타일에 놀라기도 했다. 프로세스를 목숨처럼 알던 회사에서 일했던 터라 '비교적 덜' 체계적인 이곳의 업무는 신기했고 간혹 걱정이 되기까지 했다. 이직 후 한동안은 업무 시스템화를 위해 노력했던 것 같다. 솔직히 선진 경영방식을 주먹구구식인 일에 접목하며 한 수 가르쳐준다는 우쭐함도 있었다.

그러나 시간이 지나고 일에 집중할수록 만만하게 봤던 연예기획사들과 그들의 업무 스타일에서 뭔가 독특한 점들을 발견하기 시작했다. 현란한 경영기법과 수사들을 동원하진 않지만 그들의 전략과 결과물은 굉장히 트렌디하고 고객지향적이다. 일반 회사들에서 브레인스토밍과 갖가지 예측 데이터를 통해 검증하고 기기묘묘한 슬라이드를 넣어 만든 기획안들. 유관 부서의 날카로운 챌린지를 다 이겨내고 나온 그 기획안들 이상으로 그들의 기획은 혁신적이었다.

추진력도 남달랐다. 일단 확정되면 목숨을 걸고 달성하기 위해 달려간다. 때로는 체면까지 내려놓고 일을 한다. 몇 번 시도했다가, 그것도 굉장히 젠틀하게 제안했다가 거절당하면 바로 포기하는 일반 회사들과는 달라도 너무 달랐다. 그들의 업무 방식에는 투박하지만 날 것 그대로의 야생성이 있다. 우아하게 일하지만 공룡병에 걸려 있는 대기업들의 업무방식과는 확연히 다르다.

시각을 달리하니 어떤 경영혁신 사례와 견주어도 부족함이 없는 엔터테인먼트업계의 성공사례들이 하나둘씩 보이기 시작했다. 브라운아이드걸스의 혁신이나 한국 걸그룹의 해외시장 정복 사례는 〈하버드 비즈니스 리뷰〉의 케이스 스터디에서 다뤄져도 손색이 없을 정도다.

우연의 일치일까, 아니면 올 것이 온 것일까? 음반시장 축소로 적자를 면치 못하던 대한민국의 엔터테인먼트 기업들은 최근 1~2년 사이 확고한 해외매출을 바탕으로 턴어라운드를 시작하고 있다. 그리고 아시아는 물론 유럽에까지 K-POP 열풍을 일으키고 있다. 그들만이 가진 독특한 '무엇'이 성과로 창출되는 시기가 도래한 것이다.

이 책의 목적은 크게 두 가지다. 먼저 창의력이나 트렌드를 만드는 능력에서 가히 최고라 할 수 있는 엔터테인먼트 리더들의 이야기, 그리고 그 노하우를 알아보려고 한다. 최근 한류 문화까지 양산하며 전 세계의 주목을 받고 있는 대한민국 엔터테인먼트 기업들로부터 전통적 산업군들이 벤치마킹할 점은 무엇인지도 논할 것이다. 물론 여기엔 엔지니어링이라는 전통적 산업군에서 일한 경험이 밑거름이 됐다.

2000년대 이후 글로벌 기업으로 성장했으나 대기업병, 공룡병으로 성장통을 겪고 있는 기업들이 적지 않다. 이들 기업에게 대한민국 엔터테인먼트 리더들의 야생성, 스트리트 스마트, 감성 디테일 등은 초기 벤처정신을 다시금 떠올릴 수 있는 정신적 비타민이 될 것이다.

두 번째는 아직도 '딴따라'로 폄하되는 엔터테인먼트 산업을 비즈니스 언어로 재조망하고 싶었다. 실력에 비해 표현 방식이 서툴러 제대로 평가를 받지 못하는 것만큼 안타까운 일은 없다. 비록 사용하는 언어와 업무 스타일은 투박하지만 엔터테인먼트 리더들은 이미 경영학 구루가 강조하는 모든 것을 실행하고 있다. 이 책을 통해 그들이 얼마나 대단한 일을 하고 있는지 꼭 얘기해주고 싶다.

일본 여성들이 소녀시대나 카라에 열광하고, 파리 한복판에서 파란 눈의 유럽 젊은이들이 K-POP을 따라부르며 춤을 추는 모습들. 당신에게는 그저 신기하고 놀라운 시선으로 바라보는 문화현상일 뿐인가? 엔터테인먼트 산업에는 전 세계에서 통하는 킬러 콘텐츠를 만들기 위해 철저한 시장 분석과 현장 경험, 그리고 무한한 창의력으로 도전하는 콘텐츠 승부사들의 땀내 나는 이야기가 숨어 있다.

트렌드를 선도하는 전략가가 되고자 한다면 이 책이 통찰력을 제공할 것이다. 공룡병에 시달리고 있는 기업들에게는 혁신으로 가는 '창의적 발상법'의 키를 쥐어줄 것이다. 그러나 무엇보다 잠자고 있는 당신의 영혼에 '도전'이라는 영감을 불어넣을 수 있기를 희망한다.

정해승

CONTENTS

프롤로그 _ '죽이는' 콘텐츠에 목숨 거는 사람들 004

1 항상 야생성을 기억하라

생존을 위해선 핵심역량도 바꾼다 _ 브라운아이드걸스의 '아브라카다브라'
브라운아이드걸스의 변신, 변절인가 혁신인가 · 020 | 변화가 두렵다면 생존할 수 없다 · 024 | 모든 것을 걸어서라도 반드시 성공해라 · 025

프리미엄을 버리고 야생에서 생존하라 _ 보아, 동방신기의 일본 도전기
한일 동시 데뷔를 성공시킨 보아 · 029 | 동방신기, 톱스타의 프리미엄을 버리다 · 032 | 다국적 전략으로 문화 장벽을 넘다 · 035 | 절박함이 때론 최고의 무기 · 037

창업자의 전문성을 오랫동안 유지하라 _ JYP 박진영의 딴따라 철학
도전을 즐기는 딴따라, 박진영 · 040 | 현장에서 떠나는 순간 초심도 잃는다 · 044 | 가능한 전문 영역에 오래 머물러라 · 046

모든 문제의 답은 한곳에 있다 _ 공연계의 흥행 보증수표, 김장훈과 싸이
위기를 기회로 만든 김장훈과 싸이 · 049 | 자기 확신이 있다면 틈새시장은 있다 · 053 | 위기 탈출 해법, 현장에 있다 · 056

② 스트리트 스마트를 활용하라

첫째도 재미, 둘째도 재미! _ 케이블 신화 〈슈퍼스타K2〉
〈슈퍼스타K2〉, 시청자를 홀리다 · 068 | 고객과의 심리전에서 이기는 법 · 073 | 고객이 원하는 것에만 집중하라 · 075

정공법이 항상 답은 아니다 _ 2AM의 깡권 신드롬
우회 전략으로 살아남은 2AM · 078 | 고객이 사고 싶은 것부터 팔아라 · 082 | 생존 없이는 기회도 없다 · 085

팔 우물이 하나만 있는 것은 아니다 _ 애프터스쿨의 유닛 활동
애프터스쿨, 변신의 끝은 어디인가 · 088 | 한우물 파기의 득과 실 · 093 | 한계를 깨닫는 순간이 바로 출발점이다 · 095

기술로 다가온 위기, 기술로 극복하라 _ 한류 열풍과 SNS
K-POP, 기술에 죽고 기술에 살고 · 099 | 파리에 모여든 유럽의 한류팬들 · 103 | 콘텐츠 기업, 인터넷 기업에 한판승! · 107

51 대 49, 결정의 법칙 _ 김태원, 임재범의 예능 성공기
로커의 자존심이냐, 재기가 먼저냐 · 109 | 뒷다리 잡기 달인들을 조심하라 · 114 | 가능성에만 집중해도 시간이 모자라다 · 117

최고의 맨파워를 만드는 힘 _ 아이돌의 새로운 표준, 빅뱅
빅뱅 멤버 선발의 비밀 · 120 | 똑똑한 자원 배분이 경쟁력을 만든다 · 124 | 스트리트 스마트하게 배분하라 · 127

③ 고객을 팬으로 만드는 비밀

고객과 지지자를 동일하게 만들어라 _ 아이돌 그룹의 티켓 파워
아이돌 팬클럽의 힘 · 138 ㅣ 불만고객과 충성고객은 종이 한 장 차이 · 143 ㅣ 정서적 교감이 지지자를 만든다 · 147

자발적 참여의 기회를 제공하라 _ 팬들의 세상이 된 OSMU
동방신기 유노윤호 도시락 · 149 ㅣ 낚으려면 제대로 낚아라 · 155 ㅣ 자발적 참여를 만드는 힘 · 157

오랜 기간 1위를 독점하기 위한 조건 _ 걸그룹 시장 최강자, 소녀시대
소녀시대, 그들이 강할 수밖에 없는 이유 · 161 ㅣ 레드오션일수록 1등 전략이 중요하다 · 167 ㅣ 감성 디테일을 최대한 살려라 · 169

감정이입이 매력도를 높인다 _ 한류 열풍과 OST 붐
OST가 사랑받는 이유 · 172 ㅣ 만국 공통어, 감정을 활용하라 · 176 ㅣ 공감각적 심상이 시너지를 만든다 · 179

디지털을 빼거나 아날로그를 더하거나 _ 연예계 복고열풍
UV, 새로운 감성을 덧입히다 · 182 ㅣ 언제 어디서나 통하는 아날로그의 힘 · 188 ㅣ 생각의 전환, 디지로그 · 190

④ 즐기는 자가 승리한다

행복지수가 창의력의 바로미터 _ 엔터테인먼트 리더의 일하는 방식
취미가 일이 되는 현장 · 202 ㅣ 일이 재미없으면 조직을 재미있게 만들어라 · 207 ㅣ 작은 보상들이 더 효과적이다 · 209

모두가 주인이 되는 회사 _ YG엔터테인먼트와 양현석 리더십
YG는 회사인가 패밀리인가 · 213 ㅣ '의리'는 비즈니스 제1의 자산 · 218 ㅣ 주인의식에는 주인이 없다 · 221

면접은 꿈 거래 장터 _ SM엔터테인먼트 오디션
SM식 캐스팅의 비결 · 224 | 면접은 꿈을 사고파는 곳이다 · 230 | 오디션의 기회를 제공하라 · 232

일단 말부터 통해야 산다 _ 아이돌 리더 공식
지드래곤, 조권, 태연의 공통점 · 236 | 똑똑한 리더보다 말 통하는 리더가 낫다 · 241 | 실수도 창의적일 수 있다 · 244

5 히말라야에서 경쟁하라

경쟁이 곧 경쟁력 _ 세계 최고 한국의 걸그룹들
소녀시대와 카라, '가와이 문화'를 넘다 · 255 | 스스로 글로벌 스탠더드가 되라 · 260 | 치열한 경쟁이 자양분이다 · 264

경쟁하되 기본은 지킨다 _ 한국 엔터테인먼트 시장의 특성
엔터테인먼트업계에 사람들이 몰리는 이유 · 266 | 경쟁자보다 더 두려운 존재 · 272 | 죄수의 딜레마에서 벗어나라 · 274

좋은 것을 넘어 위대한 것을 향해 _ 가왕 조용필이 위대한 이유
한국 가요계의 전설, 조용필 · 278 | 좋은 것에서 머무르지 마라 · 284 | 레전드의 조건 · 286

지속가능성을 위하여 _ 최고 작곡가의 생존 전략
창작의 샘에는 정해진 양이 있다? · 290 | 착해야 살아남는 시대 · 296 | 엔터테인먼트 업계의 지속가능한 미래 · 299

감사의 글 302

Killer Contents **1**

항상 야생성을 기억하라

눈 깜짝할 사이에 찾아오는 공룡병

세계 최고 기업 중 하나인 도요타자동차는 카이젠(Kaizen, '개선'의 일본식 표기로 현장에서 자발적으로 만들어지는 품질관리 시스템), JIT(Just in Time, 부품을 필요한 시기에 공급받아 재고를 최소화하는 재고관리 시스템) 등 경영혁신의 대표적인 사례로 손꼽힌다. 그런 도요타가 2009년 거듭되는 리콜사태로 경영위기에 빠지게 되리라곤 아무도 예상하지 못했다. 리콜의 주요 원인은 과도한 원가절감과 해외 생산거점 확대가 야기한 글로벌 생산시스템이다. 하지만 이는 표면적으로 드러난 문제점에 불과하다. 도요타 아키오 사장이 "우리는 너무 커버렸다. 과거의 벤처정신을 잃었다."고 한 탄식에서 도요타의 위기를 더 잘 이해할 수 있을 것 같다. 이 말은 바로 기업의 성장과정에서 찾아오는 공룡병, 즉 대기업병의 병폐를 꼬집고 있기 때문이다.

조직이 커지면서 조직 구조나 업무 프로세스에서 시스템화가 일어나는 것은 당연한 일이다. 또 반드시 그렇게 해야 하는 일이기도 하다. 벤처에서 출발해 시장에서 생존한 기업이 보다 큰 기업으로 성장하기 위한 통과의례이기 때문이다. 그리고 구성원과 계열사가 하나둘씩 느는 과정에서 창업 시절의 벤처정신을 한결같이 유지한다는 것은 무척 어려운 일이다.

그럼에도 불구하고 도요타 사장은 왜 자신들이 벤처정신을 잃어버렸다고 개탄한 것일까? 현실에 안주하지 않고 지속적으로 도전과 변화를 추구하는 것에 실패했음을 그는 아마도 '벤처정신의 실종'으로 표현한 것 같다. 그렇게 놓고 보면 도전과 변화는 벤처의 대표적인 정신이면서, 무한경쟁에서 생존하고자 하는 모든 기업이 절대 잃어버리지 말아야 할 정신이라고 할 수 있을 것이다.

우리는 빠르게 찾아온 공룡병 때문에 위기를 맞은 세계적인 기업들을 어렵지 않게 만날 수 있다. 우리 대기업들도 강 건너 불구경할 일이 아니다. 2010년 스마트폰 대응에 실패해 위기를 겪고 있는 LG전자만 해도 그렇다. 방만한 경영으로 국민의 혈세를 축내고 있는 공기업은 또 어떠한가? 공룡처럼 몸집은 비대해졌으나 도전 정신을 상실하고 무사안일로 운영되는 공기업들은 이젠 성과를 내려 해도 내기 어려운 조직이 돼버렸다.

2000년 초 벤처 열풍으로 등장한 회사 중 매출 1조 규모로 성장한 IT 기업들조차도 스스로 대기업병에 걸리지 않았나 고민하는 상황이다. 기업이 성장할수록 초기에 가졌던 벤처정신을 계속 유지하기란 불가능한 일일까? 조직의 시스템이 갖춰짐에 따라 규모가 작았을 때의 기업가 정신은 계속 발현되기 어려운 일일까?

이 시점에서 우리는 최근 한류 열풍을 일으키며 빠른 속도로 성장하고 있는 대한민국 엔터테인먼트 기업들의 도전의식과 변화를 벤치마킹할 필요가 있다. 그들의 성공 기저에는 도전과 변화를 두려워하지 않는 야생성이 있기 때문이다.

SM이 통하는 이유가 있다

엔터테인먼트 기업들과 프로젝트를 진행해본 사람들은 기존의 방식과 전혀 다른 그들의 업무 스타일 때문에 놀란 경험이 있을 것이다. 이는 세련되게 비지니스 용어를 구사하지 못하거나 정형화된 업무 프로세스에 거부감을 보이는 그들의 업무 방식에서 기인하는 경우가 많다. 그러나 전통적인 비즈니스의 관점에서 볼 때 다소 투박해 보이지만, 실제 일에 매진하는 모습은 그 어떤 벤처 기업보다 도전적이고 혁신적이다.

특히 아티스트들은 평범한 삶을 거부하고 꿈을 좇아 하이리스크 하이리턴의 세계로 뛰어든 사람들이다. 그래서 누구보다 도전적인 DNA를 가지고 있다. 수백 대일의 경쟁률을 뚫고 연습생이 된 후에도 그들은 혹독한 트레이닝을 거친다. 그리고 최종 데뷔까지 다른 연습생들과의 경쟁이 계속 이어진다. 데뷔에 성공했다 치자. 이후 경쟁자들과의 싸움에서 승리해 스타의 반열에 오르기까지는 또 엄청난 도전의 과정이 기다린다. 즉, 도전하지 않고 현실에 안주하는 순간 바로 인기추락이라는 천 길 낭떠러지가 기다리고 있는 것이다. 덕분에 늘 도전의 삶을 살아갈 수밖에 없다.

콘텐츠 산업의 속성상 대한민국이라는 한정된 시장에선 성장에 한계가 있다. 그래서 글로벌 시장을 향한 도전 역시 엔터테인먼트 기업들에겐 필연적이다. 톱스타라는 기득권을 전부 버리고 말과 문화가 다른 타국에서 밑바닥부터 다시 시작하는 그들의 도전은 실로 무모하기까지 해 보인다.

그 무모한 도전을 성공으로 이끌어 한국에 있을 때보다 매출을 몇 배로 더 올리고 있는 것을 보면 이것이야말로 진정한 기업가 정신의 발현이 아닌가 생각되기도 한다. 특히 보아, 동방신기, 소녀시대 등 문화 콘텐츠로 일본과 동남아, 심지어 유럽에서도 한류문화를 확산시키고 있는 SM엔터테인먼트는 세계 그 어떤 기업과 견주어도 손색이 없을 정도로 도전적이고 역동적인 기업의 성공사례다.

엔터테인먼트 산업은 항상 트렌드의 선봉에 있다. 그래서 변화에 능동적이어야 한다. 아이돌 그룹들이 '귀여움', '친근함', '전사', '섹시' 등 카멜레온처럼 다양한 모습을 보여주는 것 또한 환경변화에 대처하기 위해 필연적으로 가져야 하는 그들의 모습이다. 나아가 세계적인 수준에 올라 와 있는 대한민국 엔터테인먼트 산업이니만큼 변화에 대처하는 것을 넘어 변화를 이끌고 트렌드를 선도해야 하는 단계에까지 이르렀다.

이와 달리 우리 주위에는 변화에 제대로 대응하지 못해 역사의 뒤안길로 사라지는 기업들이 여전히 많다. 변화하고 혁신하지 못하면 살아남을 수 없다는 것을 잘 알고 있음에도 말이다. 그런데 왜 실천하지 못하는 것일까? 서서히 끓는 물속에서 온도의 변화를 감지하지 못해 최후를 맞이하고 마는 개구리 실험처럼 현 시점에서는 변화를 쉽게 감지하지 못하기 때문이다.

이에 비해 엔터테인먼트 산업은 유행의 사이클이 무척 짧다는 태생적 한계 때문에 변화에 민감하고 적자생존이 뚜렷하다. 잠시 방심하면 맹수의 먹이가 될 수 있는 동물의 왕국 같은 환경과 마주하고 있기에 변화와 혁신은 엔터테인먼트 기업의 숙명이 돼버린 것이다.

현실에 안주하는 순간, 환경 변화에 둔감해지는 순간, 동맥경화에 걸린 공룡병 환자처럼 경쟁에서 도태되고 만다는 사실을 누구보다 잘 알고 있다. 그것이 부침이 심한 엔터테인먼트 환경 때문인지, 그들의 피에 뜨겁게 흐르고 있는 도전적 DNA 때문인지 알 수는 없다. 하지만 그들의 야생성이 살아 있는 한 엔터테인먼트 기업들은 절대 현실에 안분지족하지 않을 것이다.

언제나 야생성을 유지하며 도전과 변화에 앞장서고 있는 대한민국 엔터테인먼트 기업들! 그들이야말로 치열한 글로벌 시장에서 경쟁해야 하는 우리 기업이 반드시 벤치마킹해야 할 모습이다.

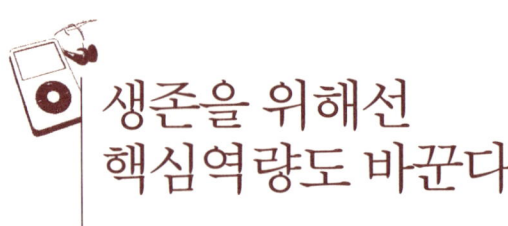

생존을 위해선 핵심역량도 바꾼다
브라운아이드걸스의 '아브라카다브라'

브라운아이드걸스의 변신, 변절인가 혁신인가

2004년 SG워너비가 일으킨 소몰이 창법 열풍, 그들이 끼친 영향은 걸그룹이라고 예외는 아니었다. 그 결과 2006년 가비앤제이, 씨야 등 아이돌과는 성격을 달리하는 보컬 위주의 걸그룹들이 탄생하기 시작했다. 이들과 거의 동시대에 등장한 그룹이 바로 '시건방춤'으로 유명한 브라운아이드걸스(이하 '브아걸'로 통칭)다.

그룹명에서 브라운아이드소울(나얼, 정엽 등이 속한 소울 음악의 대표 그룹)을 쉽게 연상시킬 수 있듯 가인, 나르샤, 미료, 제아로 구성된 브아걸은 정통 소울 음악을 구사하는 실력파 여성보컬 그룹이다. 그러나 '다가와서'라는 노래로 데뷔했지만 아쉽게도 1, 2집 모두 상업적 성공을 거두지는 못했다. 비슷한 시기에 비슷한 콘셉트로 데뷔한 씨야가 비주얼이 강한 '남규리'를 앞세워 인기 걸그룹으로 발돋움한 것과는 상이한 행보였다.

실력은 인정받았지만 대중의 기억 속에서 서서히 잊히고 있던 2008년 초. 브아걸은 기존 곡들과는 전혀 다른 싱글 앨범을 들고 등장한다. 그리고 상큼한 일렉트로니카 음악 'L.O.V.E'라는 곡으로 드디어 대중의 주목을 받기 시작했다. 사실 대한민국에서 내로라하는 실력파 여성 래퍼 미료가 있다는 것은 경쾌한 댄스 레퍼토리에서 경쟁자들에 비해 우위를 점할 수 있는 부분이기도 했다.

'L.O.V.E'를 통해 가능성을 확인한 브아걸은 미니 앨범을 발표했고 타이틀곡 '어쩌다'가 빅히트곡의 반열에 오른다. 하지만 대중적인 인기와 상관없이 이 노래는 많은 구설수를 낳았다. 무엇보다 이슈는 원더걸스의 'Tell Me' 열풍에 이어 'Nobody', 손담비의 '미쳤어' 같은 후크송(짧은 후렴구에 반복되는 가사로 청자들의 뇌리에 빠르고 오랫동안 남아 있는 노래의 형태)이 인기몰이를 시작할 때 음악성으로 대표되는 브아걸이 너무나 노골적인 후크송을 발표했다는 것이었다.

브아걸의 기존 음악을 사랑하던 팬들에게는 일종의 '변절'로 받아들여지기까지 했다. 실력파 보컬 그룹에서 후크송을 부르는 여성 아이돌 그룹으로의 변절. 이제 그들은 다음 앨범에서 이 모든 것들이 잠시의 외도인가, 아니면 획기적인 변신인가, 음악적 정체성을 결정지어야만 했다.

'어쩌다'로 노래로는 인정받았지만 못난이 인형 같은 메이크업과 학예회 수준의 댄스는 아이돌 댄스 가수라는 이미지를 심어주기엔 부족했다. 그러나 2009년 여름, 브아걸은 너무나도 파격적인 신곡 '아브라카다브라'로 그들의 정체성 논란에 종지부를 찍었다.

발매 직전 뮤직비디오의 선정성 논란으로 이번 변신이 보통이 아닐 것을 예고한 이들은 실제 무대에서도 파격적인 의상과 퍼포먼스로 최고의 섹시 걸그룹으로 완전히 변모했다. 브아걸을 모르고 본 사람들은 아시아에 이런 혁신적인 사운드와 퍼포먼스가 있을 수 있는가 할 정도로 놀라운 무대였다.

'아브라카다브라'는 음악적으로도 크게 인정을 받은 곡이다. 후크송에서 벗어나 조영철, 지누, 이민수 등 실력파 뮤지션들이 강렬한 전자음으로 완벽한 사운드를 창조해냈다. 무엇보다 무대를 압도한 것은 섹시한 의상과 메이크업, 그리고 이 모든 효과를 배가시키는 '시건방춤'이라는 안무였다. 이 안무는 그해 가장 강렬했던 퍼포먼스로 시청자들의 뇌리에 남아 있다.

브아걸은 '아브라카다브라'를 통해 노래, 외모, 안무 세 박자를 모두 갖추며 최고의 폭발력을 발휘했다. 그리고 그들의 변신은 일부 팬들이 생각하는 변절이 아니라 핵심역량 자체를 뒤바꿔 재탄생한 혁신 그 자체였다.

물론 과거에도 핵심역량을 바꿔 변신에 성공한 사례들이 있다. 댄스 가수로 데뷔했다가 트로트 가수로 변신해 톱스타에 오른 장윤정이 대표적인 사례다. 하지만 장윤정은 본인이 잘할 수 있는 핵심역량을 나중에 발견, 뒤늦게 제대로 된 옷을 찾아 입었다는 것이 좀 더 정확한 표현일 것이다. 즉, 핵심역량을 바꾼 것이 아니라 본인이 타고난 핵심역량이 나중에 발휘된 사례다.

한편 H.O.T. 멤버였던 문희준은 아이돌 가수에서 록 가수로 변신을 꾀한 경우다. 그러나 록 가수로서의 현재보다 아이돌로서의 과거가 더 인기가 높았던 것을 감안하면 그의 핵심역량은 아이돌쪽에 있지 않느냐 하는 생각이 든다. 즉, 핵심역량을 바꿨다기보다 스스로 원하는 음악을 찾아 변신한 케이스라는 것이다.

위 두 가지 사례를 보면 브아걸의 변신이 얼마나 대단한 것인가를 잘 알 수 있다. 누가 뭐래도 그녀들의 타고난 핵심역량이 보컬에 있음은 자명하다. 하지만 그들은 환경변화를 감지하고 생존을 위해 핵심역량 변경을 택했다. 그리고 후천적인 핵심역량으로 타고난 핵심역량을 능가하는 성공을 이끌어냈다는 점을 높이 평가해야 한다.

변화가 두렵다면
생존할 수 없다

•
•

이제 브아걸은 누구도 부인하지 못하는 톱클래스 걸그룹이다. 가인을 제외하고 멤버 모두 30대지만 '성인돌'이라는 독특한 캐릭터까지 창조해 무대는 물론 예능에서도 '깨알 같은' 재미를 선사하고 있다. 이 모든 것은 기존 핵심역량을 환경변화에 따라 혁신했기에 가능한 일이다.

브아걸의 혁신은 누구도 쉽게 예측하지 못했고 그 결과도 상상을 뛰어넘는 대단한 것이었기에 우리에게 시사하는 바가 크다. 브아걸의 성공을 경영학적 의미로 해석하면 환경변화를 감지하고 시장 포지셔닝을 재정립한 것이다. 그리고 이를 위해 기존의 핵심역량을 포기하는 대신 새로운 핵심역량을 보강했다.

브아걸은 자신이 속한 시장이 성장에 한계가 있고, 걸그룹의 시대가 본격적으로 도래할 것을 예견했다. 그들이 '어쩌다'로 변신을 시도한 것은 2008년이다. 그런데 소녀시대가 'Gee'로 스타덤에 오르고, 카라가 전국구 스타가 되었으며 2NE1, 티아라, 포미닛, 애프터스쿨 등이 데뷔해 걸그룹 춘추전국 시대가 열린 것이 2009년이었던 것을 고려한다면 그들의 시장변화 예측이 얼마나 정확했는가를 알 수 있다.

그렇다고 변신이 결코 쉽게 이뤄진 것은 아니다. "브아걸의 변신에는 찬성보다 반대가 훨씬 더 많았어요." 당시 콘셉트 수립에 주도적인 역할을 했던 담당 매니저의 이 고백은 내부적 진통이 얼마나 컸는지 잘 말해준다.

사실 'L.O.V.E.'와 '어쩌다'로 브아걸은 이미 변신에 성공했다는 평이 지배적이었다. 그런데 무리수를 두면서까지 '환골탈태'를 할 필요가 있었을까? 두 곡으로 어느 정도 매출과 수익은 확보가 되었고 계속 유사한 후크송을 내면 안정적인 매출을 올릴 수 있는 데도 말이다.

하지만 이미 시장의 흐름이 걸그룹 전쟁으로 가고 있음을 파악한 이들이 있었다. 아직까지는 '대전(大戰)'이 일어나지 않았기에 틈새시장에서 생존할 수 있지만 대전이 발생하면 브아걸의 존재감은 미미할 것이라는 주장을 펼쳤다. 그리고 현시점에서 대대적인 변혁이 없다면 생존할 수 없을 것이란 게 그들의 의견이었다. 이러한 치열한 회의와 고민 끝에 소속사 내가네트워크는 브아걸의 혁신쪽으로 방향을 정했다.

모든 것을 걸어서라도
반드시 성공해라

시장변화를 읽고 전략을 수정한 브아걸의 두 번째 행보는 자원과 역량 분석이었다. 걸그룹의 핵심 성공 요인으로는 외모, 댄스, 가창력, 예능감을 꼽을 수 있다. 브아걸은 가창력을 제외하고는 외모와 댄스는 경쟁 열위에 속했고 예능감은 전혀 검증되지 않은 상태였다. 그런데 놀랍게도 그들은 강점인 가창력을 줄이고 약점인 외모와 댄스를 보강하는 전략을 취한다. 이는 서커스 산업에서 전통적으로 중요하게 생각하는 자원이지만 유지 보수에 큰 비용이 드는 동물쇼를 줄이고, 서커스에서 좀처럼 차용하지 않는 스토리텔링을 강화시켜 대히트를 기록한 '태양의 서커스' 사례와 매우 유사하다(블루오션 전략에서 소개된 바 있다).

브아걸은 자신들의 핵심역량이 가창력에 있는 것은 사실이지만 더 이상 시장에서 경쟁요소로 강화시킬 수 없다는 판단을 하고 과감히 최소화시켰다. 반면 외모와 댄스에 대해서는 냉정하게 분석을 했다. 그들은 당시 예쁜 가수 범주에도 들지 못했고 흔히 말하는 '쭉빵' 스타일도 아니었다. 그러나 반대로 해석하면 비주얼이 나쁘거나 뚱뚱하거나 한 것도 아니었다. 어떻게 가꾸느냐에 따라 이미지 변신이 가능한 외모였고 신체비율이 좋아 오히려 카메라 샷에선 좋은 그림이 나올 수 있는 몸매의 소유자들이었다.

외모의 업그레이드는 가인과 나르샤의 변신에서 정점을 보여준다. 가인은 홑꺼풀에 옆으로 긴, 전형적인 동양인의 눈매를 갖고 있다. 그녀에게는 콤플렉스이기도 했다. 하지만 이를 강점으로 승화시켜 강렬한 스모키 메이크업을 선보였다. 그리고 그 결과는 놀라웠다. 너무나 섹시하고 고혹적인 눈으로 탈바꿈하게 된 것이다.

나르샤의 변신도 남달랐다. 멤버들 중 가장 존재감이 약한 캐릭터였지만 한쪽 눈을 덮는 짧은 단발머리에 오렌지색 립스틱으로 강렬한 이미지를 연출했다. 평범한 나르샤에게서 섹시한 면을 끄집어낸 것이다. 형식이 본질을 좌우하는 것일까, 아니면 숨겨진 내면이 폭발한 것일까? 외모가 변신한 나르샤는 기대치도 않았던 엄청난 예능감까지 발휘하며 브아걸의 블루칩으로 부상한다. 결국 브아걸은 그들이 가지고 있는 자산을 냉정하게 재분석했고 메이크업, 의상 등을 통해 최대한 업그레이드시켜 최상의 결과치를 뽑아낸 것이다.

바뀐 전략에 따라 혁신한 브아걸은 바로 실행에 옮긴다. 아무리 우수한 혁신이라도 원활히 실행되지 않으면 아무 의미가 없다. 생존을 위해 안 되는 싸움을 한 것이 아니라 이길 수 있는 싸움을 했고 모든 승부수를 띄웠다. 컴백 직전 뮤직비디오의 선정성 이슈는 노이즈 마케팅을 통해서라도 반드시 변신에 성공하고 말겠다는 그들의 결연한 의지를 나타내고 있다.

모든 것을 건 승부는 안무에서도 마찬가지였다. "처음 안무를 봤을 때 너무 야해서 소화할 수 있을지 몰랐다."는 가인의 말처럼 '시건방춤'은 그야말로 파격 그 자체였다. 하지만 몸에 꼭 맞는 옷처럼 완벽하게 소화했고 결국 달라진 비주얼과 환상적인 궁합을 이루며 그해 가장 파격적인 퍼포먼스로 평가받았다. 밥솥을 부수고 돌아갈 배를 침몰시키면서 전쟁을 치른 항우처럼 브아걸은 그들의 혁신을 성공에 이르게 하기 위해 모든 것을 걸었던 것이다.

데뷔 3년 차에 위기를 맞은 걸그룹 브아걸. 그들은 환경변화를 정확히 감지하고 새로운 시장을 예측했으며, 이를 위해 자신이 가진 자원과 역량을 냉정하게 분석했다. 그리고 혁신과 과감한 실행으로 치열한 경쟁에서 성공을 거두었다. 우리는 환경변화를 감지하고 생존을 위해 자신들의 핵심역량을 바꾼 글로벌 기업들의 사례들을 기억한다. 목재상에서 휴대폰 업체로 변신한 노키아나 PC업체에서 솔루션 회사로 변신한 IBM의 성공사례가 대표적이다.

브아걸의 혁신은 어쩌면 엔터테인먼트업계에서 일어난 작은 사례에 불과할 수도 있다. 하지만 변화의 정도나 그 결과들의 가치는 글로벌 기업의 그것들과 견주어도 결코 작지 않다. 환경변화의 감지와 이에 따른 고도의 전략 수립, 그리고 철저한 전략의 구현 등. 대한민국 엔터테인먼트 기업의 야생성이 동물적인 감각에만 머무르는 것이 아니라 철저히 전략적인 사고에서 움직인다는 것을 여실히 보여주는 대표적인 사례다.

프리미엄을 버리고
야생에서 생존하라

보아, 동방신기의 일본 도전기

한일 동시 데뷔를
성공시킨 보아

안전지대, 쿠와타밴드, 체커스, 소년대, 라우드니스 등 도저히 넘볼 수 없을 것만 같던 J-POP 시장. 이 시장에 K-POP이 본격적으로 도전을 시작한 것은 2001년, 만 16세의 소녀 보아부터다. 물론 이전에도 '가왕(歌王)' 조용필이나 '엔카의 여왕' 김연자가 일본에서 활동하며 〈홍백가합전〉 등의 프로그램에 출연한 적이 있다. 그러나 일본 주류 음악시장을 정복했다고 보기는 어렵다.

보아를 시작으로 2005년 동방신기가 일본에 진출해 큰 성공을 거두었고, 2010년 소녀시대를 위시한 한국 걸그룹들이 일본시장을 정복하기까지에 이르렀다. 21세기가 시작된 후 10년 동안 한국의 전자회사들이 난공불락으로 여겨졌던 일본의 전자회사들을 드디어 추월하기 시작했다. 그런데 재밌는 것은 대한민국의 엔터테인먼트 기업들 역시 동기간 일본시장을 넘고 있었던 것이다.

보아, 동방신기, 소녀시대는 같은 SM엔터테인먼트 소속으로 모두 일본 오리콘 차트 1위를 차지했다는 공통점이 있다. 하지만 보아, 동방신기의 일본진출과 소녀시대의 일본진출은 시장진입에서 전혀 상반된 전략을 보인다. 소녀시대는 멀티미디어의 영향으로 진출 전에 이미 일본에 널리 알려져 있었다. 덕분에 마치 비틀즈의 '브리티시 인베이전(British invasion)'처럼 비교적 쉽게 진출했다. 반면 보아와 동방신기는 말 그대로 '맨땅에 헤딩'하는 방식으로 일본에 진출해야 했다.

먼저 보아의 경우를 보자. 보아는 연습생 시절 이미 일본어를 공부하며 일본시장 진출 준비를 시작했다. 그리고 한국에서 데뷔한 지 1년 남짓 됐을 때 일본 굴지의 기획사인 에이벡스(AVEX)와 계약을 한다. 에이벡스는 아무로 나미에 등 일본의 톱 여가수들이 소속된 회사였다. 한일 양국의 데뷔 시기와 데뷔곡이 'ID:PEACE B'로 동일했다는 점을 본다면 한국과 일본 동시 데뷔라고 볼 수 있을 것이다. SM엔터테인먼트 글로벌 전략의 시작을 엿볼 수 있는 대목이다.

한국에서도 신인으로서 힘들었을 10대 소녀 보아, 일본에서의 신인가수 시절 역시 녹록하지 않았다. 게다가 세 번째 싱글 앨범까지의 오리콘 차트 최고 순위가 10위권 정도에 머물러 있었기에 결코 성공을 장담할 수 없는 처지였다. 하지만 2002년 1월, 보아는 네 번째 싱글 앨범 〈Listen to my Heart〉로 정상권 아티스트로 발돋움하게 된다. 그녀의 가장 큰 성공 요인은 아시아권 여가수로는 믿기지 않을 정도의 현란한 안무를 하면서 완벽한 라이브를 소화한다는 것이다. 마돈나, 폴라 압둘 등 서양 여가수들에게서나 느꼈던 파워와 안정된 보컬을 자그마한 10대 아시아 소녀를 통해 본 일본팬들은 열광했다.

정규 1집 음반을 드디어 오리콘 차트 1위에 올린 보아는 2008년까지 6장의 앨범을 연속으로 오리콘 위클리 차트 1위에 등극시키며 '아시아의 별'이란 호칭까지 얻는다. SM엔터테인먼트의 수장 이수만 회장은 보아의 성공 요인으로 그 나이 또래에서 찾아보기 힘든 강한 근성을 얘기한다. 실제 2003년 초 바쁜 스케줄로 지친 보아에게 2주의 휴가가 주어졌지만 그녀는 뉴욕에 가서 새로운 춤을 배우겠다며 트레이너를 붙여달라고 주문했다. 2005년 아레나투어 직후 라스베이거스 포상 휴가가 생겼을 때 역시 일주일치 휴가계획표에 더 나은 공연을 위해 뮤지컬, 연극, 콘서트 관람계획을 짜와 스태프들이 할 말을 잃었다는 일화는 너무나 유명하다.

"내가 좋아서 하는 일인데 돈도 벌고 이렇게 큰 사랑도 받으니 얼마나 행복한가요. 일본에서의 무명시절, 스케줄도 없고 무료했던 시간을 생각하면 가수에게 노래할 곳이 있고 바쁜 건 행복한 일입니다. 젊어서 고생은 사서도 한다는데 지금은 힘들어도 다 나를 위해 투자하는 시간이기 때문에 아깝다는 생각은 전혀 들지 않아요."

보아의 이 말은 우리에게 시사하는 바가 크다. 스티브 잡스가 스탠포드 대학 졸업사에서 말한 "Stay Hungry, Stay Foolish."를 기억하는가. 현실에 만족하지 말고 우직하게 자신이 하고자 하는 일을 계속하라는 그의 말을 보아는 일본 정복기를 통해 우리에게 실제로 생생하게 보여준 것이다.

**동방신기,
톱스타의 프리미엄을 버리다**

오리콘이 발표한 '2010년 아티스트 토털 세일즈 랭킹'에서 동방신기는 일본 남성 아이돌그룹 아라시에 이어 2위를 차지했다. 동방신기는 2010년 한해 일본에서만 싱글 앨범, 정규 앨범, DVD 발매 등으로 94억 1150만 엔, 한화로 약 1,290억 원을 벌어들였다. 비록 지금은 두 명이 활동하는 동방신기지만 이미 중소기업 수준 이상의 매출을 일으키는 거대 그룹이다.

2004년 데뷔한 동방신기는 서태지 이후 최초로 신인상과 본상을 함께 거머쥔 대한민국 톱 아이돌 그룹이다. 그러나 데뷔 싱글 20만 장, 두 번째 싱글 28만 장을 판매한 그들은 2005년 돌연 일본행을 선언한다. 한국과 일본에서 동시에 신인 시절을 보낸 보아와 달리 동방신기는 톱스타가 된 지 1년 만에 일본 진출을 선언한 것이다. 부침이 많은 엔터테인먼트 시장에서 스타가 되긴 했지만 데뷔 1년 만에 다른 나라에 진출한다는 것은 리스크가 매우 큰 결정이었다.

특히 SM엔터테인먼트와 전략적 제휴관계인 에이벡스가 동방신기의 일본 매니지먼트를 맡았는데 여기엔 큰 문제가 하나 있었다. 에이벡스는 여성가수에 특화된 회사다. 반면 일본 남자 아이돌 시장은 쟈니스라는 회사가 장악하고 있다. 일본 연예계에서 쟈니스의 장악력을 고려할 때 다른 기획사를 통해 외국 남자 아이돌이 데뷔한다는 것은 지상파 등 주요 프로그램 진입이 원천 봉쇄될 수도 있음을 의미한다.

그럼에도 불구하고 에이벡스와 계약할 수밖에 없었던 동방신기는 다른 전략을 펼치기 시작한다. 기존 일본 남자 아이돌과의 직접적인 경쟁을 피하기 위해 가창력이 우수한 실력파 가수로 포지셔닝했다. 실제로도 우수한 보컬 능력을 보유하고 있어 실력파 아카펠라 그룹으로 소개되며 일본 시장에 차차 이름을 알리기 시작했다. 하지만 지상파 프로그램에 출연할 정도는 아니었기에 소규모 극장 공연이나 이벤트 등 방송 이외의 공연무대를 공략했다. 쇼핑몰에서 노래를 부르고 무료 길거리 공연도 마다하지 않았다.

전국적으로 수백 개가 난립하는 일본 케이블 방송 시장에도 진출했다. 그 과정에서 젖소 젖 짜기, 말 육회 먹기 등을 하며 한국에선 상상하기 어려운 푸대접을 받기도 했다. 엄청난 팬들을 몰고 다니는 한국의 슈퍼스타 동방신기. 그러나 일본 케이블 방송에 출연해 우스꽝스런 역할을 수행해야 하는 이중적인 생활을 그렇게 2년간 참고 견뎌냈다.

낭중지추란 말이 헛되지 않게 2007년부터 동방신기의 인기는 서서히 오르기 시작한다. 기존의 일본 남자 아이돌 그룹들과 달리 수준급의 가창력을 가지고 있는 동방신기의 진가가 서서히 발휘된 것이다. 뛰어난 외모와 화려한 SM 퍼포먼스까지 팬들의 이목을 끌면서 그들의 인기 고공비행은 멈출 줄 몰랐다.

메이저 방송 프로그램에 출연하게 됐고 2008년에는 'purple line'으로 오리콘 차트 1위에 올랐다. 또 외국 남자 아이돌 최초로 〈홍백가합전〉에 출연했으며 2009년 7월, 일본 데뷔 당시 자신들의 꿈이라고 말했던 도쿄돔 공연까지 4년 만에 성공적으로 마친다.

동방신기는 한류 팬층을 아이돌 음악 주류 소비 계층인 10대로 끌어내렸고, 심지어 일본 10대 남성에게도 인기 있는 워너비 스타가 되었다. 지금까지 총 8회의 오리콘 싱글 차트 1위를 달성한 동방신기는 아직도 일본에서 가장 성공한 외국 남성 그룹으로 손꼽힌다. 그 이면에는 한국에서 톱스타였지만 모든 프리미엄을 포기하고 밑바닥에서부터 철저히 현지화해 성공한 그들의 전략이 숨어 있다는 것을 잊지 말자.

다국적 전략으로
문화 장벽을 넘다

SM엔터테인먼트의 일본 진출 사례를 살펴보면 내수 위주의 기업이 보통 해외 진출을 꾀할 때 사용하는 전략과 유사하다. 크게 기업의 해외 진출 전략은 글로벌 전략(Global Strategy)과 다국적 전략(Multi-domestic Strategy)으로 나눌 수 있다. 글로벌 전략은 상품과 서비스의 표준화를 추구한다. 이를 위해선 제품이 기술적으로 표준화할 수 있을 정도의 스피드와 품질을 보유해야 한다. 규모의 경제를 통해 가격 경쟁력을 확보하고 기업의 자원을 국경을 넘나들며 공유하기도 한다. 그래서 주로 전자, 철강, 화학 기업과 같은 장치 산업들이 많다.

식품, 문화, 유통 같은 산업군은 표준화의 어려움, 또는 현지 시장의 표준화에 대한 저항 때문에 글로벌 전략을 적용하기가 쉽지 않다. 특히 문화산업의 경우 '가장 한국적인 것이 세계적'이란 맹신이 팽배해 우리 것을 그대로 해외 시장에 가져가려는 경향이 있다. 그러나 한국적인 영화 〈취화선〉으로 칸 영화제에서 감독상을 받을 수는 있지만, 대규모 해외 관객을 끌어 모으기란 매우 어려운 것이 사실이다.

한국적이진 않지만 세계 공통의 코드, 컴퓨터 그래픽으로 무장한 심형래 감독의 〈디워〉가 현재 한국영화 해외 실적 1위라는 사실이 보여주듯 문화산업은 표준화가 따라줘야 글로벌 전략에서의 성공 가능성이 높아진다. 그런데 음악의 경우 이러한 표준화 작업이 가능할까? 3~5분 정도에 그치는 대중음악의 특성상 영화에서 CG를 활용하는 것과 같은 표준화는 거의 불가능하다. SM엔터테인먼트는 영리하게도 음악이란 산업이 원천적으로 가지고 있는 글로벌 전략과의 비호환성을 파악하고 과감히 이를 포기한다.

다국적 전략은 흔히 말하는 로컬라이제이션 전략과 동일하다. 전략과 운영에 대한 결정은 각 지역의 전략 단위(Strategic Business Unit)에서 자율적으로 결정한다. 제품과 서비스도 그 지역에 맞춰 특화하며, 국가별 시장을 각각 다른 시장으로 규정하고 독립경영을 실시한다. 현지 기획사인 에이벡스에게 보아와 동방신기의 매니지먼트를 맡긴 이 경우가 바로 다국적 전략의 대표적인 사례다.

SM엔터테인먼트는 보아와 동방신기를 철저히 현지화해 데뷔시켰다. 본격적으로 스타덤에 오르던 시기에는 일본팬들조차 그들이 일본 아이돌 가수인 줄 알았다고 할 정도니 말이다. 현지화를 위한 SM엔터테인먼트의 준비도 철저했다. 보아에게 연습생 시절부터 일본어를 가르쳤고, 한국에서 이미 톱스타였던 동방신기에게도 부지런히 일본어 공부를 시켰다.

언어와 외모에서 현지화를 이뤘지만 글로벌 환경에서 성공하기 위해선 킬러 콘텐츠가 추가로 필요했다. 바로 일본 내 경쟁자들이 가지지 못한 뛰어난 가창력이었다. 과거 H.O.T., S.E.S. 등 1세대 아이돌들이

기획형 립싱크 가수란 주홍글씨를 받은 바 있어 이후 세대인 보아와 동방신기에게는 보컬 트레이닝에 유달리 공을 들였다. 그리고 보컬에 대한 투자는 한국보다 일본에서 더 큰 호응을 얻었고 차별화된 그들만의 콘텐츠가 되었다.

이와 같은 다국적 전략을 통해 해외시장 진출에 성공한 SM엔터테인먼트는 2010년 매출의 50퍼센트 이상을 '해외 로열티' 명목으로 벌어들였다. 매출 이익률이 70퍼센트에 달하는 해외 로열티는 현재 SM엔터테인먼트의 수익구조를 획기적으로 개선시킨 일등공신이다.

**절박함이 때론
최고의 무기**

SM엔터테인먼트가 선택한 전략의 우수함도 물론 중요하다. 하지만 결국 보아와 동방신기의 성공은 현지에서 밑바닥부터 시작한 아티스트들의 헝그리 정신이 있었기에 가능한 것이다. 특히 동방신기의 경우 한국의 톱스타라는 프리미엄을 철저히 버리는 것으로 일본시장 진입을 시도했다.

권투를 비롯해 주로 스포츠 경기에서 한국선수들의 장점으로 자주 표현하는 헝그리 정신은 기업 활동에서도 반드시 필요하다. 실제 벤처

정신, 야생성, 기업가 정신 등 여러 가지 말로 번역되어 사용되며 기업 성공의 핵심요소가 되고 있다.

헝그리 정신에서 주목해야 할 가장 원초적인 의미는 지금 이 싸움에서 이기지 못하면 죽을 수도 있다는 위기의식이다. 작가 공지영은 모 방송 프로그램에서 "작가가 가장 글을 잘 쓸 때는 바로 돈이 필요할 때다."라고 했다. 배우 윤여정도 연기자가 가장 연기가 잘 될 때는 돈이 궁할 때라고 말한 바 있다. 세속적인 표현을 써서 그렇지 이들이 말하는 돈은 결국 자신들이 가장 절박할 때라는 얘기일 것이다. 절박함이야말로 인간의 능력을 가장 극대화시키는 요인임은 두말할 필요가 없다.

H.O.T. 이후 국내 최고 기획사로 자리매김한 SM엔터테인먼트는 당시 왜 그토록 절박했을까? 2001년 코스닥 시장에 엔터테인먼트 기업으로는 최초로 SM엔터테인먼트가 상장된 이후, 연예기획사의 코스닥 행 러시가 일어났다. 하지만 우회상장과 스타마케팅을 이용한 이러한 머니 게임은 실적이 세상에 공개되면서 곧 거품으로 판명됐다.

SM엔터테인먼트 역시 사정이 크게 다르지 않았다. 비록 머니 게임으로 상장된 기획사는 아니지만 앨범 시장의 침체와 불법 음원 다운로드 등으로 적자 행진은 계속되었다. 이때 그들의 눈에 들어온 것이 바로 일본 시장이다. 우리보다 인구나 경제규모 면에서 훨씬 크고 고객들이 아직 음악에 많은 돈을 지불하고 있었기 때문이다. 생존을 위해서라도 '이것 아니면 죽는다.'는 절박함으로 SM엔터테인먼트는 일본 시장에 진출, 반드시 승리를 거둬야만 했다.

회사의 전략에 따라오긴 했으나 보아와 동방신기가 가졌던 헝그리 정신도 칭찬받아 마땅하다. 보아는 10대의 어린 나이에 한국과 일본을 오가며 외로움과 싸우면서 피나는 노력을 했다. 동방신기는 한국에서의 프리미엄을 버리고 밑바닥에서부터 다시 시작했다. 일본 최고의 한류 엔터테인먼트 잡지 〈한류피아〉 다나카 편집장은 한국 아이돌에게서 일본 아이돌에게서는 느낄 수 없는 헝그리 정신을 느낀다고 했다. 아마도 스타로 발돋움하기 위해 오랜 연습생 기간을 거쳤고, 인내하고 기다리는 것이 몸에 체화되었기에 가능한 일일 것이다.

현재 몇몇 업종에서 대한민국 기업들이 세계 정상급 위치에 올라 있다. 과거 수출입국으로 시작한 우리의 기업 역사를 보면 감개무량한 일이 아닐 수 없다. 하지만 위기의 순간이 기회인 것과 마찬가지로 정상의 위치에 있을 때 위기가 찾아올 가능성 또한 매우 높다. 정상의 위치에 만족하고 이제 그만 됐다고 샴페인을 터뜨리는 순간 위기는 반드시 찾아온다.

현재 글로벌화에 성공한 대한민국 기업들 모두 예외가 아니다. 프리미엄을 버리고 일본 시장에서 성공을 위해 헝그리 정신으로 도전한 보아와 동방신기를 기억하라. 영필일야(盈必溢也), 즉 '그릇이 가득 차면 반드시 넘쳐 더는 그릇 노릇을 하지 못한다.'는 말이 있다. 성공을 이룬 후에도 자만하지 않고 야생성을 유지하는 것. 성공을 이어가는 데 반드시 필요한 필수 요소다.

창업자의 전문성을 오랫동안 유지하라

JYP 박진영의 딴따라 철학

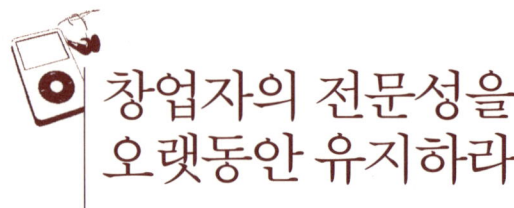

**도전을 즐기는 딴따라,
박진영**

박진영을 수식하는 말은 많다. 한국 최고의 프로듀서, 실력 있는 작곡가, 불혹의 나이에도 열정적으로 춤을 추는 가수 등. 그렇다면 박진영은 자신을 대표하는 말로 어떤 말을 가장 좋아할까? 방송과 인터뷰에서 밝혀온 그의 말들을 참고하면 아마도 '춤을 추는 가수'가 아닐까 생각한다.

박진영은 1994년, '날 떠나지마'로 혜성같이 등장했다. 팔다리가 긴 고릴라를 연상케 하는 외모에 파격적인 의상, 현란한 춤을 추는 그의 모습은 첫눈에도 괴짜 가수였다.

그러나 1집이 대성공을 거두고 있는 와중에도 그는 또 다른 꿈을 키우고 있었다. 당시 최고의 작곡가였던 김형석의 제자로 들어가 작곡 공부를 한 것이다. 남의 노래를 받아 부르며 춤을 추는 것만으로는 차별화시키기 어렵다는 위기감이 있었기 때문이다. 이렇게 가수로서 바쁜 스케줄을 소화하면서도 스스로 업그레이드시키기 위한 준비를 한 것이 향후 박진영을 댄스 가수로만 머물게 하지 않은 큰 변곡점이 된 것 같다.

덕분에 이듬해 낸 2집('청혼가'와 '엘리베이터 안에서'가 수록되어 있다) 앨범부터 박진영은 싱어송라이터로 자리잡기 시작한다. 우리는 여기서 2집 앨범명에 주목할 필요가 있다. 앨범명인 '딴따라'는 박진영의 음악 세계는 물론 그의 가치관을 투영하고 있는 의미심장한 단어다. 딴따라는 나팔 등의 소리, 혹은 트럼펫의 취주를 의미하는 의성어 'tantara'에서 그 어원을 찾을 수 있다. 한국에서는 연예인을 폄하하는 의미로 많이 쓰이기도 한다. 일종의 속어로도 볼 수 있고 연예인들 사이에선 금기어를 대학생이었던 그가 앨범명에 달고 나왔으니 그 자체로 화제가 되었음은 당연하다.

박진영에게 딴따라란 과연 어떤 의미일까? 그가 스스로를 딴따라로 포지셔닝한 것에는 두 가지 기저가 깔려 있다고 볼 수 있다. 첫째는 스스로 가지고 있는 자신감이다. 당시 박진영은 명문대 출신으로 교포가 아님에도 영어를 자유자재로 구사할 수 있는 몇 안 되는 가수였다. 게

다가 다방면에 해박하고 논리정연한 그의 의사표현 덕에 아무리 야한 옷을 입고 섹시한 동작으로 춤을 춘다고 해도 '엘리트 가수'라는 이미지를 없애기는 쉽지 않다. 어쩌면 이런 조건을 가진 덕에 스스로를 '키치(Kitsch)'하게 딴따라로 표현하는 것이 가능했을지도 모른다.

두 번째는 딴따라가 연예인들이 공통적으로 가지고 있는 DNA의 정수를 표현한다는 것이다. 박진영의 7집 앨범 〈Back to Stage〉에는 '딴따라 블루스'라는 노래가 수록되어 있는데 가사에 이런 부분이 나온다.

딴따라 블루스.
어디서나 음악만 있으면 놀고,
술 한 잔 주면 다시 분위기 띄우는 블루스.
돌고 돌고, 신나게 뛰고, 흔들어대고, 멈추면 함성소리.
술과 여자, 춤과 음악이 내가 사는 이유야. 딴따라 인생.

아마도 박진영은 사람들에게 즐거움을 주는 사람으로서 연예인이 가진 DNA를 딴따라에 빗댄 것 같다. 이는 아티스트로서, 그리고 프로듀서로서 스스로의 존재 이유를 확실하게 설명하는 것이기도 하다.

박진영의 음악인생 2기는 1999년 god 1집을 내면서부터다. 5집까지 발매하는 곡마다 히트시키는 거물급 가수가 됐지만 영역을 프로듀서로 넓히기 시작한 것이다. 그리고 주위의 우려를 불식시키며 god는 물론 박지윤, 비 등 엄청난 스타들을 탄생시키는 괴력을 발휘한다. 그뿐이 아니다. 박진영은 유능한 프로듀서 이상이었다. 시대의 흐름과 그에 꼭 맞는 콘셉트를 가수에게 투영시켜 당시 가요계의 패러다임을 바꾸는 데 일조한 트렌드세터였기 때문이다.

H.O.T.와 젝스키스라는 거물급 아이돌로 양분된 아이돌 시장에서 정공법으로 승부가 어렵다고 판단한 박진영은 IMF 경제위기라는 상황을 활용해 god를 전사나 히어로가 아닌 '생계형 아이돌'로 포지셔닝했다. 소녀 이미지가 강하던 박지윤은 '성인식'의 파격적인 안무로 시대를 앞서 가는 섹시 아이콘으로 창조시켰다. 또 남자 솔로 품귀 현상을 보이던 2000년 서구형 하드웨어에 파워풀한 댄스를 구사하지만 귀여운 눈웃음을 흘리는 이율배반적인 이미지의 비(Rain)를 데뷔시켜 월드스타의 반열에 올린 것은 프로듀서 박진영의 백미라고 할 수 있다.

그의 도전은 여기서 그치지 않았다. 프로듀서로서 이룰 것을 다 이룬 박진영은 돌연 미국행을 선택한다. 새로운 것을 시작하지 않으면 좀이 쑤시는 그만의 도전이 다시 시작된 것이다. 아시아인이 어떻게 힙합을 할 수 있겠냐는 비아냥을 들으며 미국생활을 시작한 박진영. '한국적인 것'을 철저히 버리고 흑인 음악에 몰두한다. 그리고 한국인만이 할 수 있는 끈기와 도전정신으로 계속해서 미국 음반제작사를 두드리며 릴 존, 알 켈리 등 당대 유명 프로듀서들의 마음을 얻는다. 그 결과 2004년 힙합 가수 메이스의 'The Love You Need'를 시작으로 윌 스미스의 'I wish I made that' 등을 모두 빌보드 톱10 안에 랭크시키며 유명세를 탄다. 그리고 이를 발판으로 2009년에는 한국가수 원더걸스를 '빌보드 HOT 100 차트'에서 76위에 올리는 기적을 만들었다.

현장에서 떠나는 순간
초심도 잃는다

6집을 낸 이후 6년만인 2007년, 박진영은 정규 7집 〈Back to Stage〉를 발표한다. 프로듀서로서의 성공이 정점에 다다랐을 때다. 그런데 앨범명에서도 볼 수 있듯 그는 무대로 다시 돌아갈 것을 선언한다. 그리고 지금까지 박진영은 매년 1월부터 11월까지는 JYP엔터테인먼트 대표로서의 삶을 살고, 12월 한 달은 자신이 그토록 원하는 딴따라로서의 삶을 살아가고 있다.

당시 박진영은 매일 아침 8시에 일어나서 비타민과 영양제를 먹고 스트레칭, 웨이트 트레이닝, 유산소 운동을 했다. 남들은 안 아프고 오래 살려고 하는 일을 그는 1년이라도 더 춤추고 싶어서 한다고 했다. "아무리 작곡가나 사장 자리가 좋다지만 역시 난 춤출 때가 가장 좋다. 춤추고 있는 나에게 환호하는 팬들을 보면 혈관이 부글부글 끓는다. 내겐 춤이 마약이다." 그러나 역설적이게도 그렇게 딴따라로서의 끈을 놓지 않고 있기 때문에 프로듀서로서도 승승장구하는 것이 아닐까.

일본은 한국과 달리 100년 이상 대대로 이어오는 식당들이 많다. 여러 이유가 있겠지만 무엇보다 가업의 대물림에 대한 그들의 독특한 방식 때문이다. 오래된 일본 식당들은 사장이 곧 주방장인 경우가 대부분이다. 창업주들은 은퇴 전까지 수석 주방장으로서의 역할을 다한다. 그리고 체력이 떨어져 은퇴가 다가오면 식당을 물려줄 자식에게 첫 번째로 좋은 재료 구하는 법을 가르친다. 그 다음 재료 다듬는 법을 가르치고 마지막으로 자신이 주방을 완전히 물려줄 때가 돼서야 양념 만드는 비법을 전수한다.

일본 식당들이 이와 같은 방식으로 대물림하는 이유는 무엇일까? 음식은 맛이 생명이므로 그 맛의 책임자인 주방장이 최대한 오랫동안 직접 조리해야 한다는 장인정신 때문이다. 장사가 조금 잘 된다고 해서 전문 주방장을 고용하고 카운터에 앉으면 그 순간 음식 맛의 영속성이 떨어진다는 것을 그들은 잘 알고 있다. 마지막 순간에야 양념 비법을 전수하는 것도 이와 같은 맛의 영속성을 유지하기 위함이다. 이른 시기에 전수하면 젊은 자식들이 현대적인 입맛이나 트렌드에 따라 맛의 변형을 시도할 개연성이 크기 때문이다. 덕분에 일본의 음식점들은 창업 이후 100년이 지나도 한결 같은 맛과 인기를 유지한다.

비록 분야와 방식은 다르지만 박진영 역시 전통 일본 식당들과 유사한 형태로 JYP엔터테인먼트를 경영하고 있다. 창업자로서 성공을 한 이후에도 그는 총괄 프로듀서로만 남지 않고 작곡과 안무는 물론, 제자들의 뮤직비디오에까지 직접 출연하는 열정을 보여준다. 그뿐 아니라 댄스 가수로서 직접 노래하고 춤추고 공연과 버라이어티 출연을 병행하면서 현장의 감을 놓지 않고 있다. 창업자가 작은 성공을 거두자마자 바로 현장을 버리고 관리자 모드로 전환하는 순간 그 기업의 지속가능한 성장엔 한계가 있다는 것을 동물적 감각으로 알고 있었던 것 같다.

음식업과 음악 산업은 전혀 다른 분야 같지만 사람의 창의력이 최종 결과물의 품질과 직접 연동된다는 점에서 상당한 유사성을 띠고 있다. 따라서 창업자의 능력이 어느 정도 유지되느냐가 초기 성패를 좌우한다. 그리고 가능한 한 오랫동안 창업자가 핵심 상품을 직접 생산하는 위치에서 활동하는 것이 기업의 영속성을 끌어내는 주요 요인이 된다.

가능한 전문 영역에
오래 머물러라

딴따라로서의 삶을 유지하는 박진영식 경영방식은 세계 유수 IT업체에서도 유사한 사례를 찾을 수 있다. 2011년 4월, 구글의 전문경영인 에릭 슈미트는 10년간의 CEO 생활을 접고 창업자인 래리 페이지에게 자리를 넘겨주었다. 에릭 슈미트는 전문경영인으로서 재임 기간 마케팅과 조직관리, 운영을 주로 맡으며 구글을 작은 벤처기업에서 IT업계의 스타로 발전시켰다.

구글은 전문경영인을 통해 괄목할만한 성장을 이뤄냈다는 점에서 대표적인 전문경영인 영입 사례로 꼽힌다. 사실 IT업계는 젊은 개발자들이 아이디어 하나로 시장에 뛰어들기 때문에 기술이 실리콘밸리의 투자를 받아 잭팟을 터트리는 순간, 창업자들은 고심을 하게 된다. 나이도 어리고 경영에 대한 경험도 없다 보니 조직관리나 자금운용, 마케팅 등 기본적인 회사 운영의 경험이 일천할 수밖에 없다. 그래서 주로 개발자인 창업자들은 기술이나 전략분야만 담당하고 외부에서 전문경영인을 영입해 회사의 성장을 담당하게 하는 경우가 많다. 구글 외에도 최근에는 트위터의 성공사례가 있고, 국내에는 NHN이나 다음이 좋은 보기가 되고 있다.

박진영의 경우도 일찍이 경영과 창작의 영역을 분리해 자신은 창작의 영역에만 집중했다. 사실 금전 출납만 발생하는 구멍가게가 아닌 이상에야 회사는 회계, 재무, 인사, 마케팅 등 법인이 유기적인 생명체로 돌아가게 하는 운영시스템이 필요하다.

1990년대 말 SM엔터테인먼트의 성공 이후, 젊은 아티스트들이 스스로 기획사를 설립해 후배들을 양성하는 케이스가 생겨나기 시작했다. 사실 아티스트들도 앞서 말한 IT업계의 개발자처럼 자신의 전문영역 외에 경영에 대해선 잘 알지 못하는 것이 사실이다. 과거 엔터테인먼트업계에서 발생한 창업자의 회사공금 유용의 사례는 이들이 얼마나 경영에 무지한가를 보여주는 대표적 사례다. 초보 경영인인 이들 중에는 주식회사와 개인사업자의 개념조차 모호한 이들이 많았다. 그러나 박진영은 회사설립 초부터 경영을 전문경영인에게 맡겼기에 자신은 창작에 좀 더 몰두할 수 있었고 그 결과 오늘의 JYP엔터테인먼트로 성장시킬 수 있었다.

물론 모든 기업의 창업자가 전문 분야에 끝까지 남아 있어야 하는 것은 아니다. 오히려 설비를 활용한 제조업이나 초기 고객확보가 중요한 금융업 등은 창업자가 빨리 영업과 관리로 전환하는 것이 기업의 성장에 도움이 된다. 하지만 사람의 전문 능력이 필요한 분야는 다르다. 상품과 서비스의 품질을 일정 수준 이상 유지하는 것이 핵심 성공요인 중 하나이기 때문이다. 따라서 기업이 본격적인 성공의 반열에 오르기 전까지 창업자는 자신의 전문영역에 머물러 있어야 한다. 다시 말해 창업자가 절대 일찍 관리자 모드로 전환하지 말아야 한다는 것이다. 창업자가 전문 영역에서 물러나는 순간 그 기업은 야생성을 급격히 잃게 되고 대기업병에 걸릴지도 모른다.

유명 프로듀서이자 작곡가로 1년에 저작권료만으로도 어마어마한 수입을 올리는 박진영이 매년 12월엔 관객과 함께 어울리고 춤추고 노래하는 것. 역설적이지만 그것이 바로 JYP엔터테인먼트의 지속가능한 경영을 가능케 할 단초일지도 모른다.

모든 문제의 답은
한곳에 있다

공연계의 흥행 보증수표, 김장훈과 싸이

위기를 기회로 만든
김장훈과 싸이

가수 김장훈의 별명은 다양하다. 80억 원 이상을 기부한 기부 천사, 뉴욕 타임스퀘어 전광판에 독도 광고를 내고, 독도에서 공연까지 한 독도 지킴이 등. 하지만 그가 제일 듣기 좋아하는 말은 바로 '공연의 황제'다.

김장훈이 공연에 본격적인 관심을 가지기 시작한 것은 데뷔 초 발생한 우연한 사건 때문이었다. 1991년 '그곳에'라는 곡으로 데뷔했지만 정작 고(故) 김현식의 사촌동생이란 소문 탓에 그의 이름은 알려지기 시작했다. 어릴 때부터 형 동생 하며 지내왔던 데다 창법까지 비슷해

'김현식 사촌동생설'은 마치 사실처럼 굳어졌다.

김현식이 세상을 떠나고 유작 '내 사랑 내 곁에'가 엄청난 인기를 얻자, 김장훈은 연말 가요대상 시상식에서 대신 노래를 불러달라는 요청을 받게 된다. 그러나 김장훈은 무대에 서기로 한 당일 새벽 잠적을 하고 만다. 후일 그는 어린 마음에 형의 죽음을 이용해 자신을 알리는 것 같아 죄책감에 시달렸다고 털어놓았다. 하지만 이른바 '괘씸죄'로 이후 7년간 방송활동을 할 수 없었다.

신인이 시상식 생방송에서 무단으로 펑크를 낸다는 것은 가수 생명에 종지부를 찍는 것과 다름이 없다. 그러나 그는 후회하는 대신 그 시간을 스스로 담금질을 하면서 보냈다. 대학로에서 공연기획에 대한 감을 익히고 무대장치에 대한 노하우를 습득하는 데 열정을 쏟은 것이다. 그리고 1998년, '나와 같다면'이라는 곡으로 다시 대중 앞으로 돌아온다. 아이돌 그룹 홍수시대에 몇 안 되는 발라드 보컬로 자리를 잡았고, 이때부터 그동안 갈고 닦은 기획 공연을 선보이기 시작한다.

김장훈 공연의 특징은 그만의 독특하고 재기발랄한 콘셉트에 있다. 〈살수대첩〉은 중국의 동북공정에 항의하는 콘셉트로 기획됐으며, 갑옷을 입고 나타나 관객들에게 물을 뿌리는 '살수 퍼포먼스'를 선보였다. 김현식 20주기를 추모하는 〈레터 투 김현식〉에서는 체코 내셔널 심포니 오케스트라와의 협연을 통해 그에 대한 존경심을 표현하기도 했다. 매년 연말에 싸이와 함께 여는 〈완타치〉 공연은 김장훈표 공연의 집대성을 보여준다. 해적선, 와이어, 13개의 레이저 빔 등을 활용한 세 시간 여의 공연을 보고 있노라면, 국내 제1의 공연기획자라는 말이 명불허전임을 느낄 수 있다.

이뿐이 아니다. 그의 공연에는 관객들에 대한 섬세한 배려까지 있다. 무대는 가격이나 좌석과 상관없이 모든 관객들을 고려해 설계되는 것이 특징이다. 무대를 십자형으로 사용하거나 대형 스크린을 사용해 관객들과 눈높이를 맞추고, 관객석이나 공중 등 전혀 예상치 않은 곳에서 퍼포먼스가 이뤄진다.

야외 공연에 담요를 준비하거나 비상식량을 나눠주기도 하고, 여성들을 위해 수세식 화장실을 대여하기도 하며, 지방 관객을 위해 '낭만버스'를 마련해 교통편의를 제공하기도 한다. 이 정도의 애정이라면 김장훈을 20년간 공연만을 연구하고 노력해온 장인이라고 불러도 무방할 듯하다.

또 한 명의 공연기획자를 꼽으라고 하면 가수 싸이를 들 수 있다. 그의 이름은 '싸이코(Psycho)'의 줄임말이다. 정확히 풀이를 하자면 미친 사람이 아니라 '어딘가에 미쳐 있는 사람'이란 뜻이다. 그는 2001년 '새'라는 노래로 데뷔했다. 데뷔 당시 뚱뚱한 몸에 평균 이하의 비주얼, 그리고 싸이라는 이름까지, 단숨에 '엽기 가수'로 포지셔닝이 됐을 정도로 화제였다.

그런데 이 엽기 가수는 좀 남다른 데가 있었다. 우선 미국 버클리음대 출신의 유학파로 직접 작사 작곡을 하는 싱어송라이터다. 그리고 댄스곡 위주의 레퍼토리를 가지고 있음에도 절대 립싱크를 하지 않겠다고 선언했다. 덕분에 뚱뚱한 몸에 땀을 뻘뻘 흘려가며 노래하는 그 모습을 통해 단순히 엽기 가수를 넘어 실력파 뮤지션의 이미지를 갖춰 나가기 시작했다.

호사다마랄까. 싸이의 초기 성공시대는 딱 거기까지였다. 데뷔곡 '새'로 히트하며 정상에 섰을 때 대마초 사건으로 공백기를 가지게 된 것이다. 게다가 2년의 자숙기간을 거쳐 특례보충역으로 병역의무를 수행하던 그는 2007년 병역특례 비리에 휘말리면서 그 유명한 '군에서 보낸 6년'의 시기를 맞이한다. 덕분에 데뷔 10주년을 맞은 2010년, 실제 활동기간은 2년이라는 웃지 못할 사연의 주인공이 되기도 했다.

보통 사람들이라면 재기가 불가능할 정도의 좌절을 느꼈을 만한 사건들이었다. 그러나 싸이는 특유의 낙천적인 성격과 유쾌함으로 이 모든 것들을 극복했다. 먼저 자신의 재능인 작곡 능력을 살려 공백 기간에도 이승기의 '내 여자라니까', 서인영의 '신데렐라', DJ DOC의 '난 이런 사람이야' 등 많은 히트곡들을 탄생시켰다. 동시에 감당하기 힘든 두 번의 군복무지만 성실한 자세로 끝마침으로써 인간 싸이에 대한 이미지도 긍정적으로 탈바꿈시켰다.

군복무를 마친 싸이는 다시 공연시장으로 돌아왔다. 데뷔 때부터 립싱크를 거부하고 춤추며 라이브를 하겠다고 맹세했던 그를 가장 잘 표현할 수 있는 곳은 역시 공연무대였기 때문이다. 그리고 개인 콘서트 브랜드인 〈올나잇스탠드〉를 비롯해 김장훈과 함께한 〈완타치〉 등 모든 공연을 매진시키는 티켓파워를 과시했다.

특히 2010년 〈완타치〉 공연은 성수기인 연말 콘서트 시장에서 전체 시장의 52퍼센트의 점유율을 차지하는 놀라운 기록을 올리기도 한다. 그의 공연에는 진솔함과 오락성이 같이 존재한다. 꾸며진 엽기 콘셉트가 아니라 뚱뚱한 몸에 땀을 뻘뻘 흘리며 춤추고 노래하는 그 진정성에 관객들은 감동을 받는다.

싸이는 음악 차트 1위에 오르는 것보다 공연에서 1등 하는 게 수만 배는 더 좋다고 얘기한다. 신곡을 발표하는 것도 콘서트의 레퍼토리를 늘리기 위한 것이라고 말할 정도다. 미치지 않으면 미치지 못한다는 '불광불급'이란 말이 있다. 아마도 싸이를 두고 하는 말이 아닐까.

자기 확신이 있다면
틈새 시장은 있다

대한민국 공연 시장은 2011년 연간 1,200억 원 시장으로 성장했다. 음반 시장이 700억 원 규모로 줄어든 것에 비하면 괄목할만한 성장이 아닐 수 없다. 게다가 공연 시장은 국민소득과 직접적인 연관이 있는 산업이라 GDP가 3만 달러를 넘어야 제대로 된 시장이 형성된다고 할 정도다. 따라서 그만큼 성장 가능성이 높은 시장이기도 하다.

김장훈과 싸이가 공연 시장에 주목한 가장 큰 이유로는 음악에 대한 그들의 신념을 꼽을 수 있다. 가수는 노래를 부르는 사람이고 노래를 부르기 위해서는 관객들이 존재해야 한다는 가장 기본적인 원칙에 충실했던 것이다. 사실 2000년대 이후 가수보다는 엔터테이너를 선호하는 분위기 속에서 이처럼 우직하게 공연에 정성을 쏟고 있다는 것은 대단한 일이 아닐 수 없다.

하지만 단순히 음악을 사랑한다는 이유만으로 공연 시장에 뛰어들 수 있었을까? 김장훈의 경우 기부에만 연간 10억 원 이상을 사용하고 있고 싸이는 쌍둥이를 둔 가장이다. 그들은 결코 취미로 노래를 하는 것이 아니다. 하나의 직업으로서 노래를 부른다. 당연히 일정 규모 이상의 소득이 필요하다. 결국 그들은 시장 자체의 성장성과 자신들의 역량에 대한 확신이 있었기 때문에 공연 시장에 뛰어들 수 있었다.

1996년 10월, 잠실 주경기장에서 있었던 마이클잭슨의 내한공연은 한국 공연계의 패러다임을 바꿔놓았다. AFKN이나 공연실황 비디오테이프에서나 볼 수 있었던 스펙터클한 공연을 바로 현장에서 체험한 관객들의 눈높이는 단숨에 높아졌다.

이후 콘서트 문화라는 것이 차츰 생성되기 시작했고 공연 시장도 작지만 조금씩 형성되기 시작했다. 특히 소규모 기획 공연이 하나둘 생겨나기 시작했는데 1999년 시작한 〈시월에 눈 내리는 마을〉이나 〈이문세 독창회〉 같은 공연은 콘서트 대중화에 큰 기여를 한 작품이다.

김장훈의 경우 이미 7년의 공백기에 쌓은 내공이 있었기에 공연 시장이 조금씩 확대되는 것을 보고 주저할 이유가 없었다. 한두 번 기획 공연에 참여하면서 시장성을 타진한 그는 스스로 공연기획자가 되어 공연을 연출하기 시작한다. 실력과 경험을 갖춘 기업가가 조직을 박차고 나와 스스로 스타트업 회사를 설립하는 것과 다름없는 결정이었다. 자신이 기회비용을 투자했던 분야의 시장이 서서히 열리는 것을 보고 승부수를 던진 기업가 정신의 발현이기도 했다.

김장훈이 개척자라면 싸이는 팔로워에 가깝다. 데뷔시기도 김장훈보다 10년이 늦지만 본격적으로 공연 시장에 진입을 한 시점도 시장이 어느 정도 검증된 후였기 때문이다. 하지만 싸이는 자신만의 차별화된 핵심역량을 간파했다. 바로 파티 콘셉트에 화끈한 분위기를 연출 할 수 있는 가수들이 몇 되지 않는다는 계산을 한 것이다. 즉, 경쟁자는 많지만 시장 세분화를 통해 승산이 있는 자신만의 영역을 발견한 것이다. 결국 김장훈과 싸이는 자신들의 음악적인 신념에, 전략적인 시장분석과 내부자원 분석이 더해져 공연시장의 주인공이 된 것이다.

위기 탈출 해법,
현장에 있다

공연 시장에서 성공한 김장훈과 싸이는 공연을 진행할수록 경쟁력이 더 강해지는 스노우볼 효과를 경험하게 된다. 공연장은 가수와 관객이 만나는 가장 효율적인 고객접점이기 때문이다. 또 관객들의 반응이 생생하게 전달되는 현장이기 때문에 상품과 소비자의 반응이 생산자인 가수들에게 더할 수 없는 영감으로 전달된다. 이는 곡 작업과 공연기획에 고스란히 반영되어 다른 가수들은 따라오기 힘든 그들만의 노하우로 축적되었다.

김장훈과 싸이의 공연 마니아들이 공연을 갈 때마다 놀라고 감동받는 이유는 그들의 공연이 철저히 현장에서 받은 영감으로 확대 재생산되기 때문이다. 남이 써준 곡과 남이 가르쳐준 안무에 따라 연습하고, 관객을 직접 만나는 공연보다 버라이어티 출연을 선호하는 가수들이 그들의 공연을 절대 따라올 수 없는 것도 바로 현장에서 습득된 노하우의 차이 때문이다.

김장훈과 싸이가 공연에 집중하면서 스노우볼 효과를 얻는 것은 기업이 현장경영을 강조하는 것에 비유할 수 있다. 현장경영은 톰 피터스가 《초우량 기업의 조건》에서 'MBWA(Management by walking around)'란 별도의 용어로 강조할 만큼 중요한 개념이다. 경영자들이 현장에 대한 이해가 높으면 높을수록 고객과 임직원에 대한 이해가 높아진다.

특히 요즘 기업의 현장경영은 임직원에 대한 이해에 더 초점이 맞춰지기도 한다. ERP 시스템 등 회사 내 IT 인프라 발달로 고객들의 소리는 최고 경영자층에서도 접할 수 있는 기회가 많아진 반면, 임직원들의 목소리는 현장체험 없이 터득하기 어렵기 때문이다.

임직원들의 현장을 직접 체험한 최고경영층의 의사결정은 단순히 책상 위에서 서류로 보고받는 것보다 훨씬 현실적이다. 미국 CBS에서 제작한 〈언더커버 보스(Undercover Boss)〉는 CEO가 임직원으로 몰래 가장해 현장을 체험하는 방송 프로그램인데 실제 이 체험을 한 CEO들의 대부분이 현장에 대한 이해가 회사 경영에 큰 도움이 되었다고 말하고 있다.

CEO의 현장경영 못지않게 중요한 것이 CEO도 실무경험이 어느 정도 있어야 한다는 것이다. 특히 전략통이니 재무통이니 하는 특정 분야의 경험만 가지고 있는 사람이 CEO의 자리에 올랐을 경우 초기에 어려움을 겪을 확률이 높다. 유능한 컨설턴트가 유능한 경영자가 되기는 어렵다는 이야기가 있다. 도상에서만 훈련 받은 것이 실제 경영에서는 얼마나 사상누각인가를 말해주는 사례이기도 하다.

경영은 생물에 비유되기도 하고 예술에 비유되기도 한다. 그만큼 변화무쌍하고 고려해야 할 변수가 많다. 기업이 고액 연봉에 CEO를 영입하는 것은 그들이 가지고 있는 경험의 통계치를 사는 것이다. 그들은 현장경험을 통한 다양한 가설을 세워 사업성 검토를 한다. 또 수시로 바뀌는 환율이나 유가 등의 변화 속에서 경험의 통계치를 활용해 직관적인 판단을 내린다.

하지만 파워포인트와 엑셀만을 맹신하고 현장경험이 부족한 이들은 그러한 판단이 쉽지 않다. 실제 경험해보지 않은 일이면 직관적인 판단의 정확도가 떨어질 수밖에 없는 것이다. 따라서 현장경험이 부족한 CEO일수록 좀 더 많은 시간을 현장에 할애하고 고객과 임직원의 소리에 귀를 기울여야 한다. 왜냐하면 현장에 문제점이 있고 바로 그 현장에 답이 있기 때문이다.

현장감을 잃지 않는다는 것은 야생성을 계속 유지하고 있다는 것과 같은 말이다. 그리고 경험의 통계치 역시 현장감을 계속 유지하고 있어야 증가한다. 아프리카 밀림의 우두머리인 수사자는 야생성과 경험의 통계치를 동시에 보유하고 있기에 죽는 순간까지 조직의 리더로서 굳건히 군림할 수 있는 것이다. 이는 기업의 리더도 마찬가지다. 현장을 놓치는 순간 리더로서의 은퇴시기도 빨라질 수밖에 없음을 기억해야 할 것이다

Killer Contents **2**

스트리트 스마트를 활용하라

**북 스마트의
함정**

•
•
 시트콤 〈지붕 뚫고 하이킥〉을 보면, 처녀시절 연애에 젬병이던 오현경이 키스하는 법을 글로 배우는 장면이 나온다. '눈을 감고, 입을 벌리고, 혀를 내밀고, 혀를 학 접듯 굴려라.' 하는 단계별 지침을 완벽하게 마스터하지만, 실전에서는 연인 정보석의 핀잔만 듣는다. 시청자들에게 큰 웃음을 준 이 장면은 경험 없이 글로만 배운 이론이 실전에서 얼마나 무용지물인가를 보여주는 재미난 풍자다.

시트콤에선 키스 실패 에피소드로 웃고 넘어갈 수 있는 일이다. 하지만 실제 기업에서 일어난다면 엄청난 손실을 초래할 수도 있다. 수천억 원의 투자비가 집행되는 신규 사업에 이론으로만 무장한 전략가가 수장으로 임명되거나, 정부가 낙하산 인사로 공기업 대표이사를 발령냈다고 생각해보라. 우리는 실전경험이 부족한 리더가 조직을 위험에 빠뜨리는 사례를 종종 볼 수 있다.

리더의 자질 중 해당 분야의 전문 지식을 갖추는 일은 말이 필요 없을 정도로 중요한 일이다. 리더가 실무경험이 부족한 상태에서 이론으로만 무장되어 있는 경우 오현경이 시트콤에서 일으킨 실수를 현실에서, 그것도 어마어마한 손실을 입히고 재현할 가능성이 높다.

'북 스마트(Book Smart)'는 보통 책을 통해 얻은 지식이나 지혜를 의미한다. 그러나 '책 똑똑이'나 '너드(Nerd: 공부만 잘하는 답답한 사람)'와 같이 실전경험 없이 이론만 갖춘 사람을 일컫기도 한다. 평균적으로 IQ는 높으나 EQ(감성지수)가 낮다고 알려져 있으며 최고의 무기는 엑셀과 파워포인트다.

경제와 정치는 살아 있는 생물이나 마찬가지다. 가변성이 높은 그 생물을 몇 가지 이론과 툴로써 재단하고 예견한다는 것은 굉장히 위험한 일이다. 물론 의사결정에 있어 북 스마트의 역할은 반드시 필요하다. 그러나 훌륭한 지식과 전달기술을 가졌다 해도 북 스마트들만으로 구성된 의사결정 과정은 몹시 위험하다.

엑셀과 파워포인트에만 의존하는 북 스마트들이 얼마나 위험한지는 2008년 전 세계를 금융 위기로 몰아넣었던 서브프라임 모기지 사태를 보면 쉽게 이해할 수 있다. 2000년 초 MBA 과정에서 금융공학이 굉장한 인기를 끌었다. 마치 신천지를 발견한 듯 너도나도 금융공학을 전공했고 2년 남짓 이론 공부만 한 이들이 월스트리트로 향했다. 그리고 그 지식을 활용해 만든 것이 바로 파생금융상품이다. 하지만 말이 좋아 파생상품이지 주택담보대출채권을 2차, 3차로 가공해 증권으로 만든 뒤 또다시 매매해 수수료를 받는 형식이다.

부실할 수밖에 없는 채권을 폭탄돌리기를 하듯 계속 사고팔고 한 것과 다름이 없었다. 결국 복잡한 금융공학 지식과 엑셀의 수많은 기능들을 통해 탄생된 파생상품들은 유동성과 금리라는 아주 기초적인 경제상식을 간과했기 때문에 엄청난 재앙을 불러일으켰다. 그리고 그 배경에는 북 스마트들의 탐욕과 도덕불감증이 있었다.

보통 북 스마트들이 실무자일 때는 크게 눈에 띄지 않는다. 하지만 이들이 리더십 포지션에 있을 때 문제를 야기할 소지가 크다. 그들은 단순히 이론만 갖춘 것이 아니라 화려한 언변으로 타인에게 전달하는 능력 역시 뛰어나다. 그래서 평가자들은 착시효과를 일으키기 쉽고, 종종 능력 이상의 권한을 부여하기도 한다.

북 스마트는 혼자 공부하고 혼자 일해서 성과를 내는 데 익숙한 사람들이다. 실전경험이 부족하고 혼자 일하는 데 익숙하기 때문에 여러 측면에서 조직문화를 파괴하기도 한다. 특히 남의 얘길 잘 듣지 않는다. 보편적으로 자아가 강한 데다 지적 충만함과 성취에 대해 큰 자부심을 가지고 있다. 반면 내면에 실전경험이 부족하다는 콤플렉스도 – 절대 드러내진 않지만 – 갖고 있다. 그래서 자기 생각이 맞다는 자만심과 부하직원의 말을 들으면 권위가 훼손된다는 콤플렉스가 복합적으로 작용해 주변 사람들의 말을 듣지 않는 것이다.

놀랍게도 우리 사회에는 북 스마트들이 많다. 이론과 실전 경험을 고루 갖춘 사람이 희귀한 것 또한 사실이므로 북 스마트의 존재 자체를 부정적으로만 볼 수는 없다. 모든 의사결정 순간에 이론적 배경과 데이터 분석은 필수이기 때문이다. 문제는 북 스마트들로만 이루어진 의사결정이다. 세상사는 견제와 균형이 파괴되는 순간 일방으로 흐른다. 동서고금을 막론하고 일방으로 흐른 결과가 좋았던 적은 한번도 없다. 그렇다면 북 스마트를 보완해줄 수 있는 또 다른 무엇은 없는 것일까?

현상을 꿰뚫는 힘, '촉'을 키워라

북 스마트의 반대 개념으로 '스트리트 스마트(Street Smart)'라는 말이 있다. 책이나 정규 교육을 통해 배운 것이 아니라 세상살이를 통해 얻은 지혜, 혹은 이를 갖춘 사람을 의미한다. 스트리트 스마트들은 직관력이 굉장히 발달했다. 직관력은 나이가 들고 경험을 많이 하면 개발되지만 일부는 타고나기도 한다. 어린 시절부터 장사 수완이 좋거나 리더십이 뛰어난 인물들은 타고난 직관력의 소유자라고 할 수 있다.

한국의 정주영이나 미국의 빌 게이츠, 스티브 잡스 등이 대표적인 스트리트 스마트다. 이들은 어린 시절부터 사회생활을 시작해 타고난 직관력과 실천력을 발판 삼아 인류사에 길이 남을 업적을 남겼다. 이런 스트리트 스마트들의 성공방식에는 그들만의 독특한 사물 인식방법이 있다. 어떤 사물이나 현상을 접했을 때 그들의 직관이 움직이는 매커니즘은 통상 귀납적 방식이다. 귀납적 방식은 가설의 설정 단계가 없으며 실험이나 경험을 통해 자료를 수집하고 이를 일반적인 법칙으로 만들어낸다.

페이스북의 탄생 과정을 담은 영화 〈소셜 네트워크〉는 스트리트 스마트들이 귀납적 방식을 통해 어떻게 서비스를 만들어가는지 그 과정을 잘 보여준다. 주인공 마크는 기숙사 여학생들의 사진으로 인기투표 사이트를 개발한다. 여학생들의 항의 탓에 교내 문제로 불거졌지만 남학생들에게는 엄청난 호응을 얻는다. 이후 하버드 선남선녀들만 교류할 수 있는 '하버드커넥션'이라는 사이트 제작 의뢰를 받았고, 그 경험들을 바탕으로 결국 훗날 페이스북을 탄생시킨다.

마크가 처음 여학생 인기투표 사이트를 만들 때나 페이스북을 만드는 과정에서나 그의 머릿속에는 딱 한 가지만 존재했다. "이게 과연 재미있을까?" 페이스북의 최종 성공 모습을 그리거나 미리 가설을 세우고 시작한 것이 아니다. 그저 고객들이 재미있어할 만한 것이 무엇인지 고민했을 뿐이다. 그 결과 페이스북을 700억 달러의 가치를 가진 엄청난 사이트로 성장시켰다.

스트리트 스마트들의 귀납적 사고방식은 환경에 대한 분석이 부족한 대신 매우 고객지향적이다. 반면 북 스마트들의 접근 방식은 연역적인 경우가 많다. 페이스북 사례를 연역적으로 접근해보면 어떨까?

"요즘 스마트폰 수요가 늘었으니 소셜 네트워크 서비스(SNS)에 대한 수요 역시 늘 것 같다. 지금 우리도 시장에 진입할 시기다."

아마 이렇게 환경에 대한 분석을 바탕으로 상품이 필요하다는 가설을 세운 후, 검증작업을 하는 형태를 띨 것이다. 가설을 미리 세우고 접근하다 보니 고객의 시각보다는 공급자 시각이 반영될 개연성이 크다.

보통 경영 컨설턴트들도 이런 방식을 선호한다. 일반 회사들도 컨설팅회사에서 개발한 갖가지 프레임워크들을 활용해 가설을 증명하는 툴로 사용한다. 물론 현상을 탐구할 때 귀납적 방식과 연역적 방식 중 어느 것이 우위에 있다고 말하긴 어렵다. 하지만 스트리트 스마트들이 귀납적 방식을 많이 활용하고, 그것이 직관력을 극대화한 방식이라는 것은 부인할 수 없다.

현재 한류 열풍을 일으키고 있는 엔터테인먼트업계는 스트리트 스마트가 가장 잘 발현되는 산업 중 하나다. 그들이 자주 쓰는 말로 '촉'이라는 단어가 있다. 이는 스트리트 스마트와 상당히 유사한 개념이다. 촉이 가지는 심상은 날카롭고 뾰족하며 섬세한 것으로, 종종 연체동물의 촉수를 연상시켜 특정 사물과 접하면 감각은 물론 통찰력의 의미를 갖기도 한다. 그래서 엔터테인먼트업계에서 "촉이 있다."는 말은 센스는 물론 흥행 예지력까지 겸비하고 있다는 꽤 대단한 칭찬이 된다.

엔터테인먼트업계가 스트리트 스마트를 활용해 좋은 결과를 얻는 것에는 몇 가지 이유가 있다. 첫째, 직관에 많이 의존하다 보니 의사결정 과정이 간단하다. 한국 대기업이 문어발 확장과 경영권 상속이라는 비난을 받고 있지만, 세계 경제계가 인정하는 가장 큰 장점은 뭐니뭐니해도 오너경영으로 인한 의사결정의 신속함이다. 무한경쟁의 시대에 전략 우선순위 결정은 신속한 의사결정 프로세스가 없으면 불가능하다. 엔터테인먼트업계의 의사결정 과정 역시 그들 못지않게 빠르다. 트렌드의 선봉에 있는 업종이다 보니 한 타이밍 늦다는 것은 곧 패배를 의미하기 때문이다.

둘째, 앞서 설명한 페이스북의 사례처럼 엔터테인먼트는 고객의 시각에서 재미있는 것을 찾는 데 혈안이 된 산업이다. 그래서 파워포인트나 엑셀을 통한 분석보다 고객의 시각을 우선으로 한다. 가설을 세우고 접근하는 것이 아니라 늘 고객이 원하는 것을 고민하고 다양한 방식으로 시도한다. "이게 재미있을까?"가 어떤 판단의 기준보다 앞서는 것이다. 케이블 TV 시청률의 기적을 만든 〈슈퍼스타K2〉의 사례는 고객 시각에서 다양한 시도를 한 대표적 결과물이다.

셋째, 엔터테인먼트는 기계와 설비가 없는 순수한 '피플 비지니스'이기 때문에 관계 노하우가 중요한 스트리트 스마트가 용이하다. 조직 내 상하관계든 고객과 공급자의 관계든 관계 노하우는 엔터테인먼트업계에서 성공을 위한 필수 요소다. 그런데 이는 책이나 학교에서 이론적으로 배우기 힘들다. 직접 현장에서 부딪혀 경험을 통해 얻어야 한다. YG 엔터테인먼트에서 빅뱅을 선발할 때 했던 자원배분의 모습이나 록밴드 출신이지만 예능 프로그램 출연을 결정한 김태원과 임재범의 결정 모두 스트리트 스마트에서 나타나는 관계 노하우의 좋은 사례가 될 수 있다.

스마트폰 열풍 이후 '스마트'란 용어가 과잉일 정도로 많이 사용된다. 직장에서도 스마트하게 일하라는 '워크 스마트(Work smart)' 바람이 불고 있고, TV 광고까지 어떻게 하면 스마트하게 제품을 살 수 있는지 친절히 알려준다.

어떤 것이 스마트한 삶의 모범답안인지 알기란 매우 어렵다. 하지만 책에서 배운 것만 맹신하는 북 스마트로는 진정한 스마트를 구현할 수 없다. 북 스마트에 세상살이 지혜가 담겨 있는 스트리트 스마트가 더해진다면, 어쩌면 TV 광고가 말하는 스마트한 삶에 조금이라도 다가갈 수 있지 않을까.

첫째도 재미, 둘째도 재미!
케이블 신화 〈슈퍼스타K2〉

〈슈퍼스타K2〉, 시청자를 홀리다

2010년 케이블 채널 엠넷의 오디션 프로그램 〈슈퍼스타K2〉는 케이블 TV 역사상 전무후무한 기록인 18.1퍼센트라는 시청률을 올렸다. 케이블 방송시장에서는 보통 시청률 1퍼센트면 '대박'이라고 표현하고, 그 수치에 10배를 곱한 것이 지상파 시청률이라는 말이 있다. 따라서 〈슈퍼스타K2〉의 성공은 모두의 상상을 뛰어넘는 것이었다. 삼성경제연구소에서 발표한 '올해의 히트상품'에서 스마트폰에 이어 2위를 차지하기도 했는데, 가히 2010년 한 해를 관통한 하나의 문화현상이었다고 평가할 수 있다.

〈슈퍼스타K2〉의 성공요인에 대해 많은 언론들이 앞다퉈 분석을 쏟아냈다. 그들이 꼽은 주요 원인은 모바일을 통한 시청자 참여 활성화, 출연자들의 인생스토리를 살린 예능다큐의 성공, 그리고 허각의 우승으로 귀결되는 공정경쟁 등이다. 모두 옳은 분석이다. 하지만 '재미있어야 본다.'는 시청자의 궁극적인 욕구를 감안할 때 설명되지 않는 부분도 있다. 그렇다면 실제 프로그램의 재미라는 관점에만 집중했을 때 흥행 요인은 무엇이었을까? 그것은 바로 제작진의 엄청난 노력의 결실이자 재능이 발휘된 '편집의 힘'이다.

〈슈퍼스타K2〉가 폭발적인 인기를 얻기까지의 과정에는 몇 가지 변곡점이 있다. 그 첫 번째 변곡점이 바로 슈퍼위크(예선이 끝난 본선 진출자들이 2박3일간 모여 최종 생방송에 진출할 10명을 추려내는 과정) 첫 날이 방영된 6회다. 첫 번째 주인공은 김그림이었다. 그녀는 조별 미션에서 조장이었지만 직접 선택한 조원들과의 호흡이 잘 맞지 않자, 스스로 팀을 옮기는 이기적인 행동을 한다. 그리고 심사위원들에게 마치 자기가 희생해 팀을 옮긴 것처럼 변명을 했다. 그 결과 방송이 끝나자마자 김그림은 주요 포털사이트 실시간 검색어 1위에 오르며 화제가 됐다. 〈슈퍼스타K2〉가 본격적으로 온라인에서 화제를 만들기 시작한 것이다.

게다가 6회의 마지막 장면은 시청자들이 다음 편을 기대할 수밖에 없게 했다. 김그림이 새롭게 옮긴 조에는 가장 많은 화제를 낳고 있던 재미교포 존박이 있었다. 그런데 존박이 그 유명한 '처밀도' 사건을 탄생시킨 것이다(미션곡인 2AM의 노래 '죽어도 못보내'에서 "니가 날 아무리 밀쳐도"라는 가사를 "니가 날 아무리 처밀도"라고 실수한 사건. 이후 인터넷에서 다양한 패러디가 양산되는 등 크게 화제가 됐다).

편집의 힘은 여기서부터 발휘되기 시작한다. 실수를 한 존박은 깊은 한숨과 함께 노래를 잇지 못한다. 이어지는 김그림과 허각의 고개를 떨어뜨리는 모습, 그리고 심사위원들의 표정이 한 명씩 클로즈업되면서 존박의 허탈해하는 모습이 마지막을 장식하며 방송은 끝이 난다. 가장 화제의 스타였던 존박이 과연 탈락하게 될까? 현장에서 봤으면 조별 미션에서 흔히 있을 수 있는 실수를 시청자의 가슴을 조마조마하게 만드는 편집의 힘으로 흥미를 극대화시킨 것이다. 실제 이때부터 시청률 상승은 급물살을 탄다.

두 번째 변곡점은 슈퍼위크 둘째 날이 방영된 7회다. 후반부부터 비슷한 성향을 가진 참가자들이 두 명씩 라이벌 미션을 수행해 최종 톱 10을 선발하는 과정이 방송됐다. 허각과 존박, 김소정과 이보람, 김그림과 김보경 등 수많은 화제를 낳은 라이벌 미션 중 영리한 제작진은 김그림과 김보경의 라이벌 미션을 가장 먼저 선보인다(실제 미션 수행순서와 편집을 통해 방영되는 순서는 전혀 다르다).

일주일 전에 이기적인 행동으로 온라인상에서 화제를 낳은 김그림은 라이벌 미션에서 시청자들의 동정을 받은 김보경을 이기고 최종 결선에 선착한다. 그리고 2주 연속 검색어 순위에 오르며 관심을 이어나갔다. 지난 주 화제의 인물을 전진 배치해 시청자들의 관심을 계속적으로 이어가는 데 성공한 편집의 힘이었다.

하지만 하이라이트는 뭐니뭐니해도 김지수, 장재인의 라이벌 미션이었다. 이미 톱10 후보로 거론되던 인물들의 대결인 데다 서인영의 댄스곡 '신데렐라'를 포크 뮤지션들이 어떻게 표현해낼지 기대가 모아졌다. 드디어 무대에 선 김지수와 장재인. 그들은 심사위원 네 명의 입이 쩍 벌어질 정도로 엄청난 무대를 펼쳤다. 노래가 끝난 후 심사위원들은 극찬을 쏟아냈고 카메라는 그들의 심사과정을 마치 시청자들이 몰래 카메라를 보는 것처럼 느끼도록 담아 보여줬다. 덕분에 과연 누가 탈락할 것인지에 대한 시청자들의 관심은 더욱 고조됐다.

드디어 심사위원 윤종신이 김지수에게 한 발 앞으로 나오라고 하고 고심 끝에 말을 잇는다. "저희 심사위원은……." 그리고 이어진 엔딩화면. 방송은 김지수와 장재인을 동시에 보여주며 끝이 난다. 둘의 엄청난 무대에 감동을 받은 시청자들이 과연 저 둘 중 누구를 떨어뜨려야 될까 조마조마하게 보고 있을 때, 교묘한 화면 편집으로 궁금증을 자아내며 프로그램이 끝난 것이다. 방송 이후 김지수, 장재인의 '신데렐라'가 실시간 검색어 1위에 등극했음은 물론이고 일주일 내내 대한민국 음악계에서 큰 화제가 됐다.

8회부터는 최종 톱11이 선정되는 과정이었기에 편집의 힘을 빌리지 않아도 시청률을 이어갈 동인이 충분했다. 그리고 편집의 힘이 발휘되기 어려운 생방송에서도 매주 탈락자가 발생하기 때문에 시청률 고공 비행을 이어갈 수 있었다. 물론 〈슈퍼스타K2〉가 방영 내내 꾸준히 재미있을 수 있었던 것은 편집의 힘 이외에 예상 불가능한 참가자들의 실수나 기대 이상의 실력발휘가 있었기 때문이다. 그러나 〈슈퍼스타K2〉만의 독특한 편집 방식이 한몫했다는 것은 부정할 수 없는 사실이다.

우리나라 방송 역사상 역대 시청률 순위 상위권은 거의 연속극들이 차지했다. 스토리의 연속성을 가지고 있어 다음 편을 기대할 수밖에 없게 만드는 드라마의 속성 때문이다. 비록 막장이라고 욕을 하긴 하지만 출생의 비밀이 탄로 나기 직전에 끝이 난다거나 위기를 극복한 주인공이 갑자기 자동차 사고를 당하는 장면은 다음 편을 보지 않을 수 없게 만든다. 일반인들이 참여하는 오디션 프로그램인 〈슈퍼스타K2〉에서도 다음 편을 보지 않고 못 배기게 만드는 이런 드라마적 요소가 가미되었다.

편집의 힘이 절정에 달했던 슈퍼위크 3회는 2박3일 동안 카메라 30대가 하루 평균 20시간을 찍은 것을 편집한 결과물이다. 좀 더 정확히 표현하면 총 1,800시간의 촬영분이 3회에 걸쳐 4시간 15분으로 편집, 재탄생한 것이다. 제작진들은 각기 다른 카메라와 다른 인물들이 촬영한 방송테이프를 밤을 새면서 최고의 장면들로 편집해냈다. 그리고 참가자들의 경쟁, 욕망, 유머, 긴장감 등의 재밋거리를 철저히 시청자의 입장에서 찾아내 담았다. 이러한 편집이 바로 14주간 전국을 슈퍼스타K 열풍으로 이끈 또 다른 힘이다.

고객과의 심리전에서
이기는 법

영화 〈식스 센스〉와 〈유주얼 서스팩트〉는 반전 영화의 고전으로 꼽힌다. 아무도 예상치 못했던 결말이 드러나면서 간담이 서늘했던 기억이 아직도 생생하다. 이와는 반대로 일찍 범인을 알게 되지만 마지막까지 긴장감을 늦출 수 없게 만드는 영화도 있다. 바로 데이비드 핀처 감독의 〈세븐〉이다. 만약 한 편의 영화에 이 두 가지 요소가 모두 들어 있다면 관객들은 어떤 반응을 보일까? 〈슈퍼스타K2〉는 방송 내내 이런 트릭을 능수능란하게 구사하면서 시청자들과 심리게임을 벌였다.

슈퍼위크 둘째날이 방영되던 7회. 본격적인 방송이 시작되기 전 제작진은 인트로에서 슬쩍 놀라운 정보를 흘린다. 참가자들의 노래부르는 모습과 심사위원들의 심사가 짧은 화면으로 소개되던 중, 박진영의 입에서 충격적인 말이 흘러나온 것이다. "장재인씨가 얼마나 잘하고 떨어졌는지 보셨어요?" 시청자들 사이에서 우승 후보로까지 꼽히던 장재인이 어떻게 벌써 떨어졌느냐는 궁금증을 가질 무렵 또 다시 이승철이 말한다. "김그림양 합격입니다." 그리고 김그림이 기쁨에 겨워 울먹이는 장면이 나온다. 우승 후보의 탈락과 탈락 후보의 합격을 방송 초반에 이렇게 흘려버리다니, 시청자들 입장에서는 안 볼 수가 없는 것이다.

이렇게 작지만 놀라운 반전은 프로그램 전반을 관통하는 편집 방향이기도 하다. 김소정, 이보람 라이벌 미션에서 박진영은 김소정의 솔로 댄스를 칭찬한다. 그리고 다음 장면에서 결과 통보를 받은 후 울고 있는 이보람과 위로하는 김소정의 모습이 등장한다. 결국 사람들은 김소정의 합격을 예상하게 되지만, 다음 장면에서 심사위원들의 평가는 김소정의 탈락을 알려준다. 시즌1에서도 자주 등장한 이러한 편집 방식은 공중파의 경쟁 오디션 프로그램에서도 따라하는 하나의 클리셰가 됐다.

이렇듯 제작진은 누구보다 시청자들과의 심리게임을 능수능란하게 진행했다. 그러나 그들은 심리학자도 아니요, 정신분석학자도 아니다. 기획 과정에서 융의 분석심리학이나 아들러의 심층심리학에 대해 논의한 적도 없으며, 프로이트의 정신분석학과 피아제의 인지발달이론에 대해서도 관심을 두지 않았다. 하지만 제작진은 저명한 학자들보다도 인간 본연의 욕망을 잘 파악했고 편집의 힘을 활용해 시청자들을 몰입하게 만들었다.

어떻게 그들은 뛰어난 학자들보다도 더 탁월한 심리전을 벌일 수 있었을까? 답은 의외로 간단하다. 스스로 한 명의 시청자가 되어 시청자의 시각에서 가장 궁금하고 애간장을 녹이고 재미있는 장면들을 만들어낸 것이다. 무려 1,800시간의 녹화 테이프를 보면서 제작진 한두 명의 의견이 전체 의견이 되지 않도록 여러 명이 밤을 새가며 토론하고 가장 재미있는 구성의 공통분모를 뽑아냈다. 그 결과 반전과 정보의 선공개를 섞어가며 방송 내내 시청자들이 시선을 잠시도 떼지 못하도록 만들었다.

고객이 원하는 것에만 집중하라

제작진이 고객의 욕구를 제대로 읽어낸 건 프로그램 제작에서만이 아니다. 〈슈퍼스타K2〉는 스마트폰으로 인해 급속도로 바뀐 N스크린의 환경에도 시청자를 제대로 이해하고 대응했다.

사실 미디어에서 시청률이란 프로그램 평가에 절대적인 지수다. 문제는 이 시청률이라는 것이 전문기관을 통한 표본 패널 조사라는 데 있다. 즉, 패널로 기 선정된 2,000여 가구의 TV 수상기에 시청률 조사기기인 피플미터를 설치하고 이를 초 단위로 확인해 측정하는 것이다. 그래서 시청률에는 오직 TV 수상기를 통해 시청한 사람만 반영되고 온라인으로 보거나 스마트폰으로 보는 수치는 반영이 되지 못한다.

슈퍼스타K 사무국도 이 때문에 시즌1 때부터 많은 고민을 했다. 온라인으로 보는 사람이 늘어날수록 TV를 통해 보는 시청률을 갉아먹는 게 아니냐는 내부 반대도 많았다. 하지만 슈퍼스타K 사무국은 판단의 시점에서 역시 고객의 시각을 잣대로 이용했다. 시청자들은 어느 플랫폼이냐가 중요한 것이 아니라 자기가 보기 가장 쉬운 환경에서 〈슈퍼스타K〉라는 콘텐츠를 보기 원한다. 그리고 언제 어디서나 콘텐츠를 소비할 수 있는 환경이 만들어지면 프로그램을 보는 시청자의 모수 역시 확대 재생산될 것이다.

시청자의 시각에서 이렇게 결론을 낸 사무국은 온라인 시청을 장려함은 물론, 2010년 화두가 된 스마트폰도 적극 활용했다. 모바일웹을 만들어 모바일 환경에서도 생방송 시청이 가능하게 했고, '슈퍼스타K 애플리케이션'을 출시해 아이폰과 안드로이드폰의 앱스토어에서 다운로드할 수 있게 만들었다. 그 결과 생방송 중 모바일 로그인 수는 PC 환경 로그인 수의 50퍼센트에 육박했다. 스마트폰으로도 볼 수 있게 되면서 사용자의 습관까지 바꾸어 놓은 것이다.

프로그램을 제작할 때 별도로 심리학적 분석을 하지 않고도 시청자들과 심리전을 벌인 것처럼, 시청 가능 플랫폼을 N스크린으로 확장할 때도 역시 그들은 IT 공급자 마인드로 접근하지 않았다. 대신 언제 어디서나 좋아하는 프로그램을 보기 원하는 시청자들의 욕구에만 집중했다. 그 결과 어떤 IT 기업보다 효과적인 수요분석을 할 수 있었고 사용자 경험만족도를 높일 수 있었다.

앞서 말했듯이 〈슈퍼스타K2〉 제작팀은 심리학 전공자도 아니고 모바일 분야의 전략가나 마케터도 아니다. 하지만 때로는 시청자들의 애간장을 녹이고, 때로는 파안대소하게 만들었으며, 때로는 가슴 뭉클하게 만들었다. 그리고 그들은 엑셀과 파워포인트 등으로 시청자들의 욕구를 재단하려 들지도 않았다. 아마 그런 방식으로 시청자의 욕구를 시뮬레이션하고 접근했다면 18.1퍼센트라는 상상을 뛰어넘는 시청률은 결코 나오지 못했을 것이다. 그들이야말로 세상살이 지혜가 살아 있는, 스트리트 스마트를 가장 잘 실천한 이들이 아닐까 싶다.

진인사대천명. 현실은 소설보다 더 극적이다. 스포츠는 각본 없는 드라마다. 주가 예측은 신의 영역이다. 이 말들에는 공통점이 숨어 있다. 바로 인간이 사전에 예측하고 재단한 것의 결과치에는 한계가 있다는 것이다. 그리고 상식을 훌쩍 뛰어넘는 성과를 내기 위해선 인간의 능력밖, 즉 신의 영역으로 들어가는 그 무엇인가가 있어야 한다는 것이다. 〈슈퍼스타K2〉 제작진은 철저히 시청자의 시각으로 접근했다. 그리고 자신들이 가지고 있는 모든 노력과 재능을 불살랐다. 아무도 모르는 일이지만, 그 결과 그들은 신의 영역 속으로 잠시 들어갔을지도 모른다.

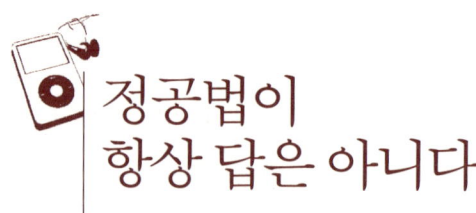

정공법이 항상 답은 아니다

2AM의 깡권 신드롬

우회 전략으로 살아남은 2AM

2,567일. 2AM의 리더 조권이 연습생으로 JYP엔터테인먼트에 들어와서 데뷔하기까지 걸린 시간이다. 대한민국 아이돌 중 최장수 연습생 신화를 쓴 조권. 사실 그는 TV 프로그램 〈박진영의 영재육성 프로젝트 99%의 도전〉 출신의 연예 신동이었다. 당시 초등학생이라고는 믿기지 않을 정도의 끼를 보여주며, 연습생으로 들어갔다. 그러나 데뷔의 기회는 쉽게 찾아오지 않았다. 연습생 동기인 선예가 원더걸스로 데뷔해 'Tell Me'로 최고의 인기를 구가하고 있을 때도 그는 연습실에서 혼자 춤추고 노래하며 힘든 시기를 묵

묵히 보냈다.

2008년 7월 11일. 조권은 드디어 데뷔를 했다. 하지만 그의 고생이 끝난 것은 아니다. 비슷한 시기 데뷔한 형제그룹 2PM이 '짐승돌' 신드롬을 일으키며 승승장구하는 동안 2AM은 별다른 주목을 끌지 못했다. 전략상 2PM은 전형적인 아이돌 그룹의 음악 장르인 댄스음악을 선택했고, 2AM은 감성적인 발라드 그룹으로 포지셔닝한 것이 문제였다. 조용한 발라드는 음악적으로 높은 평가를 받더라도 10대 팬들의 열광적인 반응을 끌어내기엔 한계가 있었다. 8년여를 기다려 데뷔한 조권에게 다가온 두 번째 시련이다.

데뷔 후 6개월이 아이돌 그룹의 성패를 좌우하는 중요한 시기다. 데뷔 후 1년 가까이 별다른 주목을 받지 못한 2AM은 그 내구연한이 거의 소멸되고 있었다. 그러나 의외로 조권이 스타덤에 오르게 된 것은 한 예능 프로그램에서다. 유명 걸그룹들의 춤을 감정의 과잉과 호들갑스러움의 극치로 표현해낸 그는 순식간에 화제가 됐다. 사람들에게 그의 퍼포먼스가 강렬히 남은 이유는 단순한 패러디가 아니라 춤의 포인트를 잘 잡아낸, 썩 잘 춘 댄스였기 때문이다. 8년여의 연습생 시기를 보낸 조권의 관록이 빛을 발하는 순간이었다.

여기저기 예능 프로그램 섭외가 쇄도하기 시작했고, '깜권(깜죽거리는 조권의 줄임말)'이라는 별명을 얻으며 아이돌 최고의 예능스타로 자리잡게 된다. 이렇게 2AM이 재조명되기 시작할 무렵, 또 다른 멤버인 창민도 아이돌 중 유일한 군필자라는 사실이 알려지며 '군필돌'이란 별명을 얻는다. 현역으로 병역을 마친 멤버가 있다는 사실만으로도 2AM은 남자 아이돌 그룹의 미개척시장인 남성팬들까지 흡수하는 효과를 발휘할 수 있었다.

예능으로 개인별 인기는 얻었지만 그들의 본업은 가수. 인지도를 올린 2AM은 2010년 초 마침내 디지털 싱글곡 '죽어도 못 보내'를 대히트시킨다. 유명 작곡가 방시혁이 만든 이 노래는 뛰어난 보컬실력과 화음을 자랑하는 2AM에게는 맞춤옷과도 같은 노래였다. 음원사이트는 물론 공중파 가요 프로그램에서도 전부 1위를 휩쓸었다. 예능과 음악 모든 분야에서 최고의 아이돌 그룹으로 우뚝 서게 된 것이다. 현재는 조권과 창민뿐 아니라 다른 멤버들도 여러 예능프로그램과 드라마에 출연하고 있다. 실력과 발라드 그룹이 흔치 않은 아이돌 시장에서 독보적인 위치를 점하고 있음은 물론이다.

모 일간지가 발표한 '노래 잘하는 아이돌 그룹' 랭킹에서 2AM은 1위에 선정된 바 있다. 메인과 서브 보컬의 차이가 거의 없고 일관된 보컬실력을 보여준다는 것이 그 이유다. 하지만 2AM의 장점인 보컬실력은 처음에는 팬들의 반응을 얻지 못했다. 보컬능력은 인정했지만 그들의 노래를 사랑하지는 않은 것이다. 바로 내가 가지고 있는 핵심역량이 상품과 결합되어 고객 앞에 섰으나 고객의 지갑을 여는 데는 실패한 경우다.

2AM은 정공법이 통하지 않았을 때 계속 동일한 전략을 추진한 것이 아니라 우회 전략을 사용했다. 그들의 또 다른 핵심역량이지만 시장성은 없다고 판단해 상품화하지 않은 그것, 바로 예능감을 상품으로 출시한 것이다. 제작자인 박진영이 초기에는 조권의 '깝'을 저지했던 것으로 알려져 있다. 2AM은 발라드 그룹이기 때문에 노래에 감정이입을 할 수 있겠냐는 논리였다. 제작자의 입장에선 당연한 논리였지만 고객들의 반응은 반대였다. 최장수 연습생으로 고생한 조권의 개인적인 스토리와 팀의 재건을 위해 리더로서 발버둥치는 모습을 통해 진정성을 그의 '깝' 뒤에서 발견했기 때문이다.

결국 제작자의 반대에도 불구하고 우회 전략으로 팬들에게 조금씩 다가간 2AM. 비로소 그들은 본연의 핵심역량을 고객들에게 제대로 전달할 수 있게 됐다. 비록 조금 에둘러간 꼴이지만, 인내하며 기다렸고 생존했기에 오늘의 2AM이 존재할 수 있었던 것이다.

예술가의 장인 정신이 종종 발현되는 가요계는 자신의 음악세계가 너무 강렬해 다른 요인들과의 호환성 결핍으로 사라지는 가수들이 적지 않다. 특히 록이나 인디밴드처럼 흔히 주류라 불리는 장르와 거리가 먼 음악을 하는 경우 현실과 타협하는 과정에서 많은 갈등이 생겨나곤 한다. 대한민국 3대 기타리스트로 추앙받던 부활의 김태원이 예능을 통해 '국민 할매'가 된 것이나, 록의 아이콘 윤도현이 〈나는 가수다〉에서 백지영의 'Dash'를 편곡해 부르는 모습에 팬들이 열광했던 것을 주목하자. 예능을 통해 좀 더 대중에게 다가설 수 있었고, 궁극적으로 본연의 음악을 하는 데 큰 도움이 됐다.

정공법을 시도해 처음부터 쉽게 통했다면 그것은 엄청난 행운이다. 자신이 생각한 대로 잘 되지 않을 때가 있기 마련이고, 한 번 실패한 전략을 계속해서 사용한다는 것은 미련한 짓이기도 하다. 2AM이 그랬던 것처럼 우회 전략을 써서라도 일단은 살아남아야 한다. '강한 놈이 살아남는 것이 아니라 살아남은 놈이 강한 놈'이라는 격언이 있다. 어떻게든 살아남아야 자신의 핵심역량을 보여줄 기회를 잡을 수 있다. 그리고 그 핵심역량이 제대로 전달되어야만 진정 강한 자가 될 수 있다는 것을 잊지 말자.

고객이 사고 싶은 것부터 팔아라

수많은 기업이 명멸하는 벤처기업 시장에서 벤처 1세대이자 대표적인 성공사례로 꼽히는 휴맥스와 엔씨소프트. 지금은 첨단 디지털 셋톱박스 제조사와 세계 최고 수준의 온라인 게임사지만 창업 초기 그들의 주요 사업은 전혀 다른 분야였다.

휴맥스는 1989년 서울대 제어계측공학과 박사과정이었던 변대규 사장이 대학원 동료 6명과 함께 창업한 회사다. 엔지니어 출신들이 설립한 여느 벤처기업들처럼 휴맥스도 초기에 고객을 고려하지 않고 신기술이라고 생각되는 제품을 계속 출시했다. 당연히 시장의 반응은 신통치 않았고 회사는 곧 경영위기에 몰렸다.

휴맥스에게 성공을 가져다준 것은 아이러니하게도 가요반주기였다. 컴퓨터 영상처리보드를 만들었는데, 그 기능 마지막에는 '영상 위에 자막을 올릴 수 있는 기능'이 있었다. 그런데 이 기능이 때마침 분 가요반주기 열풍과 맞아 떨어져 회사가 다시 기사회생하게 된 것이다. 이를 발판 삼아 휴맥스는 드디어 1996년 디지털 셋톱박스를 출시하게 됐고, 이젠 글로벌 점유율 3위 안에 드는 거대 기업으로 성장했다.

1997년 창업한 엔씨소프트도 유사한 과정을 겪었다. 아래한글을 만든 소프트웨어 전문가 김택진 사장이 창업한 회사였기에 엔씨소프트도 초기에는 소프트웨어 개발회사였다. IT 솔루션을 연구하던 엔지니어들이 주축이 돼 각종 시스템통합(SI), 홈페이지 제작 등을 주 업무로 삼았다. 1998년에 탄생한 게임〈리니지〉는 당시 엔씨소프트의 여러 가지 아이템 중 하나였다. 그러나 〈리니지〉가 폭발적인 인기를 끌면서 다른 사업은 접고 게임에만 전념하게 됐고 현재 세계 최고의 온라인 게임업체가 되었다.

가요반주기를 제작했던 휴맥스와 기업의 홈페이지를 만들던 엔씨소프트. 과거 모습은 글로벌 기업으로 우뚝 선 지금의 모습과 비교하면 초라하기까지 하다. 하지만 그 과정을 통해 생존했기에 그들의 핵심역량을 제대로 보여줄 수 있는 기회를 잡을 수 있었다.

조권의 '깝'과 휴맥스의 가요반주기, 엔씨소프트의 홈페이지 제작에는 하나의 공통점이 있다. 자신이 원하는 일이 아니라 고객이 원하는 일을 했다는 것이다. 사실 갓 데뷔한 가수나 갓 창업한 기업가나 모두 자신이 원하는 바를 얻기 위해 정글의 세계로 뛰어든 모험가들이다. 그래서 자신의 아이디어가 받아들여지지 않는 현실을 쉽게 인정하기 어렵다. 하지만 데뷔 후 바로 스타가 되는 것이나 창업 후 10년 이상 지속가능한 기업으로 일구어내는 확률이 얼마나 낮은가. 그만큼 자신의 아이디어가 고객들이 원하는 바와 일치하기란 쉽지 않다.

하지만 수많은 북 스마트들이 여전히 고객의 시각을 고려하지 않고 계속 자신만의 시각으로 무모한 도전을 한다. 러트거스 뉴저지 주립대 남성준 교수가 국가경쟁력 분석에 대한 북 스마트들의 오류에 대해 얘기한 적이 있다. 그에 의하면 우리는 외국인들이 투자를 고려할 때, 대한민국의 장점으로 강력한 IT 인프라, 자유로운 외환시장, 삼성이나 LG 같은 대기업의 존재 등을 꼽을 거라고 생각한다. 하지만 실제 외국인들은 인구가 많고 성장성이 높은 중국, 브라질, 인도 등과 비교해 그리 매력적이라고 느끼지 않는다. 오히려 그들이 꼽은 우리의 장점은 엄정한 법원, 종교의 자유, 확고한 재산권 등이다. 우리가 한 번도 장점이라고 생각하지 못했던 것들이다.

이처럼 고객의 시각은 공급자의 눈높이와 엄청난 격차를 보일 때가 종종 있다. 이 상황을 빨리 알아차리고 올바르게 대처를 하는 것이 중요하다. 이것이 초기 실패를 줄이고 생존할 수 있는 터닝 포인트를 잡는 첩경이다.

생존 없이는
기회도 없다

조권이 '깝'을 떨며 예능 프로그램에서 활약하는 것을 시청자들이 좋아한 것처럼, 본질과는 거리가 먼 곳에서 고객들의 반응이 있을 때 공급자들은 혼란스럽다. 하지만 이 혼란을 빨리 극복하고 본질에 제대로 접근했을 때, 긍정적인 효과를 얻는 경우가 많다.

중국계 이민 2세로 미국 예일대 로스쿨 교수인 에이미 추아는 2011년 1월《타이거 마더》라는 책을 펴내면서 세계적으로 교육논쟁을 불러일으켰다. 책에서 그녀는 두 딸을 중국식 교육법으로 혹독하게 훈련시켜 성공시킨 과정을 소개하고 있다. 〈월스트리트저널〉에 '왜 중국 엄마가 우월한가'라는 칼럼을 기고해 아시아식 자녀교육법의 우월함을 강조하기도 했다.

하지만 중국에서 출간된 그녀의 책은 《미국 엄마되기》라는 완전히 다른 엉뚱한 제목을 달고 있다. 중국식 교육법의 우월함을 얘기하는 책이 '미국 엄마되기'로 둔갑한 것은 상식적으로 이해하기 힘들다. 하지만 중국 출판사 마케팅 담당자의 의견을 들으면 고객의 시각이 왜 중요한지 다시금 이해할 수 있다.

중국인들 시각에서는 미국 이민 2세인 에이미 추아의 교육법이 그다지 놀라운 일이 아니라는 것이다. 미국 한인 2세의 교육방식이 아무리 엄격하다 해도 대치동 아줌마들의 교육열을 따라갈 수 없는 것과 같은 이치다. 오히려 중국인 시각에서 흥미로웠던 점은 중국 교육방식을 둘째 딸에게 강요했지만 받아들이지 않자 계속 강요하지 않고 아이의 의견과 개성을 존중해줬다는 점이었다. 오히려 이것을 현명하고 쿨한 '미국 엄마'의 모습으로 받아들인 것이다. 결국 중국 출판사의 책 제목 변경은 고객의 시각을 얼마나 냉철하게 관찰하고 대응하는 것이 중요한가를 보여주는 스트리트 스마트의 대표적 사례라 할 수 있다.

앞서 정공법이 막혔을 경우 우회 전략을 통해 성공할 수 있다는 점을 소개했다. 그런데 실제 우회 전략을 추진할 때 명분과 지조 같은 관념적인 이유가 걸림돌이 될 수도 있다. 앞서 사례로 든 로커의 경우 변절자라는 멍에에 대한 두려움, 엔지니어 창업자들의 경우 '쟁이'로서의 자존심, 출판사의 경우 창작자로서의 자존심 등 비산업적인 이유로 우회 전략을 포기하는 경우가 종종 있다.

신념과 가치관으로 인해 갈등이 존재할 수밖에 없음은 충분히 이해가 된다. 하지만 영혼을 파는 일이 아니라면 잠시 숨을 고르고 다른 방향으로 우회해서 살아남는 것이 먼저다. 동서고금을 막론하고 성공한 사람들의 대부분은 고난과 역경을 이겨낸 사람들이다. 그 과정에서 그들의 자존심은 수없이 상처 입었을 것이다. 하지만 자기 자신과의 싸움이 가장 힘든 싸움이라고 하지 않는가. 생존을 위해서 이를 이겨내야 자신이 원하는 것을 손에 넣을 수 있다.

드라마 〈추노〉에 이런 대사가 나온다. "대나무는 곧으나 기둥으로는 쓸 수 없다." 반역죄로 참수형을 당하게 된 영의정에게 형을 집행하러 온 사신이 전하는 말이다. 대나무의 곧음은 목재로서 필요한 기능이긴 하나 기둥으로 쓰기엔 적합하지 않다. 비록 생채기는 많고 잔가지가 떨어져 나갔지만 두터운 목재를 생산해내는 소나무가 기둥으로 쓰기엔 적합하다.

사람도 마찬가지다. 신념과 지조도 중요한 일이긴 하지만 더 큰 미래를 위해선 희생하고 에둘러 가는 사람이 더 큰 역할을 할 수 있다. 역사는 승자의 기록이란 말을 떠올릴 때 살아남아 승자가 되기 위해선 대나무의 올곧음보다 소나무의 두터움이 더 필요한 것은 확실해 보인다.

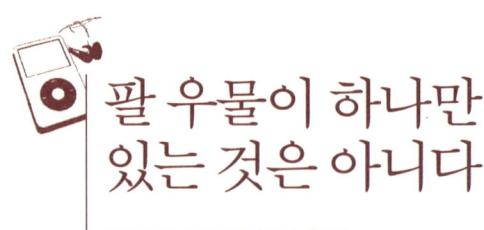

팔 우물이 하나만 있는 것은 아니다

애프터스쿨의 유닛 활동

**애프터스쿨,
변신의 끝은 어디인가**

2011년 초 인터넷에서 '걸그룹 지도'라는 것이 화제가 된 적이 있다. 한 네티즌이 국내 걸그룹의 인기도를 지도 위 영토 크기로 비교한 것이다. 소녀시대가 대륙의 중원을 차지하고 있고, 2NE1과 카라가 제국의 형태를 띠고 있다. 그리고 약 10여 개의 걸그룹들이 춘추전국시대의 모양새를 하고 있다. 네티즌의 재치있는 아이디어가 담긴 이 지도는 당시의 걸그룹 인기도를 잘 반영하고 있음과 동시에 얼마나 대접전을 벌이고 있는지 극명히 보여준다.

걸그룹 전쟁에서 가장 치열한 부분이 흔히 세컨드티어라고 불리는

10여 개 걸그룹 간의 경쟁이다. 2009년에서 2010년 사이에 집중적으로 생겨났고 비슷한 콘셉트와 비슷한 멤버 수로 구성되어 있다. 그 결과 1~2년 내에 메이저 걸그룹으로 올라서느냐, 사라지느냐 하는 기로에 서 있다.

이 춘추전국시대 한가운데서 사투를 벌이고 있는 그룹 중 애프터스쿨이 있다. 애프터스쿨은 경쟁 그룹과 비교했을 때 콘셉트나 그 행보가 독특하다. 일반적으로 경쟁을 할 때 한 명이 경쟁자들과 다른 방식을 취한다는 것은, 월드컵 축구에서 전부 4-4-2 전략을 쓰는데 한 팀만 4-3-3이나 3-5-2 전술로 맞붙는 것과 유사하다. 그 결과 '모 아니면 도'로 파란을 일으키며 우승을 하거나 최하위로 탈락하거나, 둘 중 하나일 가능성이 크다. 하지만 비지니스에서 금과옥조인 'High Risk, High Return.'이나 'No Pain, No Gain.'을 기억할 때 차별화를 통해 남들과 다른 것을 시도한다는 것만으로도 그들의 행보에 관심을 가질 만한 가치가 있다.

애프터스쿨은 데뷔 당시 두 가지 화제를 불러일으켰다. 그 중 하나가 바로 '손담비 그룹'이라는 것이다. 같은 소속사였기 때문에 손담비가 참여한 걸그룹이란 소문이 난 것이다. 하지만 후광효과를 이용한 것으로, 결국 소문만 무성히 일으킨 채 손담비가 빠진 5인 체제로 데뷔했다.

두 번째는 일본의 걸그룹 모닝구무스메나 AKB48처럼 입학과 졸업 시스템을 가진 걸그룹이라는 것이었다. 그룹의 이름은 유지한 채 멤버들의 성장에 따라 졸업과 입학은 자유롭게 하겠다는 것이다. 하지만 이런 시도는 쥬얼리나 베이비복스 등 국내에서도 그 예가 있었기 때문에 이내 묻히고 말았다.

오히려 기획사에서 일부러 만든 이슈보다 팬들의 관심을 끌었던 것은 이 그룹이 가진 콘셉트였다. 일명 '푸쉬캣돌스' 콘셉트로, 미국에서 성적인 의미의 노래와 노골적인 안무로 섹시 걸그룹의 대명사로 꼽히는 그룹이다.

대한민국의 일반적인 걸그룹 데뷔 과정은 귀엽고 소녀 같은 콘셉트를 통해서다. 후일 2NE1이나 포미닛처럼 파워 있고 다소 중성적인 이미지로 데뷔한 그룹도 있지만, 처음부터 섹시 콘셉트를 표방하며 나오는 경우는 드물다. 이 콘셉트를 잘 살리지 못하면 소위 '싼티'로 낙인 찍혀 단명할 수 있기 때문이다. 그만큼 애프터스쿨의 초기 콘셉트는 위험성이 높은 시도였다.

데뷔곡 'Ah'는 별다른 인기를 끌지 못했다. 특히 멤버들이 공개된 후 여타 걸그룹보다 나이가 들어 보이는 데다 '노는 언니' 느낌까지 나면서 실망하는 팬들이 나타나기 시작했다. 섹시 콘셉트란 독약을 잘못 쓴 게 아닐까 하는 후회가 들 무렵이었다. 구원투수 유이가 멤버로 보강되었다. 그러나 후속곡 'DIVA' 역시 이렇다 할 주목을 받지는 못했다. 하지만 엉뚱한 곳에서 화제가 발생하기 시작했다. 유이가 '꿀벅지'의 대명사로 알려지며 건강미인의 대표주자가 된 것이다.

유이의 꿀벅지 열풍은 두 가지 측면에서 애프터스쿨을 기사회생시켰다. 첫째는 사람들의 기억 속에서 사라질 뻔한 그룹명을 유이를 통해 각인시킬 수 있게 된 것이다. 둘째는 기존의 부정적인 이미지를 '건강한 섹시미'로 희석시킨 것이다. 유이의 영입으로 재미를 본 애프터스쿨은 연이어 10대 후반의 레이나와 나나를 영입하고 디지털 싱글 '너 때문에'를 출시한다. 이 노래를 통해 음원사이트 1위는 물론 지상파 가요 프로그램에서도 1위에 올라섰다.

이윽고 다음해에 발표한 'Bang'으로 멋진 모델워킹과 마칭 밴드 퍼포먼스를 보여주며 최고의 섹시 걸그룹으로 등극하게 된다. 사실 한국에서 장신의 여자 걸그룹이 메이저로 발돋움하기는 쉽지 않다. 하지만 애프터스쿨은 남자뿐 아니라 여자들도 동경하게 만드는 '고급스런 섹시미'를 창출했다. 이는 기존 걸그룹과의 경쟁에서 차별화를 통해 본격적인 승부가 가능하다는 것을 보여준 사건이기도 했다.

2010년 6월, 애프터스쿨은 새로운 전략을 선보인다. 그룹의 막내인 레이나, 나나, 리지 3명으로 구성된 '오렌지 캬라멜'을 통해 유닛 활동에 들어간 것이다. 오렌지 캬라멜은 기존 애프터스쿨의 이미지와는 완전히 다른 콘셉트로 접근했다. 먼저 섹시한 이미지와는 동떨어진 귀엽고 깜찍 발랄한 콘셉트로 바꿨다. 노래는 더 충격적이었다. 데뷔곡 '마법소녀'는 '뽕필'이 충만한 트로트다. 시장에 충격을 던져준 이들의 변신은 몇 가지 의미 있는 결과를 가져왔다.

첫째, 팬의 저변 확대가 이뤄졌다. 깜찍한 이미지 덕에 초등학생들로부터 열광적인 인기를 얻는 등 기존 섹시미가 부담스러웠던 팬들에게도 사랑을 받게 된 것이다. 둘째, 음악적으로는 트로트로 시장을 넓힌 결과를 낳았다. 트로트 시장은 대중음악계에서 메인 시장은 아니나 무시할 수 없는 시장 규모를 가지고 있다. 특히 장윤정 이후 신세대 트로트 가수들이 늘어나면서 시장은 점점 커지고 있는 상태다.

셋째, 오렌지 캬라멜 활동 기간에 유이, 가희, 주연 등이 개인적인 예능 활동을 할 수 있는 시간을 벌게 됐다. 치열한 걸그룹 경쟁 구도상 한 그룹에서 여러 명이 예능 고정을 차지하기란 쉽지 않다. 유닛 활동으로 그룹의 명맥을 이어가면서 개인별 지명도를 높이는 윈윈 구도를 만든 것이다.

오렌지 캬라멜은 2011년 봄, '방콕시티'를 발표하며 '섹시 펑키걸'로 또 한번 변신을 시도한다. 노래도 트로트에서 복고 펑키일렉트로닉으로 전환했다. 그리고 아시아에서 '등자초당(橙子焦糖)'이란 이름으로 활동을 시작했다.

이처럼 애프터스쿨은 데뷔 후 2년 남짓한 시간 동안 서너 번의 변신을 했다. 한우물을 파도 성공할까 말까 한 치열한 경쟁에서 계속 변신을 시도하는 것이 과연 어떤 의미가 있을까? 이런 차별화 전략이 걸그룹 대전에서 승리를 이끌고 자신들의 영토를 제국으로 넓힐 수 있도록 해줄까?

한우물 파기의
득과 실

애프터스쿨은 왜 오렌지 캬라멜을 통해 다른 이미지를 보여주려고 했을까? 전혀 다른 분야에서 일어난 일이지만 그 이유를 설명할 수 있는 사례가 여기 있다.

2010년 스마트폰이 전 세계적으로 화두가 되면서 노키아와 닌텐도라는 두 거인이 큰 위기에 빠졌다. 시장점유율이 40퍼센트에 육박하던 노키아는 2010년 30퍼센트로 추락했고, 시가 총액 역시 900억 달러에서 300억 달러대로 떨어졌다. 닌텐도의 사정도 비슷하다. 7년 만에 적자로 돌아서 2010년 상반기엔 적자가 20억 엔에 달한다는 발표를 해 충격을 던졌다.

이 두 회사의 공통점은 한우물 파기에 집중했다는 것이다. 노키아는 자신에게 강점이 있는 저가 피처폰에 계속 주력했고, 스마트폰도 노키아의 OS인 심비안을 계속 고집했다. 닌텐도 역시 모바일 게임기기 구매자가 스마트폰으로 이동하고 있음에도 자사의 히트 상품인 닌텐도 DS 개발에만 주력했다. 불과 몇 년 전만 해도 세계 최고의 생산성과 창의성을 자랑하던 기업이 아니던가. 이런 회사들마저도 급변하는 환경에 속수무책으로 당하고 마는 것이 현실이다.

한우물 전략과 다각화 전략은 양날의 칼이라서 선택을 잘못했을 경우 큰 위기를 초래할 수 있다. 과거의 노키아와 닌텐도는 한우물 전략으로 큰 성공을 맛보았다. 변화가 적은 시기에는 한 분야에 좀 더 집중해 경쟁자가 따라올 수 없을 만큼 멀리 도망가는 게 좋은 전략이기도 하다. 하지만 환경이 급변할 때 한우물 전략은 공룡병이 되어 다른 분야로의 전환을 어렵게 만든다. 이미 투자된 설비와 굳어진 조직문화가 새로운 것으로의 전환을 더디게 만들기 때문이다.

반면 다각화 전략을 취하고 있다면 비교적 변화에의 적응이 용이하다. 이미 시장에 진입한 상태라 추가 자원 투여 정도로 시장에 발 빠르게 대응할 수 있기 때문이다. 물론 수직다각화 체계를 갖춘 국내 재벌들이 문어발식 확장이란 비판을 받고 있긴 하다. 그러나 그들이 환경변화에 신속하게 대응할 수 있었다는 것은 부인하지 못할 사실이다.

애프터스쿨은 한우물 전략을 버리고 일찌감치 다각화 전략으로 선회했다고 할 수 있다. 다각화 중에서도 상이한 이미지로의 전환을 시도했으니 관련다각화보다는 비관련다각화에 가깝다. 비관련다각화의 특징 중 하나가 위험 분산이다. 계란을 한 바구니에 담지 않는다는 주식 격언처럼 비관련다각화는 기업의 리스크 관리 측면에서도 큰 효과가 있다. 선글라스와 우산을 같이 파는 상인은 날씨에 대한 리스크를 분산시킨 것이다. 섹시와 귀여움을 동시에 추구한 애프터스쿨 역시 비관련다각화를 통해 리스크 관리를 철저히 한 것이라고 볼 수 있다.

그렇다면 잦은 변신을 거친 애프터스쿨은 현재 소비자에게 어떤 이미지일까? 아마 초기에 형성된 섹시한 이미지가 기본이되, 유이가 심어 놓은 건강함이 덧입혀지고, 오렌지 캬라멜의 앙증맞음이 더해진 복합적인 이미지가 아닐까 싶다. 만약 이 이미지가 제대로 전달된다면 애프터스쿨은 기존의 경쟁구도에서 굉장히 특이한 포지셔닝을 하게 되는 것이다. 쉽게 모방하기 힘든 경쟁력을 가진 데다가 경쟁자들이 보편적으로 가지고 있는 핵심역량도 보유하고 있기 때문이다.

소녀시대를 위시한 기존 걸그룹들이 현시점에서 섹시 코드를 쉽게 쓸 수 있을 것 같지는 않다. 원조 걸그룹 핑클이 섹시코드를 – 그것도 지금 기준으로는 아주 조신한 수준의 – 처음이자 마지막으로 쓴 것이 마지막 앨범이었던 것을 떠올린다면 충분히 설명된다. 반면 애프터스쿨과 같은 '롱다리 미녀군단'인 LPG나 나인뮤지스에서 과연 오렌지 캬라멜의 귀여움을 기대할 수 있을까? 시도도 쉽지 않지만 소비자들에게 받아들여지기도 결코 쉽지 않을 것이다.

한계를 깨닫는 순간이
바로 출발점이다

애프터스쿨이 지속적으로 경쟁력을 유지하는 것은 이런 복합적인 콘셉트에 소비자들이 얼마나 호응할 것이냐 하는 데 달려 있다. 콘셉트를 만드는 것과 고객이 그 콘셉트를 좋아하느냐 하는 것은 별개의 문제이기 때문이다. 유이의 꿀벅지 신드롬은 하나의 문화현상을 만들어냈다. 그러나 외형상으로는 건강한 각선미를 의미하지만, 분명 그 안에는 성적인 의미가 담겨져 있다. 보통 한국어에서 연약함이란 단어는 여성적 의미를 띠고 있고 건강함은 남성적 의미를 띤다. 그런데 유이의 꿀벅지는 이제 건강함에도 여성성이 담길 수 있다는 것을 보여줬기에 신드롬이 될 수 있었다.

2009년의 신조어가 꿀벅지라면 2010년의 신조어는 단연 '베이글녀'다. 아기 같은 얼굴에 글래머의 모습을 갖췄다는 뜻의 베이글녀는 신세경, 신민아 등의 연예인들로 인해 이제 대중적으로 사용하는 용어가 됐다. 덕분에 얼굴은 동안이나 몸매는 글래머인 여성들이 남성들은 물론 여성들 사이에서도 워너비가 되는 기현상이 발생했다.

사실 베이글녀의 원조는 일본 그라비아 모델들이다. 글래머인 10대 소녀들의 세미누드 형태를 일컫는 그라비아는 일본인 특유의 말초적인 표현의 대표주자다. 로리타 콤플렉스는 성적 정신질환의 일부로 보더라도 낮에는 요조숙녀, 밤에는 요부가 이상적인 신부감이라는 일반 남성들의 정서를 보면 상호 이율배반적인 여성에게 매력을 느낀다는 것이 어느 정도 확실하다. 이를 볼 때 그라비아는 남성의 성적 욕망을 제대로 반영한 것이라 할 수 있다. 그리고 꿀벅지와 베이글녀 신드롬도 연장선에 있다고 할 수 있을 것이다.

위 이야기대로라면 섹시함과 건강함, 귀여움이 중첩된 애프터스쿨은 폭발적 인기를 누려야 마땅하다. 하지만 그게 말처럼 쉽지가 않다. 꿀벅지와 베이글녀는 두 가지 상이한 이미지가 서로 완벽히 섞여 하나의 이미지로 완성된 모습이다. 물리적 결합으로 인해 물과 기름처럼 분리되어 있는 게 아니다. 화학적 결합을 통해 와인처럼 하나의 물질로 존재하는 것이다.

불행히도 애프터스쿨의 상이한 이미지는 아직 물리적 결합의 형태로 남아 있다. 섹시는 섹시대로 귀여움은 귀여움대로 따로 발현되고 있는 것이다. 한우물 전략을 버리고 다각화는 추진했지만 다각화의 시너지가 나오고 있지 않는 것이 현재 애프터스쿨의 현실이다.

'너 때문에'의 성공 이후 애프터스쿨의 측, 즉 스트리트 스마트는 또 다른 고민을 하게 만들었던 것 같다. 섹시한 콘셉트를 통해서는 이것이 정점일수도 있다는 판단과 그에 따른 한계에 직면한 것이다. 물론 거기서 그대로 머물렀더라도 동일한 콘셉트로 작은 성공은 한두 번 더 맛봤을 것이다. 하지만 더 큰 도전을 위해 애프터스쿨은 무모하지만 다각화를 시도했다. 섹시함이라는 한우물이 아니라 환경이 변하고 소비자의 욕구가 달라질 때를 대비한 플랜B, 또 다른 콘셉트로의 확장을 시도한 것이다.

애프터스쿨은 걸그룹 대륙에서 지방 토호 세력 정도로 삶을 끝마치고 싶지 않았다. 그래서 더 큰 도전을 시작했다. 동편제와 서편제가 만나서 득음을 하듯, 애프터스쿨에게도 그런 순간이 올 수 있을까? 걸그룸 대륙에서 중원을 제패하기 위한 그들의 본격적인 승부는 어쩌면 지금부터일지도 모른다.

기술로 다가온 위기, 기술로 극복하라

한류 열풍과 SNS

K-POP, 기술에 죽고 기술에 살고

2001년 11월 발매된, 그룹 god의 4집 앨범 〈길〉은 대한민국 가요사에 한 가지 족적을 남겼다. 바로 158만 장을 기록하며 마지막 밀리언셀러가 됐다는 것이다. 이를 기점으로 호황을 누리던 음반시장은 21세기가 되면서 속절없이 위축됐고 지금은 10만 장 이상 팔리는 음반을 손에 꼽을 정도다. 그런데 이렇게 대한민국 음악시장을 피폐하게 만든 주범은 아이러니하게도 대한민국 전자제품을 세계 1위 시장으로 견인한 '디지털라이제이션'이다.

음악에서의 디지털라이제이션은 물질과 정보를 분리시켜 정보만을 유통하게 만들었다. 다시 말해 CD라는 저장매체와 음악이라는 정보가 아날로그 시대엔 하나로 존재했고 고객들은 이것에 보통 만 원 정도의 가치를 지불했다. CD 하나에 10곡 정도의 노래가 담겨 있으니 곡 하나의 단가는 천 원 정도였다고 할 수 있다. 그런데 노래라는 정보가 CD와 분리되어 mp3라는 확장자를 달고 파일로서 독립적으로 유통되기 시작한 것이다.

콘텐츠 산업의 속성은 초기 투자비에 비해 변동비가 적어 판매량이 늘어날수록 이익이 증가한다. 과거 콘텐츠의 중요성에 대해 말할 때 금과옥조로 쓰였던 비유인 "〈쥬라기공원〉 한 편으로 벌어들인 수익이 현대가 자동차 150만 대를 판매한 것과 같다."는 바로 이런 콘텐츠 산업의 속성에서 비롯된 것이다.

현재 국내 음악 사이트에서 디지털 음원은 보통 한 곡에 600원 정도에 판매된다. 과거 CD 시절 한 곡에 천 원이었던 것에 비하면 40퍼센트 정도 가격이 내려간 꼴이다. 이는 공 CD 등의 재료비와 물류비용이 디지털화로 원가에서 제외되었고, 뮤직비디오 등의 투자비가 줄어들면서 초기 투자 비용이 축소되어 전반적인 원가절감이 일어났기 때문이다.

현재 애플의 아이튠즈에서 판매되는 곡 하나당 가격이 보통 0.99달러임을 감안하면 600원은 합리적이거나 저렴한 편이라고 할 수 있다. 하지만 대한민국 음악시장에선 이처럼 600원을 지불하고 곡을 다운

받는 사용자는 극소수에 불과하다. 왜냐하면 전 세계에서 유일하게 패키지 정액제 요금이 있기 때문이다. 가령 한 달에 40곡을 5천 원, 또는 150곡을 9천 원에 다운받는 식이다. 그 결과 한 곡에 125원, 적게는 60원에 노래를 받을 수 있게 됐다.

경제학적으로 볼 때 판매가격이나 이익률이 떨어지더라도 판매량이 증가한다면 전체 매출과 이익의 총액은 비슷하게 유지될 수 있다. 하지만 대한민국 음악시장은 불행히도 그만큼 판매량이 증가하지 못했다. 여전히 무료로 음악을 들을 수 있는 길이 많기 때문이다.

2000년 5월에 시작한 소리바다 서비스는 오랜 저작권침해 송사 끝에 2006년 7월에야 전면 유료화되었다. 이 6년이란 시기는 대한민국에서 이메일, 블로그, 온라인게임, SNS, 채팅 등의 인터넷문화가 자리 잡는 시기였다. 동시에 인터넷에서 음악은 '공짜'라는 인식이 사용자에게 각인된 시기이기도 하다.

'5천 원에 40곡 다운로드'라는 전 세계에 유래가 없는 기가 막힌 상품이 나오게 된 것도 이 공짜라는 인식을 타파하기 위한 고육지책이었다. 이처럼 불법음원 다운로드에 대처하기 위해 대한민국 음악업계는 판매가격의 마지노선까지 하락시켰으며 결국 이 시장은 품질의 경쟁이 아닌 가격 경쟁으로 치닫게 됐다.

음원을 무료로 받는 것은 사용자들에게 큰 혜택이다. 과거 한 달에 만 원 정도 하던 음악에 대한 소비지출이 없어졌으니 그만큼 구매력이 증가하는 혜택을 얻게 된다. 하지만 공급자 시각에서 보자면 이는 결코 자유시장체제에서 일어날 법한 일이 아니다.

경제학에 '로빈후드 효과'란 말이 있다. 원래는 경제에서 불평등을 해소하기 위하여 부를 재분배할 경우, 오히려 전체적인 사회적 부가 축소된다는 의미이다. 콘텐츠업계야말로 이 로빈후드 효과가 제대로 일어나는 곳이다.

불법 다운로드를 받는 사람들은 유명 콘텐츠 제작회사들이 많은 돈을 벌고 있으며 이들의 콘텐츠를 좀 훔치더라도 대수롭지 않다고 생각한다. 그러나 결국 불법 다운로드는 시장을 파괴해 소비자에게 더 좋은 음악, 더 좋은 영화를 즐길 수 없게 만들고 말 것이다. 음악에 대해 제대로 된 가치를 지불하는 것이야말로 궁극적으로 사용자들이 더 좋은 음악을 즐길 수 있는 길임을 제대로 인식해야 한다.

그러나 마냥 넋 놓고 당하기만 할 수 있겠는가. 엔터테인먼트업계에는 환경변화를 제대로 읽고, 기술로 잃은 수익을 기술로 되찾아온 스트리트 스마트들이 있었다. 덕분에 그들은 아무리 두드려도 열릴 것 같지 않던 세계 시장이라는 문을 열 수 있었다.

파리에 모여든
유럽의 한류팬들

2011년 5월 1일, 프랑스 파리 루브르박물관 광장에 수백 명의 젊은이들이 모였다. 그리고 한국 뮤지션들의 음악을 틀어놓고 한국 가사를 그대로 따라부르며 집단 군무를 추기 시작했다. 마치 축제처럼 비춰지기도 한 이 모습은 SM엔터테인먼트의 파리 공연이 매진된 것에 대해 공연 연장을 요구하는, 일종의 플래시몹을 통한 항의였다. 현지 유럽인들을 대상으로 하는 공연이 과연 성공할 수 있을까 하는 우려가 무색하게 예매 당일에 7천 석 규모의 좌석이 전부 팔려나갔기 때문이다.

시위라고 하기엔 애교 섞인 이 장면을 유튜브에서 직접 보면 누구나 가슴이 뭉클해짐을 느낄 것이다. 프랑스인들이, 그것도 프랑스의 심장인 루브르박물관 앞에서 무슨 뜻인지도 잘 모르는 한국어를 발음만 흉내내며 따라부르는 모습을 보고 있자니 여러 가지 감정이 교차한다. 1980년대 초 유럽출신 가수들의 노래와 공연에 열광했던 한국 관객들의 모습이 떠오르기도 했다. 전 세계가 인정하는 문화대국 프랑스를 상대로 대한민국의 대중가요 K-POP이 흠모의 대상이 되고 있음을 보여주는 이 장면이 어찌 감동적이지 않겠는가.

2011년 4월 발표된 '2010년 실적보고'에서 대한민국을 대표하는 3개의 엔터테인먼트 기업은 모두 전년 대비 괄목할만한 성장을 나타냈다. 맏형격인 SM엔터테인먼트는 매출액 864억 원을 기록해 전년의 617억 원보다 무려 247억 원이 증가했다. 이는 회사 설립 이후 최다 매출이다. 영업이익도 254억 원을 올려 전년 대비 162억 원이 증가했다.

YG엔터테인먼트는 2010년 447억 원의 매출을 올렸으며 전년에 비해 90억 원이 증가한 수치다. 영업 이익도 29억 원이 증가한 103억 원이었다. 마지막으로 JYP엔터테인먼트는 2010년 216억 원의 매출액과 59억 원의 영업이익을 기록했다. 이는 2009년 대비 매출 115억 원, 영업이익 57억 원이 증가한 수치다. 3개사 모두 매출과 영업이익에서 평균 50퍼센트 이상 신장했다.

디지털화 이후 시장이 급속도로 축소되고 있는 와중에 이들 3개사의 실적이 괄목상대할만한 성장을 기록한 이유는 과연 무엇일까? 첫 번째 이유는 국내 음악시장에서 음반 및 음원에 비해 아티스트 부가 매출이 커졌기 때문이다. 현재 광고시장에서 전자제품, 통신사는 물론 아동용품, 치킨전문점에 이르기까지 이들 3사 아티스트들이 출연하지 않는 제품이 거의 없을 정도다. 광고 외에도 콘서트, 드라마, 기타 MD 상품 등의 매출증가가 실적 상승을 이끌었다.

두 번째는 이들 3사의 해외매출이 크게 증대한 것이다. 특히 SM엔터테인먼트의 경우 해외 로열티가 엄청나게 증대했는데, 앞서 프랑스 콘서트 경우를 보면 이와 관련된 매출은 그 증가세가 더 가파를 것으로 보인다. 현재는 일본, 중국, 동남아 등지에서 해외매출이 주로 발생하지만 향후에는 유럽, 미주, 심지어는 중남미까지도 확장할 여지가 보이기 때문이다. 그리고 그 배경에는 유튜브 같은 인터넷서비스가 자리하고 있다.

유튜브는 2005년 설립되어 이듬해 구글에 16억 달러에 매각된 회사다. 유튜브로 인해 UCC란 말이 널리 사용되기 시작했고, 인터넷 시대의 새로운 수익모델로 자리할 것으로 예견되기도 했다. 하지만 유튜브의 실적은 2010년 매출이 8억 3천만 달러에 그치는 등 엄청난 트래픽 비용을 감당하기에도 버거울 지경이다. 동영상 광고라는 것이 검색광고나 배너광고에 비해 시청자들의 주목도가 떨어져 광고수익으로 비용을 커버하는 것이 쉽지 않기 때문이다.

그런데 이 유튜브를 이용해 상업적으로 성공한 회사들이 나타났으니 바로 한국의 엔터테인먼트 기업들이다. 유튜브가 없었다면 한국의 아티스트들이 아무리 인기가 있어도 프랑스에서 공연 연장을 요청하는 항의시위가 벌어지지는 못했을 것이다. 유튜브가 없었다면 소녀시대나 카라도 처음부터 톱스타 대우를 받고 일본행을 감행하지 못했을 것이다. 일본에서는 한국 아티스트들의 유튜브 조회수가 너무 높아 한국정부가 이를 조작하고 있다는 설이 제기되기도 했다.

2011년 4월 출시된 빅뱅의 'Tonight'의 뮤직비디오는 국내에서 최다 조회를 기록한 것은 물론 일본에서도 2위를 차지했다. 더욱 놀라운 것은 유튜브 음악부문 최다 조회를 기록하며 호주에서 2위, 홍콩과 대

만에서 4위, 뉴질랜드와 프랑스에서도 각각 5위와 6위를 차지한 것이다. 이 밖에 인도, 스웨덴, 멕시코, 스페인 등지에서도 높은 순위를 기록했다. 이는 유튜브를 통한 한국 아티스트의 홍보가 얼마나 글로벌한지 보여주는 통계다.

유튜브의 순기능은 기업이 별도의 광고선전비를 쓰지 않고도 엄청난 홍보효과를 발생하게 해준다는 데 있다. 보통 기업의 광고선전비 비중은 매출액 대비 1~3퍼센트 선에 그치며 화장품, 식품 등과 같은 소비재의 경우에도 10퍼센트를 넘는 경우는 많지 않다. 하지만 신생기업이나 신규상품을 소개한다든지, 특히 해외를 대상으로 광고를 하는 경우에는 그 금액이 기하급수적으로 늘어난다.

최근엔 온라인 광고도 큰 비중을 차지하는데, 국내 최대 포털사이트의 경우 종일 배너광고를 게재할 수 있는 광고면을 사면 하루에 1억 원이 넘는다. 국내 아티스트의 유튜브를 통한 홍보를 이와 연계하여 보면, 전 세계 인터넷 유저를 대상으로 1년 365일 인터넷광고판을 무료로 사용하는 것과 같다고 할 수 있다. 그것도 유저들의 자발적인 활동에 의한 것이기 때문에 기업입장에서는 최소한의 운영비로 엄청난 홍보효과를 본 것이라 할 수 있다.

콘텐츠 기업,
인터넷 기업에 한판승!

유튜브를 활용한 아티스트의 홍보는 그동안 인터넷 기업에게 늘 당하기만 했던 콘텐츠 기업이 역전에 성공한 첫 사례이기도 하기 때문에 그 의미가 남다르다. 그동안 인터넷 기업을 바라보는 콘텐츠 기업의 입장은 재주는 곰이 부리고 돈은 왕서방이 버는 광경을 보는 것과 같아 허탈감이 컸다. 국내 포털 서비스나 페이스북 같은 SNS, 그리고 유튜브 같은 동영상업체 모두 수익모델은 딱 하나로 귀결된다. 유저들은 무료로 서비스를 이용하고, 대신 그 트래픽을 활용해 기업들이 광고를 게재하는 것이다.

이 모델에서 인터넷 기업은 플랫폼을 제공해 유저들이 무료로 서비스를 마음껏 이용하게 하는 역할을 한다. 문제는 유저들이 저작권이 있는 콘텐츠들을 무상으로 사용한다는 데 있다. 여기에는 신문 같은 텍스트부터 음악, 영상 같은 멀티미디어 콘텐츠까지 다양한 콘텐츠가 전방위적으로 사용된다.

아무리 블로그나 카페에 있는 콘텐츠가 유저들이 자발적으로 퍼나른 것이라고는 하지만 이는 저작권자의 승인을 얻지 않은 것임은 분명하다. 그리고 이 콘텐츠로 인해 인터넷사이트는 콘텐츠가 풍성해지고 더 많은 유저들의 방문을 이끌어내 궁극적으로 광고단가 상승에 영향을 끼친다.

결국 콘텐츠로 인해 사이트 가치가 상승했고 이로 인해 인터넷 기업의 매출과 수익도 증대되었으나 상대적으로 콘텐츠 기업은 이에 대한 혜택을 거의 받지 못한 것이다. 인터넷 기업들이 플랫폼이라는 압도적인 기술을 내세워 대동강 강물을 자기 것인 양 팔아먹는 광경을 옆에서 보면서도 벙어리 냉가슴 앓듯 지켜볼 수밖에 없었던 것이 콘텐츠 기업들이었다. 그렇기에 유튜브를 통한 한류스타들의 전 세계적인 홍보는 의미가 더욱 크다. 비록 유튜브는 아직 수익을 내지 못하고 있지만 이를 통해 홍보되는 대한민국 엔터테인먼트 기업들은 확실한 해외 매출원을 발굴하기 시작했다.

이제 콘텐츠 기업이 기술과의 경쟁에서 이를 역이용하는 일이 벌어졌다. 지금까지 대동강물을 팔아먹을 정도로 스트리트 스마트의 대명사였던 인터넷 기업을 더 뛰어난 스트리트 스마트로 뛰어넘은 것이다. 드디어 재주는 인터넷 기업이 부리고 돈은 콘텐츠 기업이 버는 시대가 도래한 것이다.

51 대 49, 결정의 법칙

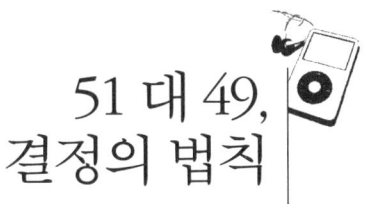

김태원, 임재범의 예능 성공기

로커의 자존심이냐, 재기가 먼저냐

대한민국 3대 기타리스트로 손꼽히는 부활의 리더 김태원. 어느 날 갑자기 그가 예능 프로그램에서 '국민할매'로 등장했다. 록을 사랑하던 마니아들에겐 더 없는 충격이었다. 젊음, 저항, 비장함 같은 이미지로 비춰져야 할 록밴드의 기타리스트가 아닌가. 저질 체력 중늙은이로 희화화되는 모습을 보는 팬들의 마음은, 가뜩이나 아이돌 음악 때문에 비주류로 밀려나 있는 록음악의 현실을 보여주는 것 같아 씁쓸했을 것이다.

록의 정신을 배반하고 개인의 영달을 위해 예능을 택한 변절자라는 차가운 시선이 김태원에게 쏟아지기도 했다. 하지만 믿는 구석 없이 험난한 길을 결정할 그가 아니었다. 예능 프로그램 출연 경험이 쌓일수록 그는 특유의 사차원적인 화법으로 인기를 끌게 되었고 급기야 한 예능 프로그램의 고정 멤버로 참여하게 된다. 그리고 '국민 할매'로 캐릭터가 굳어질 즈음 같은 프로그램에서 3대 기타리스트로서의 능력을 유감없이 발휘했다.

아마추어 밴드 도전기에서 밴드 조련을 담당했던 김태원. 저질 체력으로 웃음을 자아내던 모습은 어디 갔냐 하듯 대단한 카리스마로 밴드의 모습을 만들어나가기 시작한다. 특히 단 8분 만에 오직 세 가지 코드만을 가지고 공연에 참가할 노래를 작곡해낸 그의 능력은 25년간 부활의 기타리스트이자 작곡가로서의 명성이 명불허전임을 보여주는 대목이었다.

김태원의 음악적 역량은 MBC의 오디션 프로그램 〈위대한 탄생〉에 멘토로 참가했을 때 더 큰 위력을 발휘한다. 그가 선택한 제자들은 상대적으로 단점이 많은 지원자들이라는 공통점이 있었다. 그런데 3명을 모두 톱4에 진출시켰을 뿐 아니라 자신의 제자끼리 우승자를 다투는 극적인 반전을 이끌어냈다. 이 프로그램에서 김태원은 긍정의 리더십이 무엇인지 제대로 보여주었다. 이처럼 김태원의 변신은 처음의 우려와는 달리 엄청난 성공을 거뒀다. 초기에는 록 이미지를 망칠 거라는 비난이 많았다. 그러나 결국 김태원의 예능 진출은 부활의 음악을 다시 알리고, 록 음악을 한 발짝 더 친근하게 만들었다는 평가를 받았다.

지금에야 성공적으로 평가받고 있지만 김태원이 처음 예능 출연을 결정할 때는 수많은 고민을 했을 것이다. 성공했을 경우 돌아오는 이익도 크지만, 실패했을 때 예상되는 기회비용도 만만치 않기 때문이다. 특히 40대 중반의 나이에 괜한 변신을 시도했다가 실패한다면 지금껏 쌓아온 이미지마저 다 사라져버릴 수 있다. 어쩌면 로커로서 재기가 불투명해질 정도로 리스크가 큰 결정이었을 것이다.

성공했을 경우의 장점과 실패했을 경우의 단점이 동시에 존재하는 상황에서 최종 결정자는 단 1퍼센트라도 확률이 높다고 판단하는 쪽으로 결정을 할 수밖에 없다. 김태원은 예능에 도전하는 쪽으로 결정했으니 성공에서의 장점을 더 높이 산 것만은 확실하다. 하지만 그가 성공 대 실패의 비율을 90 대 10으로 본 것인지 51 대 49로 본 것인지는 알 수 없다. 한 가지 분명한 것은 그 차이가 작으면 작을수록 최종 결정자는 고민을 더 많이 할 수밖에 없다는 것이다.

세상살이라는 것이 늘 90 대 10처럼 편한 의사결정만 있는 것은 아니다. 게다가 성공 대 실패의 비율은 수학이나 통계로 정확히 계산되는 것이 아니라 수많은 변수와 상황의 조합 속에서 만들어진다. 결국 결정자가 심사숙고 끝에 홀로 외롭게 판단하고 책임도 져야 한다.

유사한 사례가 한 가지 더 있다. 예능 프로그램〈나는 가수다〉를 통해 임재범이 다시 돌아왔다. 비록 예능 프로그램이라 하더라도 실력과 가수들이 참여하는 노래 실력의 진검승부장이었기 때문에 김태원만큼의 비난이 뒤따르지는 않았다. 오히려 대한민국 대표 절창 중 한 명으로 손꼽히면서도 방송에서 쉽게 볼 수 없었던 그였기에 방송출연은 시청자의 열광적인 관심을 이끌어내기에 충분했다.

특히 윤복희의 명곡 '여러분'을 재해석해 부른 그의 무대는 강호의 세계를 떠났던 영웅이 다시 돌아와 경쟁자들을 한 칼에 제압하고 홀연히 다시 사라진 것과 같다는 평가를 받을 정도였다. 1980년대 한국적 샤우팅 보컬을 창조했던 그가 왜 지금까지도 최고의 보컬리스트로 칭송받는지 증명한 무대이기도 했다.

큰 이미지 변신 없이 오로지 가수로서 돌아왔다 해도 임재범의 결정은 김태원의 그것에 비해 쉬운 결정이었을까? 피상적으로 보면 그렇게 보일 수도 있다. 하지만 임재범의 과거를 돌이켜보라. 그는 인기에 연연하거나 현실에 타협하는 스타일이 아니라 자기주장과 자신만의 세계가 명확한 사람이었다. 한때 기인이라고 평가받을 정도로 기행을 보인 적도 있고 곧잘 종적을 감추기도 했다. 그런 그가 방송에 나와 리얼리티 프로그램처럼 가족 얘기를 하고 경쟁자들과 부를 노래를 선정하는 모습은 스스로도 상상하기 어려운 그림이었을 수 있다.

무엇보다 프로그램 특성상 관객들의 평가가 좋지 않으면 탈락의 굴욕을 맛봐야 한다. 이는 사실 10년 만에 방송에 컴백하는 임재범의 입장에선 엄청난 리스크일 수도 있다. 물론 결과적으로 어깨에 힘을 조금

빼고 넉넉한 중년의 아저씨로 돌아온 그의 모습이 팬들에게 큰 환대를 받은 것은 사실이다. 그러나 결정 과정에서 임재범이 느꼈던 성공 대 실패의 비율은 51 대 49에 더 가까웠을지도 모른다.

90 대 10이든 51 대 49든 일단 성공의 확률로 결정을 했으면 목표 달성을 위해 최선을 다하는 것이 맞다. 혹시 일어날지 모를 10, 혹은 49의 실패 확률을 계속 떠올린다면 이것이 성공의 확률을 갉아 먹을 수도 있다. 오히려 마지막으로 본인의 판단이 '보편타당 원칙'에 위배되는지 여부를 짚어 보는 것이 더 현명하다.

〈나는 가수다〉에서 최초 탈락자가 발생했을 때 담당 PD가 내린 결정이 바로 이 '보편타당 원칙'을 지키지 않았기에 일어날 수 있는 대표적 사례라 할 수 있다. 아마 당시 연출자는 '탈락자 재도전'이라는 결정을 하기 위해 베테랑 가수에게 기회를 한 번 더 줄 수 있다는 장점과 규칙 위배라는 단점 사이에서 갈등했을 것이다. 그리고 그는 적어도 51 대 49의 비율로 자신이 생각했던 장점에 표를 던졌을 것이다. 하지만 이에 대한 시청자들의 판단은 그의 생각과 정반대였다. 체감으로 느낄 때 30 대 70, 혹은 20 대 80 정도의 비율로 이 결정을 지켜본 것이다.

방송이 나간 후 인터넷에서는 비난의 여론이 들끓었고 각종 언론에서도 '원칙이 지켜지지 않은 대표사례'로 다루며 하나의 사회문제가 됐다. 결국 탈락 가수의 자진사퇴와 연출자 교체로 일단락된 이 일은 최종 결정 이전에 '보편타당 원칙'에 위배되지는 않는지 꼭 점검해봐야 한다는 것을 일깨우고 있다.

영화 〈넘버3〉에서 삼류 건달인 한석규는 동거녀인 이미연이 자기를 얼마나 믿느냐는 질문을 하자 51퍼센트 믿는다고 답을 한다. 그 답에 샐쭉해진 이미연에게 한석규는 세상 누구도 49퍼센트 이상 믿는 사람이 없으며, 51퍼센트 믿는 것은 100퍼센트 다 믿는 것이란 궤변을 늘어놓는다.

우리가 결정이라는 것을 하고 살지 않으면 모르겠지만 둘 중 하나는 반드시 결정해야 하는 상황이라면 한석규의 이 말이 정답인 듯하다. 그 결정이 기업의 투자든 정치에서의 선거든, 앞선 사례처럼 연예인의 변신이든 간에 최종 결정된 사항들은 90 대 10이나 51 대 49나 모두 결국 100 대 0의 결정이 되기 때문이다. 따라서 일단 결정을 하면 목표를 달성하기 위해 한마음으로 달려가는 노력이 무엇보다 중요하다.

뒷다리 잡기
달인들을 조심하라

아이디어의 실현을 컨설팅하는 회사, 비헨스의 CEO인 스콧 벨스키는 저서 《그들의 아이디어는 어떻게 실현되었을까》에서 훌륭한 아이디어는 반드시 성공한다는 착각에서 벗어나라고 주장한다. 그는 독창적 아이디어가 빛을 볼 때까지의 과정에서 순수하게 아이디어가 차지하는 비율은 1퍼센트 미만이라고 말한다. 프로젝트 매니지먼트 능력 등 아이디어를 구현시키는 능력이 그 아이디어 성공 요건의 대부분을 차지한다는 것이다.

실제 천재적인 아이디어가 있지만 조직력이 없는 회사와 아이디어의 재기발랄함은 좀 덜하지만 조직력이 뒷받침되는 회사 중 성공 확률은 후자가 훨씬 높다고 한다. 또 독창적인 아이디어를 혼자서 독불장군처럼 추진하는 것보다 아이디어를 여럿이 공유해 더 좋은 방안을 찾는 것이 아이디어의 성과를 극대화하는 방법이다.

창의력을 중요하게 생각하는 시대이다 보니 여기저기서 아이디어만 툭툭 내면 전부 창조적인 경영이라 착각하는 경영자들이 많다. 이런 현실에서 스콧 벨스키의 주장은 곱씹어볼 필요가 있다. 특히 창조적인 것과는 거리가 먼 것처럼 보이는, 프로젝트 매니지먼트 역량이 창조적인 아이디어를 현실화시키는 데 결정적인 역할을 한다는 것은 실제 현실에서 집중해야 할 부분이 무엇인지를 깨닫게 해준다.

실제로 일을 하다 보면 스콧 벨스키가 지적한 사항 외에도 창조경영을 방해하는 여러 가지 요소들이 있다. 그 중 대표적인 것이 바로 삼성 이건희 회장이 1990년대 중반 신경영을 강조하면서 주장한 '뒷다리 잡기'이다. 이 뒷다리 잡기 중에서 눈에 잘 드러나지 않지만 가장 고약한 것이 51대 49의 결정에서 49에 대한 강한 비판이다. 흔히 '챌린지'라는 미명하에 사내에서 벌어지는 이 과정은 의사결정에 있어 다른 분야의 의견을 듣고 열린 커뮤니케이션이 이뤄지게 하기 위해 도입한 좋은 제도다. 하지만 좋은 약초도 잘 쓰지 못하면 독이 되는 것처럼 이 제도도 잘 활용하지 못하면 회사의 창의력과 생동감을 떨어뜨리는 뒷다리 잡기가 되기 쉽다.

대부분의 창의적인 아이디어는 아직 시도되지 못했거나 세상에 나와 있지 않은 것일 경우가 많다. 따라서 사업성이나 실패 가능성에 대해서는 신이 아닌 이상 누구도 자신 있게 말할 수 없다. 하지만 창의적인 아이디어가 사업화되기 위해선 인적·물적 자본은 물론 시간과 기회비용까지 투자해야 하는 것이 많다. 한마디로 아이디어가 성공했을 때 얻을 수 있는 이익은 불확실한 반면, 투자 비용은 정해져 있다 보니 실패했을 경우 벌어질 손실은 확실한 상황이 되는 것이다. 따라서 의사결정은 거의 51 대 49의 비율에서 장점을 수렴하는 형태로 이루어지는 경우가 많다. 49퍼센트의 단점이 분명히 존재하지만, 그럼에도 불구하고 선택의 기로에서 51퍼센트의 장점을 취하는 것이다.

조직 내 뒷다리 잡기 달인들은 이 '그럼에도 불구하고'를 생략한 채 단점에만 집요하게 챌린지를 시작한다. 불행히도 이 달인들은 현장경험이 적은 북 스마트인 경우가 많다. 결국 대안 없는 비판이 난무하고 말꼬리를 물고 늘어지는 그들 덕에 49의 단점을 미리 검토했던 아이디어 제안자들도 페이스를 잃게 된다. 그렇게 되면 자신의 비판에 답변을 제대로 못하는 것을 포착한 챌린저들은 몇 번에 걸친 현학적 비판을 덧붙이며 상황을 마무리한다.

이 지경까지 이르면 하나의 창의적인 아이디어는 실현은커녕 시작도 하기 전에 물 건너가고 만다. 물론 극단적인 상황으로 묘사하긴 했으나 수많은 창의적인 아이디어들은 이런 과정을 거쳐 꽃을 피우기도 전에 사라지는 경우가 부지기수다.

가능성에만 집중해도
시간이 모자라다

뒷다리 잡기 달인들에게 발목 잡히지 않으려면 아이디어 제안자들은 단점 49에 대한 사전 준비가 좀 더 철저해야 한다. 기본적으로 의사결정 자리는 리스크에 대해 많은 검토가 필요한 자리다. 그래서 아이디어를 검토하는 사람들은 비판적인 시각을 가질 수밖에 없다. 유능한 스트리트 스마트일수록 그들의 특수성을 이해하고 단점에 대한 세밀한 검토는 물론, 아이디어가 실패했을 경우 취할 수 있는 플랜B나 출구전략까지도 준비한다.

챌린저들도 마찬가지다. 리스크에 대한 검토는 분명히 필요하다. 그러나 검토 아이디어가 '그럼에도 불구하고'의 과정을 거친 51대 49의 결정일 수도 있다는 것을 인정해야 한다. 즉, 49를 택할 수 없기에 51을 택한 제안자들에게 49의 상황이 벌어지면 어떻게 되냐고 계속 추궁하는 것은 비생산적이라는 것이다. 그리고 51에 대한 성공을 위해 조언을 할 수 있는 긍정적이고 스트리트 스마트한 '챌린지'가 필요하다.

마지막으로 아이디어 제안자들과 챌린저들 모두 열린 마음으로 토론하고 의사결정을 해야 한다. 모든 것이 다 준비되어 있더라도 무조건 내 의견이 맞다는 생각으로 대화를 하는 순간, 그 자리는 창의적인 아이디어의 또 다른 장례식이 될 수 있음을 명심하자.

비단 기업의 경우뿐만이 아니다. 역사적으로 중요한 의사결정은 대부분 51 대 49, 또는 명과 암이 거의 같은 양으로 존재하는 경우가 많았다. 과거 우리는 사육신 성삼문은 절개 있는 선비요, 숙주나물로까지 폄하되는 신숙주는 변절자라고 배웠다. 하지만 곰곰이 생각해보라. 삶이 한쪽은 무조건 선이고 다른 한쪽은 무조건 악으로 결정되는 것이 아니지 않은가.

성삼문은 절개를 선택한 대신 삼대가 멸족당했다. 죄 없는 자식과 부인은 물론 일가친척까지 죽거나 노비로 팔려갔다. 무엇보다 그의 뛰어난 재능을 나라를 위해 더 쓰지 못하고 죽고 말았다. 하지만 신숙주는 달랐다. 현실주의자였던 그는 바뀐 체제에 순응했고 그의 능력을 나라를 위해 좀 더 쓸 수 있었다. 그는 사육신처럼 심지가 곧은 이상주의자는 아니었지만 그렇다고 희대의 간웅도 아니었다. 자신이 원하지 않는 환경으로 바뀌었지만 이에 순응하고 비자발적 협조자로서 남은 인생을 살았던 것이다.

성삼문의 숭고한 삶은 마땅히 존중되어야 하고 그가 충신임은 역사적으로 인정되는 사실이다. 하지만 신숙주의 평가는 개인의 가치관에 따라 달리 받아들여질 수 있다. 과가 분명히 있지만 공도 같이 있어 그것이 최종적으로 어떻게 결정될지는 각자 받아들임에 따라 51 대 49, 또는 49 대 51의 결정이 될 수 있기 때문이다.

오랜 독재 기간 마오쩌둥에 의해 탄압을 당한 중국의 덩샤오핑이 마오쩌둥을 다음과 같이 평가한 바 있다. "과가 3이지만 공이 7이다." 덩샤오핑이 이 말 한 마디로 그에 대한 비판을 금지시켰다는 얘기는 우리가 다시 한 번 새겨들을 필요가 있을 것이다

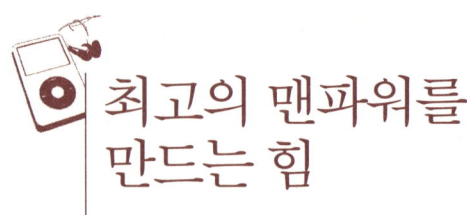
최고의 맨파워를 만드는 힘
아이돌의 새로운 표준, 빅뱅

**빅뱅 멤버
선발의 비밀**

5인조 남성 아이돌 그룹 빅뱅은 아이돌 시장에서 매우 특이한 포지셔닝을 하고 있다. 기존 남성 아이돌 그룹이 보편적으로 가지고 있는 요소 대신 다른 핵심역량으로 팬들의 사랑을 받고 있기 때문이다.

빅뱅은 순정만화 남자 주인공 같은 외모를 지니지는 못했다. 대신 이웃집 오빠 같은 친근한 이미지를 갖고 있다. 사실 친근한 이미지는 앞선 세대 아이돌 그룹인 god가 톡톡히 재미를 본 콘셉트이기도 하다. 하지만 빅뱅은 여기서 한 발 더 진화한 그룹이다. 외모는 평범한 이웃집

오빠인 반면 파격적인 헤어와 스모키 메이크업, 아방가르드한 의상 등 굉장히 스타일리시하기 때문이다. 친근한 외모에 스타일리시한 의상의 미스매치는 기대 이상의 반응을 불러일으켰다. 그리고 때마침 불어온 훈남 열풍 덕에 빅뱅 멤버들은 조각 미남의 한계를 뛰어넘은 새로운 남성상이 되었다.

빅뱅이 가진 또 하나의 차별화 포인트는 자유분방한 퍼포먼스다. 기존 아이돌의 퍼포먼스는 멤버 모두 한치의 오차도 없이 기계처럼 착착 맞아떨어지는 군무가 일반적이다. 그러나 빅뱅은 카메라가 한 앵글에 담기 힘들 정도로 동선을 넓게 쓰고, 개개인의 특성을 자유롭게 나타내 마치 무대에서 신명나게 한 판 노는 것 같이 느껴진다. 정형화된 군무가 화려하나 딱딱한 이미지가 있다면, 빅뱅의 자유분방한 퍼포먼스는 마치 살아 숨 쉬는 듯 활력이 느껴진다.

빅뱅의 리더인 지드래곤이 대부분의 노래를 작곡하고 프로듀싱한다는 사실은 이미 잘 알려져 있다. 덕분에 실력파 아이돌로 인지되면서 여타 아이돌 그룹과 경계를 분명히 긋는 계기가 되기도 했다. 특히 프리템포의 'Sky high'를 샘플링해서 만든 '거짓말'은 만 열아홉 살밖에 되지 않은 아이돌 멤버가 만들었다고는 믿기지 않을 정도로 완성도를 가진 음악이었다. '거짓말'로 빅뱅은 2007년 모든 가요대상을 휩쓸며 데뷔 1년 만에 톱스타의 반열에 올라섰다.

빅뱅은 평범한 외모지만 스타일을 통해 외모의 장점을 극대화시켰고, 자유분방한 콘셉트이지만 음악적 실력을 더해 창의적인 그룹으로 거듭났다. 그리고 이제 그들은 아이돌과 아티스트의 영역을 자유자재로 넘나드는 국내의 유일무이한 남성그룹이 되었다.

빅뱅의 이미지를 완성시키는 데 가장 큰 공은 치밀했던 멤버 구성 전략에 있다고 해도 과언이 아니다. 사실 빅뱅은 지드래곤 권지용과 태양 동영배를 위해 만들어진 팀이라고 할 수 있다. 그들은 열세 살에 YG엔터테인먼트 연습생으로 들어가 6년 이상 연습생으로 지냈다. 그리고 그들이 열아홉 살이 되어 본격적으로 데뷔할 시기가 다가왔을 때 추가 멤버를 선발한다.

천재적인 작곡 실력은 물론 넘치는 끼로 똘똘 뭉친 지드래곤과 파워 있는 댄스와 은근한 섹시미를 갖춘 태양, 이 둘과 짝을 이룰 멤버들은 과연 누가 될 것인가? 여러 후보들 중 탑 최승현은 충분히 예측이 가능한 인물이었다. 중후한 보이스로 랩을 하는 탑은 한 명의 전문 래퍼 자리에 적임자였다. 게다가 멤버들의 키가 평균적으로 작은데 탑은 큰 키에 남성적인 외모까지 갖추고 있어 팀의 비주얼 담당으로도 적격이었다. 아니나 다를까 데뷔 이후 가장 섹시한 남성 연예인 순위에 언제나 이름을 올릴 정도로 큰 인기를 얻고 있다.

빅뱅에게 동네오빠 같은 이미지를 심어준 멤버는 누가 뭐래도 대성이다. 그는 대한민국 아이돌 그룹을 통틀어 지금까지 나온 적도 없고 앞으로 나올 확률도 희박한 외모의 소유자다. 연습생 시절 YG엔터테인먼트 직원들 사이에서 "아, 그 못생긴 애." 하고 통할 정도로 한눈에 확 띄는 외모가 바로 대성이었다. 스스로도 YG엔터테인먼트를 찾아간 이유가 바로 빅마마를 데뷔시킨 '외모를 보지 않는 기획사'라는 소문 때문이라고 밝힌 바 있다. 일반인들이 보기에 이상할지는 몰라도 친근하고 자유분방한 이미지를 주기엔 대성 같은 외모가 반드시 필요했다.

대성은 비록 잘생긴 것은 아니지만 특유의 눈웃음으로 모두가 사랑할 수밖에 없는 독특한 매력을 갖고 있다. 잘생기진 않았지만 친근하고 사랑스런 외모. 어쩌면 빅뱅 전체를 표현하는 이미지에서 반드시 필요한 포트폴리오가 대성일지도 모른다. 게다가 대성은 외모 외에 그룹 내 보컬로서도 최고의 실력을 갖고 있다. 휘성을 비롯한 보컬 트레이너들이 연습을 중지시켜야 할 정도로 성실했다는 대성은 결국 YG엔터테인먼트 임원들의 만장일치로 선발됐다.

빅뱅의 최종 선발과정은 모 TV 프로그램에서 제작, 방영되기도 했다. 서바이벌 형식의 이 프로그램에서 승리 이승현이 최종 멤버로 선발됐다. 사실 승리는 후일 비스트의 멤버로 데뷔한 장현승과 함께 최종 선발에서 탈락했었다. 하지만 양현석 사장으로부터 한 번의 기회를 더 얻은 두 사람은 최종 오디션에 설 수 있었다.

승리는 퍼포먼스 전에 양현석에게 마지막으로 자기가 합격해야 하는 이유를 얘기했다고 한다. 첫째는 팀의 막내로서 역할을 다하겠다는 것이고, 둘째는 퍼포먼스나 안무에서 팀에 도움이 되겠다는 것이었다.

그리고 셋째, 다른 멤버들이 강하고 멋있는 역할을 맡으면 자기는 귀엽고 재치 있는 역할을 맡겠다고 말했다고 한다.

당시 열일곱 살이었던 승리는 물론 합격이 절실했기에 이런 말을 했을 것이다. 하지만 이 세 가지는 바로 양현석 사장이 빅뱅을 구성하면서 마지막까지 고민했던 포트폴리오의 핵심을 콕 찍은 것이었다. 만약 승리가 자신의 장점에 대해 얘기하거나 그저 최선을 다하겠다고 말했다면 어떻게 되었을까? 아마 기량적으로 더 우수한 평가를 받았던 장현승이 합격했을 수도 있다.

하지만 승리는 놀랍게도 팀을 위한 자신의 '기여 부분'을 얘기했다. 춤추고 노래하는 것밖에 모르는 17세 소년 승리. 결과적으로 그 어떤 MBA들보다 유능하게 조직에서 필요한 자신의 핵심역량을 파악했고, 그 어떤 PR 에이전시보다 유능하게 이 장점들을 고객에게 전달한 것이다. 이렇게 승리를 마지막으로 빅뱅의 멤버는 완성된다.

**똑똑한 자원배분이
경쟁력을 만든다**

-
-

경영학의 구루 피터 드러커는 경영이란 단어를 다음과 같이 한 문장으로 압축했다. "불확실한 미래에 대해 한정된 자원을 배분하는 것." 많은 비즈니스맨들이 이 정의에 대해 쉽게 공감할 것이다.

하지만 실제 비즈니스 현장에서 한정된 자원을 적재적소에 배분하는 숙련된 리더는 쉽게 찾기 힘들다. 이를 위해서는 먼저 일이 진행될 전략방향을 정하고, 소요되는 일의 총량을 구해야 한다. 마지막으로 현재 가지고 있는 시간, 돈, 사람 등 자원의 양에 대한 분석이 필요하다. 그리고 이 자원을 효율적으로 분배해야 하는데 거기에는 수많은 협상과 설득, 커뮤니케이션이 따른다. 이 과정이 복잡하기도 하고 수많은 이해당사자와의 관계 속에서 진행되다 보니, 비교적 간단히 정의되고 누구나 공감을 하지만 실행하기는 무척 어려운 과제임에 틀림없다.

빅뱅의 멤버 결정 과정을 자원배분의 연장선상에서 놓고 해석하면 굉장히 성공적인 사례라고 할 수 있다. YG엔터테인먼트는 기존의 가창력 위주 R&B 가수들만으로는 성장의 한계를 깨닫는다. 그래서 남자 아이돌 그룹을 새롭게 탄생시키기로 전략적 결정을 한다. 그리고 데뷔를 준비하던 지드래곤, 태양과 함께할 멤버를 뽑기 위해 선발작업에 들어간다. 본격적인 자원배분에 대한 고민이 시작된 것이다. 특히 지드래곤과 태양은 비교적 기존 아이돌 그룹과 비슷한 외모를 갖고 있어 추가 멤버들에 따라 팀의 색깔이 바뀌기 때문에 신중하게 결정해야 했다.

대성의 선발은 빅뱅의 컬러를 스타일리시함과 친근함의 미스매치를 통해 경쟁그룹과 완전히 차별화시키기 위한 전략적인 자원배분이었다. 하지만 대성 한 명으로 팀 전체의 분위기를 바꾸기엔 부족했다. 특히 외모에 장점을 가진 탑이 가세함에 따라 자칫 대성 혼자만 특이한 멤버로 포지셔닝될 수도 있는 애매한 상황이 된 것이다. 그래서 더욱 승리의 발탁은 화룡점정의 자원배분이 아닐 수 없다. 남자 아이돌치고는 비교적 어린 열일곱의 나이에 순수함으로 가득 찬 승리의 이미지는 빅뱅 전체 이미지를 완성하는 마지막 단추가 되었다.

승리의 가세에 따라 귀공자와 동네오빠, 양 극단의 스펙트럼에서 비교적 중도적 위치에 있던 지드래곤과 태양마저 동네오빠의 이미지로 좀 더 기울게 된 것 같다. 이렇게 우리가 알고 있는 친근하면서 스타일리시한 빅뱅이 화려하게 탄생한 것이다.

빅뱅의 멤버 선발이 단순히 팀 이미지만 고려해 진행된 것은 아니다. 멤버들간의 역할배분과 역량분석이라는 난해함의 과정을 통과했기에 전략적 가치가 있는 것이다. 통상 아이돌 그룹에서 멤버별로 수행해야 할 역할의 최소 구성은 보컬, 랩, 댄스, 비주얼이다. 그리고 스타일, 개인기 등이 가미되어 그룹의 최종 이미지가 완성된다.

빅뱅의 경우 랩, 댄스, 비주얼에는 일반 아이돌 그룹과 유사한 역량이 투입되었다. 지드래곤과 태양, 탑 세 명의 멤버가 일반 아이돌 그룹들이 가지고 있는 평균적인 역량을 보유하고 있기 때문이다. 하지만 보컬에 대성, 댄스 및 전반적인 이미지를 승리가 맡으면서 역량 포트폴리오의 완성과 이미지 차별화 구축이라는 두 마리 토끼를 잡게 된 것이다.

가설이지만 만약 승리 대신에 장현승이 선발됐다면 어떤 결과가 나타났을까? 아마도 '외모가 특이한 멤버가 한 명 있는' 춤 잘 추고 스타일리시한 또 하나의 남성 아이돌 그룹으로 남았을 가능성이 크다.

촉매는 보통 한두 방울로 화학물질의 성분을 완전히 변하게 만든다. 빅뱅에 있어 촉매는 승리라고 할 수 있을 것이다. YG엔터테인먼트는 누가 촉매의 역할을 할 수 있을지 고민에 고민을 거듭했을 것이다. 그리고 승리라는 자원의 역량을 제대로 파악했다. 그 결과 YG엔터테인먼트는 그들이 수립한 전략적 방향에 따라 효과적인 자원배분에 마침표를 찍을 수가 있었다.

스트리트 스마트하게
배분하라

스트리트 스마트를 바탕으로 하는 YG엔터테인먼트의 자원배분과 달리 일반 기업에선 자원배분에 실패하는 모습들을 종종 볼 수 있다. 특히 팀이나 조직에 새로운 미션이 주어질 때, 리더들의 자원배분 능력 여하에 따라 성과의 편차가 크다. 한정된 자원의 효율적 배분이 일의 성패에 결정적 영향을 미친다는 것을 많은 북 스마트들이 간과하고 있기 때문이다.

새로운 일이 추가됐다는 것은 산술적으로 팀이 수행해야 하는 일의 절대량이 증가한 것이다. 여기에 인원 충원도 되지 않는다면 한 명이 수행해야 할 인당 생산량도 늘어나게 된다. 이때 뛰어난 리더들은 추가된 일의 총량이 어느 정도인지 자신의 경험에 비추어 추정한다. 더불어 일의 난이도도 같이 측정해 단순노동의 추가 투입으로 가능한 일인지, 숙련공의 투입이 필요한 일인지도 동시에 파악한다. 최종 납기 일정까지 고려하면 추가로 투입되어야 할 일의 양과 난이도가 결정된다.

다음으로 해야 할 일은 현재 자신이 가진 자원의 상태를 분석하는 것이다. 그 일을 수행할 수 있는 조직원이 몇 명인지, 숙련도는 어느 정도인지, 특히 현재 그들이 맡고 있는 업무량은 어느 정도인지를 파악한다. 만일 현재 전체 업무과중이 높지 않아서 해결할 수 있다면 큰 문제가 없다. 그냥 수행하면 된다. 문제는 대부분의 조직들의 업무로드가 거의 100퍼센트 안팎에서 돌아가고 있다는 데 있다.

이 경우 최종 선택의 대안은 세 가지이다. 조직원들의 업무량을 늘려 새로 부여된 일을 기한 내에 소화하거나, 납기일을 좀 늦추거나, 마지막으로 기존의 업무를 연기하고 추가된 업무의 납기를 먼저 맞추는 것. 이 세 가지 중 무엇이든 리더는 험난한 설득과 조율의 과정을 거쳐야 한다.

보통 경험이 부족한 북 스마트들은 큰 고민 없이 추가 업무를 조직원들에게 간단한 '지시사항' 하나로 전달한다. 일을 놓고 자원을 배분해야 하는데 기존의 자원에다 일을 던져버리는 꼴이다. 이런 경우 대부분 다음과 같은 과정을 거치게 된다. 일을 부여 받은 직원은 어차피 정상적인 시간을 투입해 완료할 수 없는 일이기에 어떻게 하면 기한 내에 적당히 끝낼까를 먼저 고민한다. 기존의 일과 새로운 일을 동시에 진행해야 하기에 일은 날림으로 진행될 수밖에 없다.

더 안 좋은 점은 리더가 자신과 일언반구 상의도 하지 않은 채 지시한 일이기 때문에 일말의 죄책감도 없다는 것이다. 이런 방식으로 일을 하는 리더일수록 일의 핵심을 모르기 때문에 수행이 잘 되었는지 여부도 모르고 넘어갈 경우가 많다. 그리고 결국 그 프로젝트는 실패로 끝나고 만다.

"인사는 만사."라는 말이 있다. 이는 정치는 물론 산업계에도 통용되는 만고의 진리다. 빅뱅 결성과정에서 보여준 YG엔터테인먼트의 성공적인 자원배분은 이미 그것만으로도 빅뱅 성공의 절반은 달성했다고 할 수 있을 정도로 훌륭한 의사결정이었다. 엔터테인먼트 기업에 있어 아티스트란 그 자체가 상품이요, 생산설비이므로 어떤 역량을 가진 자원을 어떤 순열조합으로 구성하느냐가 성패를 좌우하는 중요한 요소이기 때문이다.

일반 기업에서의 인사는 일의 복잡다단함과 비례해 그 중요도가 더 높을 수밖에 없다. 인사, 노무, 교육 등 인사부서에서 일어나는 일만이 인사가 아니다. 실제 현업에서 효율적인 자원배분을 하는 것도 큰 의미에서의 인사다. 따라서 '만사'일 수밖에 없는 인사는 조직의 리더가 그 무엇보다도 우선순위에 놓고 많은 고민과 노력을 해야 한다.

그리고 한 가지 더, 모든 인사를 진행할 때 난이도를 고려한 일의 양과 그 사람의 역량을 매치시켜 보는 일은 반드시 필요하다. 보통은 일의 양이 개인역량보다 약간 높은 것이 좋다. 가령 일의 양이 120이고 역량이 100이면 좀 더 진취적으로 도전하게 되고 결과적으로 역량을 더 끌어올릴 수 있다.

리더의 경우 일의 양과 역량 방정식에 하나를 더 추가해야 하는데 바로 권한이다. 일의 양이 역량보다 적으면 조직 내에 큰 문제는 없다. 단지 자원 활용도가 낮을 뿐이다. 하지만 역량보다 권한이 더 클 경우는 조직문화에 큰 문제점으로 다가온다. 역량 없는 리더가 자기는 놀면서 조직원들에게 엉뚱한 일이나 시키고 있는 모습이 될 수 있다. 이런 재앙에 가까운 모습이 정치나 경제, 모든 영역에서 크게 낯설지 않은 건 무슨 까닭일까?

Killer Contents **3**

고객을 팬으로 만드는 비밀

고객을 팬으로 만들 수 없을까

　　　　　　　　　　1990년대 이후 IT 기술의 발달로 DB활용이 증가함에 따라 CSI(Customer Satisfaction Index, 고객만족도), CRM(Customer Relation Management, 고객관계 관리) 등과 같은 고객과 관련된 여러 경영기법들이 국내에 소개되기 시작했다. 사실 1960~1970년대 산업화 초기엔 제조업이 산업을 이끌었고, 공급보다 수요가 훨씬 큰 시기였기 때문에 고객만족에 대한 고민은 크게 필요치 않았다. 하지만 경쟁이 치열해지고 제조업에서 서비스산업으로 산업구조가 변화함에 따라 고객에 대한 연구는 중요해졌다.

　고객의 유치(Acquisition)와 관련해선 전통적인 영업활동이 이 역할을 수행해왔기 때문에 별문제가 없다. 그러나 고객의 유지(Retention) 측면에선 별다른 노력이 없었던 것이 사실이다. 최근 들어 고객유지의 중요성이 점점 더 부각되고 있다. 〈하버드 비지니스 리뷰〉의 연구결과에 의하면 고객이탈을 5퍼센트 감소시켰을 때, 산업별로 편차가 있긴 하나 평균 30퍼센트 이상의 손익 개선 효과를 볼 수 있다고 한다.

이동통신사, 신용카드사 등 고객계좌에서 매달 결제가 이뤄지는 서비스 업종에서는 손익 개선율이 무려 75퍼센트가 넘는다고 한다. 따라서 서비스업종은 비록 고객유치 비용이 과다해 첫 거래에서 마이너스를 기록하더라도, 장기적인 이익을 위해서는 고객과 파트너십을 유지하는 것이 수익성 향상의 첩경이다.

엔터테인먼트업계는 고객을 팬이라는 형태로 유지하는 특수한 산업군이다. 팬의 사전적 의미는 운동선수나 배우, 가수 등을 열광적으로 좋아하는 사람들을 뜻한다. 하지만 엔터테인먼트업계를 산업으로 보고 팬을 고객의 시각으로 보자면 다음과 같은 정의가 가능하다.

팬은 충성도가 높은 로열 고객이며 인당 구매액이나 고객유지 기간이 길어 기업의 수익성 향상에 큰 도움을 준다. 그리고 자발적으로 상품(스타)을 주위에 홍보하기 때문에 추가 고객 유입도 가능하다. 마지막으로 상품이나 기업이 위기를 맞았을 경우 자발적으로 지원에 나서고, 평소에도 브랜드 이미지 향상을 위해 많은 역할을 수행한다.

이렇게 보면 회사 입장에서 이보다 더 훌륭한 고객은 없을 것이다. 일반 기업에선 상상하기 어려운 이런 고객의 행동이 실제로 엔터테인먼트업계에서는 발생한다. 자신들이 좋아하는 스타가 출연하는 광고의 기업 매출을 올려주고, 스타가 소속한 회사의 주식을 사기도 한다. 스타의 이름으로 기부를 하거나 스타의 기념일에는 봉사활동을 간다.

또 스타와 소속사 간 분쟁이 발생했을 경우 일간지에 광고를 하고 시민단체의 이름으로 대국민 서명을 받기도 한다.

일반 기업들도 고객을 이와 같이 팬의 형태로 가질 수는 없을까? 제품과 서비스가 고객과 단순히 '거래'로만 발생하는 일반 기업에서 이와 같은 현상이 벌어지기는 쉽지 않다. 무엇보다 일반 기업의 상품과 서비스가 엔터테인먼트 업종의 그것과는 성격이 다르기 때문에 팬들의 충성도를 기대하기는 어렵다.

기본적으로 엔터테인먼트업계에서는 상품이 사람인 경우가 대부분이고, 상품과 고객의 감정교감이 그 어떤 제품보다 활발히 일어난다. 고객들의 상품에 대한 감정이입은 그 어떤 마케팅 툴보다 강력하고 그 어떤 고객유지 전략보다 효과적이다. 하지만 팬에 대한 관심과 이해가 있다면 제품과 기업에 대한 충성도를 끌어올릴 방법을 전혀 찾을 수 없는 것은 아니다. 왜냐하면 일반 제조업에서도 이와 같은 사례가 드물지만 있기 때문이다.

애플을 떠올려보라. 자신의 트레이드마크인 검은 터틀넥에 청바지를 입고 최신 제품을 들고 무대 위에서 정제된 단어들로 프레젠테이션을 하는 스티브 잡스. 그리고 그가 소개하는 제품에 열광하며 출시일에 맞춰 밤을 새고 기다리는 수고까지 감수하는 고객들. 그들은 제품의 사용 후기를 자발적으로 인터넷에 올리고 갖가지 패러디를 양산한다. 게다가 애플 마니아들은 누가 시키는 것도 아닌데 주위 사람들에게 제품을 적극적으로 홍보한다. 이런 모습들이 부러운가? 그렇다면 대한민국 엔터테인먼트 기업들로부터 먼저 한 수를 배우는 것도 방법이다.

최고의 차별화 전략, 감성 디테일

고객을 팬과 같은 자발적 지지자로 만들기 위해선 무엇보다 고객의 감성을 움직여야 한다. 앞서 소개한 스타와 팬의 관계, 또는 애플 제품에 대한 고객들의 충성도는 결국 고객의 감성을 움직여 제품과의 교감을 일으켰기 때문에 가능한 일이다. 만일 고객의 감성을 움직이는 능력만 있다면, 경쟁 우위를 점하는 강력한 핵심역량이 될 수 있다. 그러나 아직도 많은 기업들에게는 그림의 떡일 뿐이다. 왜냐하면 이 역량은 차별화 전략이나 운영상의 탁월함과 같은 고전적 경영기법으로 개발되는 것이 아니기 때문이다. 인간의 행동심리를 제대로 이해한 감성 디테일을 통해서만 발현될 수 있다.

세계적인 마케팅 전문가 해리 벡위드는 2011년 저서《언씽킹》을 통해 "소비자는 이성적이고 합리적인 존재라는 가정은 유효기간이 끝났다. 제품의 성공은 이제 인간의 내밀한 본성, 욕망과 닿아 있다."고 주장했다. 그가 소개하는 몇 가지 사례는 우리가 얼마나 인간 본연의 욕망에 대해 무지한가를 다시 한 번 보여준다.

최근 트위터 등을 통한 SNS 마케팅이 증가하고 있다. 그러나 이를 통해 물건을 팔고자 하는 기업은 고객의 행동심리를 제대로 이해 못한 경우가 대부분이다. 고객은 정보의 습득이나 기업 이미지에 대한 호감 때문에 기업 SNS에 가입을 한다. 그런데 다짜고짜 물건부터 팔려는 의도를 드러내면 결국 고객은 실망감과 함께 떠날 수밖에 없다.

몇몇 특별한 장소에서만 팔던 크리스피 도넛을 편의점을 통해 대량으로 파는 순간 고객들이 떠난 것도 같은 이유에서다. 특별하기를 원하는 고객의 심리를 제대로 이해하지 못했기 때문이다. 고전적인 경영학 기법에서 고객접점의 수나 타깃 마케팅에서의 순도를 생각하면 SNS에 가입한 고객만큼 유치하기 쉬운 고객이 없다. 크리스피 도넛의 경우도 인기 있는 제품을 대량 생산을 통해 원가를 줄이고 판매처를 확대하는 것이기에 매출과 이익을 극대화하기 매우 좋은 사례였다. 하지만 현실은 정반대의 결과를 가져왔다. 이는 인간 내면에 대한 욕망을 제대로 읽지 못했기 때문이다.

감성 디테일은 어떤 행동이 초래하는 결과가 타인의 감성에 어떻게 작용하는지, 그 미묘한 차이를 사전에 읽어내 행동 결과치의 값을 극대화하는 능력을 말한다. 애교와 교태, 유머러스함과 썰렁함, 스타일리시함과 촌스러움, 국민의견 수렴과 포퓰리즘 등은 같은 의도를 가지고 시작했지만 결과는 완전히 다른 평가를 받는 대표적인 단어들이다. 이 차이가 발생하는 이유는 그 행동을 구사하는 사람에 따라 감성 디테일의 차이가 존재하기 때문이다. 그런데 이 감성 디테일이야말로 고객의 욕구를 효과적으로 만족시킬 수 있는 열쇠가 된다.

엔터테인먼트업계는 고객과의 교감이 일상적으로 일어나는 곳이다. 덕분에 감성 디테일이 굉장히 잘 발달되어 있다. 소녀시대의 퍼포먼스를 떠올려보라. 정교하고 일사분란함이란 측면에서 보면 북한의 피바다가극단에 결코 뒤지지 않는다. 그러나 특유의 감성 디테일을 살린 결과 딱딱하고 인위적인 대신, 창의적이고 부드러운 그녀들만의 안무로 창조해냈다. 촌스러움과, 키치함, 복고, 향수 이런 느낌도 종이 한 장 차이다. 하지만 감성 디테일의 유무에 따라 어느 한쪽의 이미지로 나타날 수 있다.

이처럼 감성 디테일이 많이 작용하는 엔터테인먼트업계는 고객의 감성을 움직여 그들을 자발적인 지지자로 만들어놓는 데 성공하고 있다. 많은 최고 경영자들이, 그리고 많은 경영학 구루들이 늘 고객을 얘기한다. 하지만 솔직히 그들이 얼마나 현실에서 고객을 많이 접하고 제대로 이해하고 있는지 궁금하다. 공자님 말씀은 누구나 할 수 있지만 그것을 실천하게 만드는 이가 진정한 혁신가다. 고객을 진정 이해하고 싶다면 인간 본성을 이해해야 한다. 그리고 그 본성을 움직일 수 있는 감성 디테일을 반드시 키워야 한다.

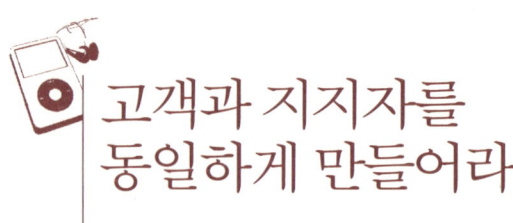

고객과 지지자를 동일하게 만들어라

아이돌 그룹의 티켓 파워

**아이돌
팬클럽의 힘**

뮤지컬 〈천국의 눈물〉은 창작 뮤지컬의 글로벌화를 지향하는 대표적인 작품이다. 〈지킬 앤 하이드〉로 유명한 작곡가 프랭크 와일드혼과 〈스위니 토드〉의 연출가 가브리엘 베리 등 브로드웨이 제작진이 대거 참여하고, 세계적 뮤지컬 스타 브래드 리틀도 주요 배역으로 출연한다. 하지만 이 뮤지컬 최고의 화제는 다른 곳에 있었다. 바로 동방신기의 멤버였던 김준수가 주인공으로 출연한다는 것이다. 역시 아이돌 스타의 티켓 파워는 대단했다. 총 61회 공연 가운데 김준수가 나오는 17회 분량의 표 2만 6000여장이 발매 5분 만에 매진됐다.

사실 개막 이후 〈천국의 눈물〉에 대한 평단의 목소리는 우려에 가까웠다. 무대의 외형과 뮤지컬 넘버는 수준급이지만, 드라마 구성에 대한 평이 좋지 못했기 때문이다. 하지만 김준수의 티켓 파워는 이 모든 것을 상쇄시켰다. 300만 원짜리 암표설 등 시간이 갈수록 더 큰 화제를 낳았다.

2010년 〈모차르트〉를 통해 뮤지컬에 데뷔한 김준수는 그해 더 뮤지컬 어워즈, 한국 뮤지컬 대상 등 각종 뮤지컬 시상식에서 신인상과 티켓 파워상을 휩쓴 바 있다. 아이돌 그룹 출신 중 가장 뛰어난 보컬을 자랑하는 그의 실력이 뮤지컬에서도 입증되는 순간이다. 그러나 이제 고작 두 작품을 소화한 신출내기가 이처럼 엄청난 티켓 파워를 보여준다는 것은 상식적으로 쉽게 이해되지 않는 일이다. 하지만 동방신기 시절부터 그의 뒤를 지켜주던 팬클럽을 성공 방정식에 대입하면 그 실마리가 풀리기 시작한다.

80만 명 이상의 회원을 보유해 2008년 전 세계에서 가장 큰 팬클럽으로 기네스에 등재된 동방신기 팬클럽 '카시오페아'. 지금은 2인조 동방신기와 3인조인 JYJ, 두 그룹으로 나뉘었지만 아직도 이들 다섯 명에 대한 팬들의 사랑은 절대적이다. 특히 김준수의 뮤지컬을 단체 관람한다거나 〈성균관 스캔들〉로 드라마 데뷔를 한 박유천에게 엄청난 사랑을 보여주는 모습은 팬클럽의 힘이 얼마나 대단한지 알 수 있는 대표적 사례다.

사실 동방신기 분열 사태 초기, 카시오페아는 매우 중요한 역할을 했다. 이전의 팬클럽들은 아이돌 그룹의 해체 소식이 들려오면 소속사를 상대로 감정적 집단 행동을 벌이는 것이 일반적이었다. 그러나 카시오페아는 시민사회에 동방신기 계약의 불합리함을 알리는 등 이성적이고 신중하게 대처했다. 감정에 치우치지 않고 불공정 계약의 부당성을 조목조목 지적하는 든든한 조력자로 나선 것이다.

이와 동시에 직접 행동으로 지원에 나섰다. 온라인과 오프라인에서 서명운동을 진행해 불공정 계약의 강제성과 일방적 계약관계에 반대하는 지지 서명을 얻어냈다. 이와 함께 전속계약서의 반사회적인 면을 대중에게 알리기 위해 일간지에 광고를 게재했으며, SM엔터테인먼트가 발매하는 모든 앨범과 화보집, DVD, 음원서비스 등에 대한 불매운동을 전개하는 등 기획사를 압박하기 시작했다.

세계 40여 개국의 해외 팬들도 유튜브에 응원하는 메시지를 제작해 올리는 등 이에 동참했다. 결국 법원은 동방신기 출신인 그룹 JYJ 세 멤버의 독자적인 연예활동을 보장하라는 판결을 내리게 된다. 물론 객관적인 사실을 바탕으로 판결을 내렸을 것이다. 하지만 회사와 아티스트와의 첨예한 대립 상황에서 팬들의 의견이라는 민심의 향방도 판결에 적지 않은 영향을 미쳤을 것이다.

이처럼 팬클럽은 이제 단순히 팬을 뛰어넘어 스타들의 현실적인 지원자의 모습으로 변모하고 있다. 예전에 스타는 그야말로 하늘에 떠 있는 별 그 자체였다. 같은 세계에 살고 있는 사람이라는 생각이 들지 않을 정도로 멀리 있는 존재였기에 그들에게 보내는 선물도 팬레터나 종이학 등 팬들의 마음을 담은 것들이 대부분이었다. 그러나 인터넷 발달 이후 트위터 등의 SNS를 통해 스타들과의 쌍방향 커뮤니케이션이 가능해졌다.

이제 스타도 더 이상 멀리 있는 존재가 아니다. 우리 곁에 있는 현실성 있는 존재로 느껴지기 시작한 것이다. 그 결과 스타들에게 전달되는 선물도 스타들이 실제 활용할 수 있는 고가의 패션제품이나 보약, 전자제품 등으로 바뀌기 시작했다. 그리고 앞선 카시오페아의 사례처럼 시민운동에 참여하거나 불매운동 등 현실적인 조력자로서의 역할을 하기도 한다.

최근 조력자로서의 팬클럽 성향을 보여주는 대표적인 사례는 소위 '삼촌팬', '이모팬'이라고 불리는 30~40대 팬들이다. 이들은 학창 시절 이미 누군가의 팬이었던 경험이 있는 사람들이다. 그리고 대부분 사회생활을 하거나 10대 자녀들을 두고 있기에 스타에 대한 집착이나 맹목적인 사랑과는 차원이 다른 팬의 모습을 보여준다. 스타가 상품 광고를 계속할 수 있도록 해당 기업의 매출을 올려주고, 촬영이 있는 날 스타의 이름으로 스태프 도시락을 보내기도 한다.

여기서 그치는 게 아니다. 응원하는 그룹이 해체되거나 멤버들이 불이익을 당할 경우를 대비해 해당 기획사 주식을 사 모으기도 한다. 이처럼 풍부한 세상 경험과 경제적인 여유를 바탕으로 아이돌 스타의 지원군이 되고자 하는 것이 요즘 삼촌팬, 이모팬으로 불리는 팬들의 모습이다.

최근 지원자로서의 모습은 한층 더 업그레이드되고 있다. 현실적인 조력자에서 한발 더 나아가 스타들의 이미지와 브랜드에 긍정적인 기능을 하는 역할을 하기도 한다. '소녀시대를 사랑하는 삼촌팬'이라고 밝힌 익명의 후원자는 자신이 좋아하는 멤버 서현의 생일을 맞아 700만 원을 봉사단체에 기부했다. 자기가 좋아하는 스타에 대한 지원을 '사회에 대한 선행'의 형태로 풀어낸 것이다.

단순히 돈만 기부하는 것이 아니라 실제 봉사활동을 하기도 한다. 일부 팬클럽은 스타의 생일이나 데뷔일 등 기념일에 장애인 시설이나 양로원을 방문해 봉사활동을 하는 것으로 스타에 대한 사랑을 표현한다. 환경운동에 참여하는 팬클럽도 있다. 서태지 팬클럽은 콘서트에 앞서 폐휴대폰을 수거하는 캠페인을 펼치거나 자발적으로 기금을 모아 공연 당일 사용할 친환경 쓰레기봉투를 제작해 현장에서 무료로 배포하기도 했다. 이처럼 다양한 선행을 통해 스타의 이미지에 도움을 주는 팬클럽들. 최근에는 유니세프나 월드비전 등을 통해 해외로까지 기부를 넓히는 등 한류 이미지에 긍정적인 역할을 하고 있다.

팬클럽은 어디까지나 스타에 대한 개인적인 애정으로 출발한다. 하지만 점차 스타에 대한 현실적인 지원으로 진화하고, 현재는 스타의 이름으로 선행과 봉사를 하는 데에 이르렀다. 개인적인 즐거움으로 시작한 일이 사회에 긍정적 기여를 하는 모습으로까지 변하는 선순환 구조로 연결된 것이다. 아마 스타의 팬클럽이란 이름이 없었더라면 가난한 이들에게 기부를 하거나 봉사를 한 번도 하지 않았을 사람들일 수도 있다. 이를 보면 팬클럽의 진화는 초기에 별 의도 없이 시작한 일들이 어떤 매개체를 통해 어떻게 사회에 긍정 바이러스로 퍼져가는지 보여주는 좋은 사례가 될 것 같다.

불만고객과 충성고객은
종이 한 장 차이

팬을 시장의 관점에서 보면 그들도 한 명의 고객이다. 고객의 진화단계를 구분할 때 가장 초기 단계에 처음 제품과 서비스를 경험한 일반고객이 있다. 제품을 접하게 된 계기는 추천을 받았을 수도 있고 우연히 광고를 보고 접했을 수도 있을 것이다. 음악의 경우를 보면 친구의 추천으로 처음 접했거나 우연히 들려오는 라디오 속 노래에 끌려 앨범을 구입한 것과 같다.

만일 제품과 서비스의 고객만족도가 높거나 혹은 교체비용

(Switching cost)이 증가해 고착 효과 등이 생길 경우 고객은 재구매를 한다. 우리는 이런 고객을 충성고객이라고 한다. 새로 산 가수의 앨범이 마음에 들어 다음 앨범이 발매되었을 때 재구매를 했다면 그들도 충성고객이라 할 수 있다. 몇 번의 재구매가 일어나는 동안 여전히 제품의 품질과 서비스가 만족스럽다면 드디어 이 충성고객은 열성고객으로 진화한다.

열성고객은 자신만 제품을 이용하는 것이 아니라 주위 사람들에게 제품의 우수성을 자발적으로 홍보하고 그들을 신규고객으로 이끌어낸다. 그리고 마치 연예인이나 스포츠 스타를 보듯이 제품 그 자체에 열광하고 환호를 보내는 열성팬이 된다. 이것이 바로 고객이 지지자의 단계로 승화하는 순간이다.

고객을 지지자로 바꾸고 싶은 것은 모든 기업의 꿈이다. 그러나 현실은 그리 녹록치 못하다. 사실 수많은 고객이 충성고객 이전에 이탈한다. 만일 일반고객이 제품의 품질과 서비스에 실망해 이탈한 경우라면 문제는 더 심각해진다. GM의 소비자 조사에 의하면 제품에 만족한 고객은 8명의 다른 고객에게 이를 전파하지만, 불만족한 고객은 25명에게 전파한다고 한다. 단순 수치로 환산하면 불만족 고객 1명을 만회하기 위해선 만족고객 3명이 필요하다는 얘기다.

좋은 소문보다 나쁜 소문은 더 과장되어 전해지기 때문에 불만고객에 대한 관리는 매우 중요하다. 스마트폰 사용으로 트위터 같은 SNS 서비스가 일상화된 요즘은 거의 실시간으로 고객 불만족 사항이 퍼질 수 있다. 다시 말해 불만고객이 단순히 주위 25명에게 전파하는 데서 그치는 것이 아니라 전 국민을 상대로 불매운동에 가까운 비난을 쏟아낼 수 있다는 것이다.

이 같은 환경의 변화는 고객관리를 해야 하는 기업의 자세도 크게 바꾸어 놓았다. 최근엔 SNS를 통해 제품과 서비스에 대한 불만이 퍼지기 시작하면, 대표이사가 직접 해명하거나 필요한 경우 당사자에게 직접 사과를 해 조기에 사건을 마무리하기도 한다. 대응방안에 대해 논의하느라 시간을 지체하거나 홍보팀을 통한 무성의한 사과 정도로 끝나면 사태가 일파만파로 커질지 모르기 때문이다.

반면 불만고객에 대한 응대를 잘 했을 경우 그 불만고객이 충성고객이나 열성고객의 단계로 갑자기 진화하는 경우도 있다. 인터넷에서 '악플보다 더 무서운 것이 무플(자신이 쓴 글에 대해 댓글이 없는 것)'이라는 말처럼 어쩌면 무관심이 기업에게는 가장 무서운 일일 수도 있다. 불만을 직접 표현하는 고객은 일단 관심이 있는 고객이다. 불만에 대한 적절한 대처는 고객들의 심리를 정반대로 바꿔놓을 수 있다.

미국의 온라인 신발 쇼핑몰 회사인 재포스는 불만고객을 열성고객으로 바꿔놓은 대표적인 사례다. 보통 온라인 쇼핑몰 회사의 고객센터로 전화를 한다는 것은 반품이 있거나 물건 이상 등에 대해 항의할 것이 있다는 얘기다. 그래서 대부분의 온라인 쇼핑몰은 웹사이트에 문의 전화번호조차 쉽게 찾을 수 없도록 숨겨 놓는다. 하지만 재포스는 정반대의 접근을 시도했다. 전화번호를 홈페이지 맨 위에 띄우고 그것도 모자라 24시간 전화접수를 받기로 한 것이다.

고객이 전화를 걸면 ARS를 통하는 것이 아니라 직원이 직접 전화를 받는다. 제품에 불만이 있어 고객센터를 찾은 고객은 일단 기존 온라인 쇼핑몰과는 전혀 다른 방식에 첫 번째로 감탄한다. 상담을 시작하면 그 결과는 더 놀랍다. 고객의 불만사항에 대해 재포스는 무료 배송, 무료 반품, 365일 이내 언제든지 반품이라는 파격적인 서비스를 제안한다.

심지어 고객이 원하는 신발이 재고에 없는 경우 최소한 세 군데 이상의 경쟁업체 웹사이트를 검색해 그쪽에 상품이 있으면 안내해준다. 재포스에서 가장 오래 전화상담을 한 기록은 7시간 28분인데 이는 특별한 전화응대 매뉴얼이 없는 재포스이기에 나올 수 있는 기록이다.

다른 회사 같으면 엄청난 비효율의 사례로 손꼽혔을 이 직원은 표창은 물론 보너스까지 받았다. 이 정도 사례라면 불만이 있어 전화한 고객이라도 "와우!" 하고 놀랄 만한 경험을 했을 것이다. 결국 재포스는 창업 10년 만에 매출이 12억 달러가 넘었고 미국 온라인 신발 시장의 30퍼센트를 차지하는 회사로 성장했다.

정서적 교감이
지지자를 만든다

　　　　　　　　　　고객이 팬이란 이름으로 스타를 위해 자발적으로 기부나 사회봉사까지 하는 연예계를 보면, 한 명의 충성고객이 아쉬운 기업으로서는 마냥 부럽기만 할 것이다. 스타라는 상품이 일반 제품에 비해 더 많은 열성고객을 유치할 수 있는 비결은 딱 하나다. 바로 고객들과 정서적 교감이 있기 때문이다. 스타는 우리와 같이 살아 숨 쉬는 인간이기에 애정이나 동질감 같은 정서적 교감이 일어날 수 있다.

　만약 애플의 제품들과 같이 탁월한 기능과 브랜드파워, 그리고 스토리를 가지고 있으면 일반 제품들도 정서적 교감 없이 열성고객을 만들어낼 수 있다. 하지만 대부분의 제품들은 그렇지 못하다. 결국 어떤 형태로든 고객들과 정서적 교감을 만들어야 열성고객을 창출할 수 있다.

　앞서 소개한 재포스는 신발이라는 보편적인 제품을 상식을 뛰어넘는 고객경험을 통해 정서적 교감을 이끌어낸 사례다. 이 정서적 교감은 고객이 직접 경험을 했기에 창출될 수 있었다. 직접 통화를 해보고 직접 무료배송, 무료반품을 받아 보았기에 진정한 열성고객이 되어 주위 사람들에게 자발적으로 이를 전파한 것이다.

　국내 기업들도 열성고객을 확보하기 위해 많은 노력을 하고 있다. 특히 정서적 교감을 얻기 위해 집행하는 대기업들의 기업 이미지 광고는 최근 그 물량이 엄청난 증가 추세에 있다. 그러나 주로 고객을 얘기하고 사람을 얘기하고 사랑과 도전을 얘기하는 그 광고로부터 정서적 교감을 얻는 고객들이 과연 얼마나 될까?

중소기업에 대한 납품가 후려치기 관행이 여전하고, 잊을 만하면 재벌가의 사회적 비리도 계속 터지고 있으니 말이다. 그뿐이 아니다. 연간 수천억 원에 달하는 광고 선전비가 제품가격에 포함되어 있음을 고객들은 잘 알고 있다. 때문에 아무리 사랑과 도전을 얘기한들 그들이 원하는 고객들과의 정서적 교감을 얻기엔 요원한 것이 현실이다.

정녕 기업이 열성고객과 지지자를 얻고 싶다면 직원은 물론 최고경영층까지 고객에게 직접 다가가 그들로부터 정서적 교감을 이끌어내야 한다. 상대로부터 섬김을 받고자 하면 자신이 먼저 상대를 섬겨야 한다. 고객을 진심으로 위하고 순수한 마음으로 기업의 사회적 책임을 다한다면 어느 순간 고객들은 지지자로 변해 있을 것이다. 마치 스타에게 열광하는 팬들처럼 말이다.

자발적 참여의 기회를 제공하라

팬들의 세상이 된 OSMU

**동방신기
유노윤호 도시락**

-
-

팬클럽 사이에서 유명한 아이템으로 '유노윤호 도시락'이라는 것이 있다. 동방신기 멤버인 유노윤호의 팬들이 뮤지컬 〈궁〉에 출연하는 그와 스태프를 위해 특별 주문한 도시락을 일컫는다. 이 도시락을 만든 곳은 '수지킴 도시락 아트'라는 곳으로 블로그를 통해 주로 연예인을 위한 수제 주문 도시락을 만든다. 한 번 주문에 스태프들을 위한 도시락까지 100개 가까운 도시락을 직접 만들다 보니 제작에는 2주 가까운 시간이 든다. 평범한 주부가 시작한 일이지만, 이제 월 3천만 원 이상의 매출을 일으키는 수제 도시락계의 강자가 되었다.

어떤 도시락이기에 팬들로부터 큰 인기를 얻고 있을까 의구심이 들지만 실제 그 도시락을 보면 입이 떡 벌어진다. 보통 도시락은 한 패키지가 방송 스태프용, 기획사 매니저용, 그리고 스타용으로 구분된다. 방송 스태프용은 자신의 스타를 자주 캐스팅하고 잘 찍어달라는 의미로, 기획사 매니저용은 평소에도 잘 보살펴달라는 의미로 만들어진다. 스타용 도시락은 아니지만 절대 허투루 만들지 않는다. 수삼영양밥에 차돌박이 돌나물샐러드, 등갈비찜 등 호텔에서 주문한 도시락 부럽지 않다.

스타를 위한 도시락은 더 호화스럽다. 웰빙 3단 도시락에 전복장, 묵은지 갈비찜 등이 있으며 유노윤호가 딸기를 좋아한다는 팬들의 특별 주문에 생딸기 치즈파이가 디저트로 포함됐다. 도시락 포장도 무척 신경 썼다. 한복 저고리를 원단 삼아 한 땀 한 땀 직접 바느질해 궁의 이미지와 맞는 전통문양을 넣는 등 정성이 들어갔다. 유노윤호 도시락이 처음 출시된 것이 2010년 여름인데 1년여가 지난 현재 유사 업체들이 많이 생겨났다. 그리고 이제 웬만한 스타들의 방송 현장에는 팬들이 보내는 수제도시락이 경쟁하듯 배달된다. 과거엔 없던 새로운 사업이 탄생한 것이다.

2009년 1월, 대한민국 엔터테인먼트업계의 대표 제작자인 박진영은 프랑스 국제음반박람회(MIDEM)에서 의미심장한 연설을 한 바 있다.

그리고 세계적 통신사인 AFP는 그와의 인터뷰를 'CD는 잊어라, 사람이 음악의 원동력이다(Forget CDs, it's people powering music in Asia).'라는 제목으로 전했다. 박진영은 연설에서 "우리는 음악을 만들지 않는다. 스타를 만든다.", "물리적인 CD 매체는 한국 외의 다른 시장에서도 향후 5년 사이에 사라질 것이다."라고 주장했다. 또 "회사 수입의 50퍼센트는 광고 및 기타 부가수입이며 방송과 영화, 음원 수입이 나머지 50퍼센트가 될 것이다." 등의 발언을 하면서 세계 음반산업 관계자들을 놀라게 했다.

박진영의 이 같은 발언은 디지털화 이후 점점 축소되는 음반시장의 한계를 얘기하는 한편, 점점 늘어나는 스타 관련 부가사업의 중요성을 강조한 말이기도 하다. 앞서 얘기한 유노윤호 도시락은 음반사들이 스스로 부가사업으로 만든 것이 아니라 자생적으로 생겨난 신사업이다. 이처럼 스타의 파워나 팬클럽의 영향력이 커질수록 새로운 사업이 탄생할 여지도 커진다. 엔터테인먼트나 콘텐츠 산업에 있어 금과옥조로 얘기되고 있는 OSMU(One Source Multi Use)의 기회가 점점 더 많이 생기고 있는 것이다.

OSMU는 하나의 콘텐츠가 다른 용도로 다양하게 쓰이는 것을 말하며 《해리포터》 시리즈가 대표적이다. 《해리포터》가 OSMU를 통해 얻은 사업적 성과는 상상을 초월한다. 1997년 책으로 첫 출간된 후, 10년간 전 세계 베스트셀러가 되면서 약 3조 원의 매출을 올렸다. 그리고 영화로 제작되면서 관련 캐릭터 수입 등을 합쳐 총 308조 원의 추가 매출을 발생시켰다. 참고로 같은 기간 우리나라 반도체 수출 총액이 231조 원이었다고 하니 좋은 콘텐츠로부터 파생되는 OSMU의 힘이 얼마나 대단한지 짐작할 수 있을 것이다.

한국에서는 세계를 압도할만한 콘텐츠가 아직 탄생하지 못했기 때문에 이와 유사한 사례를 찾기는 힘들다. 〈대장금〉이나 〈겨울연가〉가 그 가능성을 보여줬으나 〈겨울연가〉가 일본 중년 여성들의 마음을 움직여 남이섬이나 춘천 등을 찾는 관광 수익이 추가로 발생한 정도에 그쳤다.

하지만 스타를 매개로 한 제품의 성과는 나쁘지 않은 편이다. 한류 스타의 선봉에 서 있는 배용준은 일본에 '고시레'라는 한국 음식점을 오픈했고 동명의 막걸리를 국순당과 손잡고 출시했다. 고시레 막걸리는 '욘사마 막걸리'라고 불리며 일본 내 막걸리 열풍에 힘입어 날개 돋친 듯 팔리고 있다. 더불어 송승헌의 이름을 딴 삼각김밥이나 류시원의 MD 상품들도 구매력 있는 일본 중년여성들을 적극 공략해 인기를 끌고 있다.

이와 같이 OSMU는 콘텐츠업계에서 반드시 추구해야 할 전략이다. 그러나 처음부터 《해리포터》 같은 레전드급 성공사례를 염두에 두고 같은 방식을 추구하는 것은 위험한 일이다. 언어와 문화의 장벽을 가지고 있는 문화 콘텐츠의 속성상 글로벌시장을 석권할 만한 스토리를 가진 콘텐츠의 탄생이 한국 내에선 쉽지 않은 일이기 때문이다. 반면 앞선 유노윤호 도시락과 같이 우리만 가지고 있는 독특한 형태의 멀티 유즈 방식은 좀 더 깊이 고민해볼 만하다. 특히 기업이 제공한 비즈니스 모델이 아니라 유저들이 자발적으로 만들어낸 형태이기 때문에 성장이 더 기대된다.

팬픽, 스타소장품 경매, 스타 UCC, 이들의 공통점은 팬들이 자발적으로 만들어낸 콘텐츠라는 점이다. 스타들을 주인공으로 해 팬들이 만들어내는 가상의 소설, 팬픽은 온라인에서 널리 읽히고 있음은 물론 실제 출판이 되기도 한다. SBS 드라마 〈49일〉이 신화의 팬픽으로 유명했던 《49일간의 유예》와 표절시비가 인 것만 봐도 콘텐츠로서 팬픽의 영향력은 점점 더 커지고 있다.

스타소장품 경매는 온라인 오픈마켓에서 정규 아이템으로 다뤄질 만큼 비중 있는 상품이 되었다. 특히 한정판이라는 제품의 속성상 골동품이나 예술품과 같은 성격을 띠며 팬들 사이에서 작지 않은 시장을 만들고 있다.

스타 UCC는 이미 유튜브 등을 통해 몇 년 전부터 큰 화제가 되어왔다. 판매를 목적으로 하지 않는 콘텐츠이지만 제작자는 엄청난 시간과 정성을 들여 UCC를 만든다. 재미있다는 댓글이나 퍼가기, 그리고 운이 좋다면 포털 사이트 메인 화면에 등장하는 것이 그들에게는 최고의 보상이다. 금전적인 이득을 떠나 만족감이 그들로 하여금 UCC를 만들게 하는 힘인 것이다.

웹 2.0이란 용어가 등장하며 공유, 개방, 참여란 세 가지 정신이 소개된 지도 시간이 꽤 지났다. 구글과 같은 기업이 API를 공개하면서 모든 유저들이 기술적 장벽 없이 구글 플랫폼에 참여할 수 있게 된 지도 몇 년의 시간이 흘렀다. 언제 어디서나 접속이 가능한 유비쿼터스 개념이 나와 관계 있는 사람들을 씨줄과 날줄로 엮어준 SNS도 등장했다. 처음 소개됐을 때 사람들은 그 위력을 실감하지 못했다. 기술적으로는 구현 가능한 모델이었으나 일반 대중이 편하게 쓰게 해줄 그 무엇인가가 부족했기 때문이다.

그런데 스마트폰이 등장했다. 드디어 웹2.0, open API, 유비쿼터스, SNS, 이 모든 것들을 한 방에 해결해 줄 제품이 등장한 것이다. 이를 보는 콘텐츠업계는 당황하기 시작했다. 지난 10년간 디지털이라는 기술의 힘에 밀려 산업이 축소됐는데, 이제 또 다시 다가온 변혁기에 어떻게 대처하는 것이 맞는지 고민이기 때문이다. 하지만 팬픽을 만들고 스타 UCC를 만드는 등 이미 자발적으로 OSMU를 실천하고 있는 유저들을 보면, 다가올 10년은 콘텐츠가 기술의 힘을 빌려 권토중래할 수 있는 시기가 되지 않을까 하는 기대를 해본다.

낚으려면
제대로 낚아라

제조업이나 금융권 같은 일반기업의 경우는 콘텐츠 회사가 아니기 때문에 OSMU의 적용이 쉽지 않다. 대신 영화, 드라마, 뮤직비디오, 음악 등에 제품과 브랜드를 녹여 전방위적으로 그들의 상품을 마케팅하는 브랜디드 엔터테인먼트(Branded Entertainment)가 최근 각광받고 있다. CF나 지면광고를 통해 직접 제품을 홍보하는 것이 아니라 각종 엔터테인먼트 장르에 녹여 스토리텔링으로 푸는 방식이다.

과거에도 광고와 엔터테인먼트를 접목하는 마케팅 기법으로 영화와 드라마 등에 제품을 노출시켜 광고 효과를 노리는 PPL(Product Placement) 광고가 있었다. 하지만 이런 간접광고는 소비자에게 거부감을 불러일으켜 역효과를 내는 부작용이 있다.

이에 반해 브랜디드 엔터테인먼트는 단순하게 정보만을 전달하는 것이 아닌, 스토리텔링 요소가 담긴 콘텐츠 속에 브랜드 이미지를 녹여냄으로써 대중이 거부감 없고 즐겁게 제품 또는 브랜드를 접할 수 있다는 장점이 있다. 이효리의 〈애니모션〉 시리즈로 톡톡히 재미를 본 삼성전자가 2011년 슈퍼스타K 톱4를 활용해 진행한 갤럭시탭 마케팅이나 유명 배우와 감독들이 시리즈로 참여하는 Max 맥주광고도 넓은 의미의 브랜디드 엔터테인먼트라고 할 수 있다.

따지고 보면 브랜디드 엔터테인먼트도 간접광고의 한 형태다. 차이점이 있다면 PPL은 노골적인 간접광고이고 브랜디드 엔터테인먼트는 덜 노골적이라는 데 있다. 기업의 입장에서 보면 PPL보다 브랜디드 엔터테인먼트 방식이 광고제작비 부담은 훨씬 더 크다. 뮤직비디오 한 편 제작에 몇 억이 들어가고 주인공도 톱스타를 써야 하기 때문이다. 그럼에도 불구하고 브랜디드 엔터테인먼트가 광고주들에게 선호되는 이유는 광고를 받아들이는 고객들의 미묘한 심리차이 때문이다.

일반광고의 경우 그 방식이 지면이든 CF든 고객은 모두 그것이 광고라고 인지한다. 그냥 광고이기 때문에 재핑으로 리모콘을 넘기냐 마느냐의 차이지, 광고나 제품에 대한 호불호는 별로 느끼지 않는다. 그러나 PPL은 노골적인 간접광고다. 그래서 드라마나 영화, 예능에 삽입되는 PPL은 시청자들이 그것을 광고라고 인지하는 순간 거부감을 나타낸다. 차라리 일반광고처럼 광고시간에 나오면 상관없다. 그러나 광고가 아닌 척하다가 광고로 인지되는 순간 역효과를 가져오는 것이다. 특히 스토리와 상관없는 상황에서 제품 로고 등이 등장한다면 최악의 결과를 낳기도 한다.

기술적으로 PPL이 스토리에 잘 녹아들어 갔을 경우는 고객이 광고임을 인지하더라도 좋은 효과를 가져올 수 있다. 미니시리즈 〈아이리스〉에서 PPL로 등장한 기아의 K7이 그 예다. 스토리상 방해가 되지도 않았고, 베일에 싸인 신차의 외형이 처음 공개되는 궁금증마저 자아내 성공한 PPL로 평가받고 있다.

브랜디드 엔터테인먼트는 기술적으로 가장 진보된 형태의 광고다. 광고가 아닌 척 접근해 고객들로 하여금 스토리에 몰입하게 하고 고객의 잠재의식 속에 제품 브랜드와 이미지가 좋게 각인될 수 있기 때문이다. 최근 유행하는 인터넷 신조어로 '낚였다'는 말이 있다. 이는 흥미를 끄는 제목에 속아 클릭을 했더니 별 내용 없는 메일 내용이거나, 불법 영업을 위해 자극적인 내용으로 고객을 유인하는 제목 등에 속았음을 의미한다.

브랜디드 엔터테인먼트의 장점은 고객들이 낚였는지도 모르게 낚는 방법이라는 것이다. 고객이 낚였다고 느끼는 순간, 그 제품에 대한 반감은 급격히 증가하고 때론 안 하느니만 못한 결과를 낳는다. 반면 고객들이 인지하지 못하는 상황에서 브랜드명이 알려지고 브랜드에 대한 이미지가 좋아질 수 있다면, 최고의 마케팅 기법이 될 수도 있다.

자발적 참여를
만드는 힘

최근 기업들이 맹목적으로 달려드는 SNS 마케팅에도 주의가 필요하다. 과거 e-DM(Direct Mail), 기업 블로그, 바이럴 마케팅 등이 적은 비용으로 고객들과 직접적인 커뮤니케이션을 할 수 있다는 장점 때문에 각광을 받은 적이 있다. 하지만 시간이 지날수록 이들 마케팅 툴은 고객으로부터 외면을 받았다. 기존 오프라인 DM에 비해 엄청나게 저렴하다는 장점이 있지만 e-DM이 홍수를 이루며 고객들이 스팸으로 인식했기 때문이다.

기업 블로그는 잘 운영하기도 쉽지 않고 방치하면 자칫 온라인 흉가 같은 이미지를 줄 수 있어 관리가 매우 중요하다. 바이럴 마케팅도 한때 붐이 일어나기까지 했으나 잘 운영하지 못하면 졸지에 '알바고용'이란 낙인이 찍혀 제품에 악영향을 끼친다.

최근 트위터 등을 활용한 SNS 마케팅도 신천지인양 평가받고 있지만, 이 역시 운영의 묘가 없다면 고객들의 외면을 받기 쉽다. 특히 커뮤니케이션 메시지를 특별히 고민하지 않고 단순히 정보전달만 하거나 기계적인 RT(ReTweet)로 일관할 경우 고객이 그 기업의 계정을 언팔로우할 확률은 100퍼센트다.

고객이 팔로우했다는 것은 그 기업이나 제품에 관심이 있거나 어떤 이벤트 등에 참여했다는 얘기다. 요즘 같은 디지털 시대의 고객은 제품의 광고와 마케팅에 있어 노골적인 것과 낡은 것에 대한 태생적인 거부감이 있다. SNS 마케팅도 이 두 가지를 영리하게 피해가면서 제품의 브랜드와 이미지를 전달해야 한다. 그냥 SNS 마케팅을 한다는 것 자체에 의미를 두는 마케터라면 오히려 마케팅 효과가 반감될 수 있다는 것을 감수하고 진행해야 할 것이다.

지금까지 OSMU를 하기 힘든 일반 기업들이 어떤 형식으로 광고를 하고 그 광고를 접하는 고객의 심리상태는 어떠한지에 대해 얘기했다. 그렇다면 과연 콘텐츠 회사가 아닌 기업은 OSMU를, 특히 고객들이 자발적으로 참여하는 OSMU를 할 수 없는 것일까? 콘텐츠 기업과 동일한 모습일 순 없겠지만 애플의 앱스토어는 어느 정도 가능성을 보여주는 사례라 할 수 있다.

앱스토어는 개발자들이 일종의 장터에 자신이 개발한 애플리케이션을 스스로 책정한 가격에 올릴 수 있는, 이른바 마켓 플레이스의 한 형태다. 유료로 판매되는 애플리케이션일 경우 애플이 결제금액의 30퍼센트를, 개발사가 70퍼센트를 가져간다. 스타를 이용해 팬픽을 만들고 UCC를 만든 것처럼 개발사들도 자발적으로 애플의 API를 이용하여 애플리케이션을 만들고 앱스토어에 동참한다. 애플의 앱스토어를 이용하는 사람들이 많아질수록 개발자들도 더욱 애플에만 몰리게 된다.

국내 이동통신사나 디바이스사가 자체 앱스토어를 구축하고 개발자들의 참여를 독려했지만 개발자들의 반응이 차가웠던 것을 보면, 앱스토어 세계에도 이미 규모의 경제와 승자독식의 현상이 벌어졌음을 알 수 있다. 디지털 생태계가 구축되어 애플에는 자발적 참여자의 발걸음이 점점 늘고 있지만, 다른 앱스토어는 자발적 참여자들은커녕 이벤트를 통한 참여자들도 구하기 어렵게 된 것이다.

그렇다면 애플을 제외한 다른 앱스토어들이 자발적 참여자들을 구할 수 있는 방법은 없을까? 방법은 단 하나다. 애플의 앱스토어와 전혀 다른 방식의 비즈니스 모델을 만드는 것이다. 그것도 그냥 다르면 안 되고 한눈에 보기에도 애플을 능가할 정도로 다르며, 한층 더 매력적이어야 한다. 기존의 생태계를 파괴할 정도로 먹이사슬을 위협하는 강력한 무엇이 있어야 한다는 것이다. 그러지 않고선 절대 자발적 참여자들을 새로 유치하긴 어렵다.

세상은 점점 공급자가 미리 짜놓은 방식에서 벗어나 고객들이 자발적으로 참여하고 만들어가는 형태로 바뀌고 있다. 고객이 직접 제작에 나서기도 하고, 생산자인 동시에 소비자가 되기도 한다. 공급자가 만들어 놓은 생태계 속에 들어가 그 안에서 제품을 만들고 이를 장터에 내다 팔기도 한다. 그리고 그 가운데 수많은 사업거리들이 생겨나고 있다. 현재의 환경변화를 정확히 인식하고 있는 사업자라면 구글의 안드로이드를 찾아갈 것이고, 요즘의 변화가 어떤 상황인지 모르는 사업자라면 아마 여전히 안드로메다를 헤매고 있을 것이다.

오랜 기간 1위를 독점하기 위한 조건

걸그룹 시장 최강자, 소녀시대

**소녀시대, 그들이
강할 수밖에 없는 이유**

'소녀시대 조종설'이란 말이 있다. 소녀시대의 안무가 너무 완벽해 마치 누군가가 조종을 하고 있는 것 같다는 뜻을 담고 있는 말이다. 장면 하나, '소원을 말해봐'의 끝부분에 태연이 혼자 솔로를 하는 부분이 있다. 태연은 뒷걸음질을 치기 시작하고 나머지 8명의 멤버들도 안무를 하며 움직이기 시작한다. 몇 걸음 옮겼을까, 순식간에 오른쪽을 앞으로 하고 왼쪽을 뒤로 하는 일자 대각선 형태의 대형이 구축된다. 뒷걸음질로 자리를 옮겼던 태연은 어느새 정중앙에 자리를 잡고 있다. '태연은 뒤에도 눈이 달렸다.'고 알려진 유명한 안무다.

장면 둘, 이순신 장군의 학익진 이후 가장 아름다운 V자 대형으로 꼽히는 소녀시대의 V자 대형은 소녀시대 안무의 백미 중 하나다. 'Hoot'의 안무에서도 이 V자 대형은 여러 번 등장한다. 특히 앞줄부터 2-4-3으로 배치된 대형이 V자로 바뀌는 장면은 그 정교함과 자연스러움에 감탄을 금할 수 없다. "trouble, trouble, trouble."을 외치며 화살 쏘는 안무를 하는 동안 제일 뒷줄 왼쪽에 있던 티파니는 어느새 V자 대형 오른쪽 제일 끝으로 옮겨가 있다. 축지법을 쓰듯 공간이동을 하는 안무를 보면서 조종설이란 말이 괜히 나온 게 아니구나 싶다.

2007년 여름에 데뷔한 소녀시대. 그들도 시작이 순탄했던 것만은 아니다. SM엔터테인먼트의 기대주로 등장했지만, 9명이라는 파격적인 멤버수가 팬들에게 어떻게 받아질지는 지켜봐야 할 일이었다. 특히 같은 소속사 선배 걸그룹인 천상지희가 크게 주목을 받지 못한 상황에서 데뷔해 심적인 부담도 컸다. 게다가 비슷한 시기에 데뷔한 JYP엔터테인먼트의 원더걸스가 2007년 가을부터 'Tell Me' 열풍을 이끌었고, 다음해 'Nobody'까지 대히트를 기록하며 국민 걸그룹으로 도약했다.

같은 기간 소녀시대도 'Kissing you' 등 한두 곡 히트곡을 발표하긴 했으나 원더걸스의 선풍적인 인기에는 비할 바가 아니었다. 이렇게 걸그룹의 패권을 온전히 원더걸스에게 넘겨주는가 싶던 2009년 1월, 화제의 노래 'Gee'가 탄생한다. 그리고 소녀시대는 단숨에 정상으로 뛰어 올랐다. 'Gee'는 소녀시대 9명의 매력을 제대로 발산시킨 노래다. 후크송의 대표로 표현될 정도로 노래의 인기도 높았지만 9명이 눈을 뗄 수 없을 만큼 정갈하게 만드는 안무가 인기 포인트였다. 한국은 물론 아시아, 유럽에 이르기까지 신드롬을 만들어낸 소녀시대만의 퍼포먼스가 드디어 'Gee'를 통해 완성이 된 것이다.

소녀시대의 퍼포먼스에는 경쟁자들을 뛰어넘는 그 무엇이 있다. 그리고 그 답을 군무에서 찾을 수 있다. 원래 군무는 여러 명이 한 동작을 일사분란하게 표현하는 것을 의미한다. 미국 대학의 치어리더들이나 북한 피바다가극단의 공연 모습들을 쉽게 떠올릴 수 있을 것이다. 그러나 그들의 공연을 보면 한 치의 오차도 없는 정교함 덕에 놀라긴 하지만 너무 획일화된 이미지 탓에 딱딱하다는 느낌을 받는다.

그렇다면 소녀시대의 군무는 그들과 어떤 차이점이 있을까? 일사분란함과 정교함이란 측면에선 소녀시대의 군무도 미국 대학 치어리더나 북한 가극단 못지않다. 하지만 군무가 가져올 수 있는 기계적 딱딱함을 창의적 부드러움으로 승화시켰다는 데 차이가 있다. 소녀시대는 멤버 수가 9명으로 국내 걸그룹 중 가장 많은 숫자다. 하지만 그녀들의 무대는 멤버가 많다는 느낌이 별로 들지 않는다. 각자 따로 움직이는 것 같지만 전체적으로 하나로 보이게 하는 안무 때문이다.

백댄서가 따로 없고 9명이 한 팀으로 움직이다 보니 그 조화로움이 어지러움을 앞선다. 앞줄과 뒷줄이 교차하고 오른쪽에서 왼쪽으로 순간이동을 하지만, 멤버들의 동선이 1센티미터 차이인가 싶게 빽빽한 공간을 물 흐르듯 이동한다. 같은 동작을 여러 명이 동시에 수행한다는 점은 같지만, 그 미묘한 표현의 차이를 통해 기존의 집단 군무와는 전혀 다른 느낌을 주는, 소녀시대만의 퍼포먼스를 탄생시킨 것이다.

애교와 교태의 차이를 아는가? 사전적 의미로 애교는 '남에게 귀엽게 보이려는 태도'를 말하고 교태는 '아양을 부리는 태도'를 말한다. 그러나 일반인들이 받아들이는 느낌은 애교는 긍정적 의미이고 교태는 부정적 의미다. 남에게 귀엽게 보이려는 공동의 목표를 가지고 출발했으나 어떤 행동은 애교로 보이고 어떤 행동은 교태로 보이는 것이다.

다른 예를 하나 들어보자. 머리에 헤어제품을 잔뜩 바르고 번쩍번쩍 장식이 달린 자켓을 입은 시골 청년과 흰 면티셔츠에 청바지를 입은 압구정동 대학생 중 누가 더 스타일리시한가? 둘 다 나름의 방식으로 멋을 부렸다는 점은 동일하다. 그러나 한 명은 촌스럽다는 평가를 받고 또 다른 한명은 스타일리시하다는 평가를 받는다.

정치권에서도 비슷한 예를 찾을 수 있다. 민심을 받드는 것과 포퓰리즘은 국민의 뜻에 따른 정치를 한다는 측면에선 동일하다. 하지만 한쪽은 자신의 이익을 포기하고 국민을 위해 일하는 이미지이고 다른 하나는 개인의 영달을 위해 국민을 이용하는 이미지를 준다.

이처럼 애교와 교태, 스타일리시함과 촌스러움, 민심을 따르는 것과 포퓰리즘의 차이를 만드는 것은 과연 무엇일까? 같은 의도를 가지고 시작했지만 결과는 완전히 다른 평가를 받는 이유, 바로 감성 디테일의 차이가 존재하기 때문이다.

우리말에 "아 다르고 어 다르다."는 말이 있다. 대화를 할 때 감성 디테일의 중요성을 강조한 표현이다. 시간, 장소, 상황에 따라 복장, 매너, 식성 등이 미묘하게 달라지는 것 또한 감성 디테일 때문이다. 과거에도 디테일의 중요성이 화제가 된 적이 있다. 품질관리상 디테일이 부족해 제품이 리콜되거나 한 명의 직원을 잘못 관리해 은행이 파산하게 된 사건 등은 디테일의 힘이 얼마나 중요한가를 보여주는 사례다.

이처럼 과거 디테일의 힘은 주로 운영상 세부적인 요소를 챙기는 것을 말했다. 하지만 21세기 들어 2차 제조업 사회에서 3차 서비스업 사회로 점점 진화함에 따라 운영 최적화를 추구하기 위한 운영상의 디테일보다는 창의성을 극대화하기 위한 감성 디테일의 중요성이 부각되고 있다.

소녀시대의 퍼포먼스는 굉장히 정교하면서 일사불란하다. 아울러 감성 디테일이 녹아 있다. 같은 동작이지만 자연스럽고 딱딱하지 않아 획일적이란 느낌이 들지 않는다. 안무를 자세히 보면 팔다리 각도는 물론 손가락 각도까지 사전에 세심하게 기획되었음을 알 수 있다. 하지만 창의적으로 기획된 그런 안무는 인위적이란 느낌이 전혀 들지 않고 물 흐르듯 자연스럽게 흘러 관객들이 전혀 눈치채지 못한다. 피바다가극단과 같은 목적으로 시도된 행동이지만 감성 디테일의 유무에 따라 전혀 다른 느낌을 준 것이다.

엔터테인먼트업계는 감성 디테일이 너무나도 중요한 산업이다. 안무가들이 안무를 짤 때 가장 중요하게 생각하는 것 중 하나가 '이 동작이 과연 멋있게 보일까?'이다. 이 목적 하나를 가지고 대형의 동선은 물론 팔다리의 각도, 얼굴 표정 하나까지 연출한다. 그리고 그 결과가 바로 팬들의 반응으로 나타난다. 감성 디테일이 어려운 것은 이처럼 미묘한 감정의 차이를 발견하고 그걸 표현해야 한다는 데 있다.

앞서 얘기한 산업에서의 디테일은 운영을 좀 더 치밀하게 한다거나 관리 매뉴얼 등의 보강으로 어느 정도 보완할 수 있다. 하지만 엔터테인먼트나 사람의 감성을 다루는 산업에선 교본이나 매뉴얼의 형태로 감성 디테일을 단기간 내에 끌어올리기가 쉽지 않다. 오로지 수많은 고민과 시행착오를 겪으면서 끌어올릴 수밖에 없다. 소녀시대처럼 남들이 범접하지 못할 정도의 위치에 있는 특A급 스타는 이러한 감성 디테일의 달인이다.

썰렁하다는 평가를 받는 사람은 유머를 구사하지 않는 것이 아니라 자주 구사하지만 사람들을 웃기지 못하는 사람들이다. 교태를 부리는 여자는 살가운 성격을 가지고 있지만 남자들로 하여금 매력을 느끼게 하지 못하는 사람이다. 아예 시도하지 않았으면 모를까, 시도를 하고도 오히려 안 하느니만 못하다는 평가를 받는 건 너무 억울한 일이다. 그래서 감성 디테일이 더 중요하게 느껴진다.

레드오션일수록
1등 전략이 중요하다

2011년 초 경제전문 블룸버그 TV는 주말판 시사 종합해설 프로그램인 〈모노클〉에서 삼성, 현대, LG가 한국 최대 수출 브랜드이지만, 실질적인 파워 브랜드는 보아, 소녀시대, 에픽하이, 슈퍼주니어 등이라고 소개했다. 세계적인 브랜드로까지 소개되는 소녀시대는 2009년 이후 3년째 국내 아티스트 브랜드 파워 1위를 달리고 있다. 그것도 단순히 브랜드 파워 1위가 아니라 2위와의 격차가 상당히 나는, 홀로 뚝 떨어진 1등이다. 가요계에선 1990년대 초 서태지 이후 이처럼 독보적인 1위가 나온 것이 실로 오랜만이란 말들을 하고 있다.

보통 기업의 라이프사이클을 나타내는 도표로 S자 그래프가 널리 쓰인다. 소녀시대를 이 그래프에 적용해보면, 초기 슬로우스타트를 거쳐 지금은 가파르게 성장하는 단계라고 할 수 있다. 아직 S자 커브에서 성숙기를 나타내는 완만한 기울기로 접어들기에는 오랜 기간이 남은, 그야말로 폭풍성장을 하고 있는 중이다.

소녀시대의 산실인 SM엔터테인먼트에서 소녀시대의 위치는 어느 정도일까? 나이나 데뷔순과 같은 비경제적 요소를 제외하고 순수하게 수익에 기여하는 측면만 보기 위해 BCG 매트릭스를 적용해보자. SM엔터테인먼트의 포트폴리오상 소녀시대는 시장성장율도 높고 시장점유율도 높은 스타(Star)에 위치한다. 브랜드, 시장성장률, 시장점유율 등 모든 부문에서 절대지존의 위치에 있는 이른바 '소녀시대'의 시대가 도래한 것이다.

한국에서 걸그룹 시장은 경쟁이 치열한 대표적인 레드오션이다. 하루가 다르게 새로운 경쟁자가 진입하고, 기존 플레이어들이 시장규모에 비해 너무 많다 보니 조금만 방심해도 경쟁에서 뒤쳐진다. 이렇게 치열한 시장에서 몇 년째 독보적인 위치를 차지할 수 있는 소녀시대만의 비결은 과연 무엇일까?

야구에서 호타준족이라고 하면 홈런과 도루를 모두 20개 이상 한 20-20 클럽과 각각 30개 이상 한 30-30 클럽을 들 수 있다. 메이저리그의 추신수가 대표적인 선수다. 그는 수비까지 뛰어나 멀티플레이어로 인정받고 있다. 이미 20-20 클럽에 가입한 추신수는 30-30 클럽 가입을 목표로 하고 있다. 100년 넘는 메이저리그 역사상 40-40 클럽에 가입한 선수는 오직 4명이고 50-50 클럽에 가입한 사람은 없다. 아마 50-50 클럽에 가입하는 사람이 나온다면 야구 역사에 길이 남을 영웅이 될 것이다.

소녀시대를 야구에 비유하자면 이미 40-40 클럽까지 달성한 그룹이다. 현재 한국에서 걸그룹이 가져야 할 가장 중요한 핵심역량 두 가지는 바로 외모와 스타일 등 그룹의 '외형적 이미지'와 그들만의 색깔을 보여주는 '퍼포먼스'다. 하나만 출중하기도 힘든 이 두 분야에서 소녀시대는 압도적인 기량을 나타내고 있는 것이다. 굳이 앞에서 야구의 비유를 든 이유는 그 하나하나가 가지는 난이도의 절대 가치를 설명하기 위함이다. 20-20 클럽에 가입하고 톱클래스에 든 추신수를 보면 40-40 클럽의 난이도를 유추할 수 있을 것이다.

소녀시대는 걸그룹 성공에 필요한 핵심역량 두 가지에서 모두 엄청난 격차로 경쟁자를 앞서 있다. 이 정도 탁월한 기량을 보유하고 있으니 경쟁자들과는 한참 떨어진 1등의 지위를 유지할 수 있는 것이다.

감성 디테일을
최대한 살려라

애플의 아이폰이 스마트폰 시장을 강타하고 있던 2010년, 삼성전자도 발 빠르게 대응해 갤럭시S를 출시했다. 갤럭시S는 슈퍼 아몰레드 디스플레이에 CPU와 메모리에서도 최고의 사양을 보유하고 있는 제품이다. 역시 하드웨어의 최강자, 삼성전자다운 제품이라는 칭송을 받았다.

하지만 실제 제품을 써 본 사용자들의 반응은 최고의 사양을 가진 스마트폰임은 인정하나, 아이폰에 비해 무엇인가 부족하다는 것이었다. 그 무엇인가는 곧 밝혀졌다. 바로 갤럭시S가 탑재한 운영프로그램인 구글의 안드로이드와 삼성전자 갤럭시 사이의 문제였다.

애플은 아이폰 자체 운영체제를 쓰고 스마트폰도 직접 주문자 생산 방식으로 제조한다. 즉, 자신이 만든 운영체제를 자신들의 스마트폰에 최적화해 출시하는 것이다. 하드웨어의 생산 기술적 측면에서 애플이 삼성전자를 따라가기는 힘들다. 그러나 디바이스의 일부 기능은 미비하지만 운영시스템과의 최적화를 통해 좋은 품질을 얻어낸 것이다. 만일 애플이 삼성전자급의 하드웨어 생산기술을 가지고 있다거나 삼성이 애플급의 운영체제를 가지고 있다면 어떻게 되었을까? 아마도 경쟁자가 따라오지 못할 정도로 저 멀리 앞서가는 1등이 되었을 것이다.

이와 같은 가설은 다른 산업군에서도 마찬가지로 적용된다. 독일차의 엔진에 이탈리아 디자이너가 디자인하고 일본에서 정밀하게 제작한 자동차가 있다면, 그 역시 세계시장을 석권할 수 있을 것이다. 이처럼 핵심 성공요인이 될 수 있는 몇 가지 요소에서 전부 1등을 할 수 있다면, 경쟁자가 아무리 발버둥쳐도 절대 따라올 수 없다. 지금의 소녀시대는 모든 조건이 최적화된 스마트폰이나 자동차의 사례가 엔터테인먼트업계에서 구현된 모습이라고 해도 손색이 없을 정도다.

저 멀리 앞서 가 있는 1등이라도 그 상태가 무한히 지속되지는 못한다. 인생은 화무십일홍이고 달도 차면 기울 듯 언젠가는 1위의 자리에서 내려올 때가 있다. 하지만 1위의 위치를 가급적 오래 지킬 수 있다면 기업의 입장에선 그동안 창출한 이익으로 신규 사업에 투자하는 등

여력을 비축할 수 있다. 1위의 자리를 오래 유지하기 위해서 가장 필요한 것은 경쟁우위로 가지고 있는 핵심역량이 쉽게 복제되지 않는 것이어야 한다. 경쟁자들이 쉽게 따라할 수 없는 기술이나 브랜드를 가지고 있는 회사는 그 기간만큼 독점에 가까운 지위를 누리며 1위 사업자로서 이득을 최대한 확보할 수 있다.

소녀시대의 경우도 나이가 들면 외적 이미지라는 핵심 성공요인은 그 가치가 떨어질 수밖에 없다. 아무리 퍼포먼스가 뛰어나도 그것 하나에 의지하기엔 현재 시장이 너무 치열하다. 결국 소녀시대도 언젠가는 S자 커브의 완만한 곡선을 그리며 1위 자리에서 내려오는 날이 찾아올 수밖에 없다. 하지만 그 시기가 결코 금방 찾아올 것 같지는 않다.

소녀시대는 앞서 말한 감성 디테일을 매우 잘 활용하는 그룹이다. 그리고 그 감성 디테일의 중요한 특징 중 하나가 바로 경쟁자들이 쉽게 복제하거나 따라하기 어려운 고유의 경쟁력이란 것이다. 소녀에서 숙녀로 변해갈수록 그들의 감성 디테일은 그에 적합한 무엇을 또 덧입힐 것이고 아마도 그것은 당시 그녀들의 이미지에 최적화된, 매력적인 퍼포먼스가 될 것이다.

매뉴얼화나 시스템화를 이루기 어렵다는 것이 줄곧 대한민국 연예계 시스템의 문제점으로 지적되곤 했다. 하지만 반대로 그렇기 때문에 이미 감성 디테일이란 성공 요소를 갖춘 소녀시대는 그들의 시대를 좀 더 오래 유지할 수 있을 것 같다.

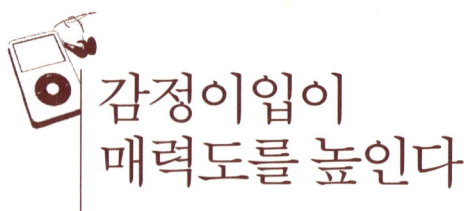# 감정이입이
매력도를 높인다
한류 열풍과 OST 붐

**OST가
사랑받는 이유**

가수 류를 기억하는가? 본명이 민관홍인 가수 류, 이름만 들으면 많은 사람들이 고개를 갸우뚱할 것이다. 그러나 〈겨울연가〉 주제곡을 부른 사람이라고 하면 다들 알아차릴 것이다. 한국에서와는 달리 그는 일본에서 초창기 한류스타로서 아직 인지도가 높다. 겨울연가에 삽입된 '처음부터 끝까지'와 '마이 메모리스', 히트곡이 단 2곡뿐이지만 보아가 일본에서 막 인기를 얻기 시작할 무렵인 2004년, 그녀에 버금가는 인기를 누린 한류 가수다. 2004년엔 연말 〈홍백가합전〉에 출연할 정도의 인기를 누렸고, 아직도 그를 기억하는 일본인들이 많다. 이게 다 드라마 〈겨울연가〉의 인기 때문이라는 것은 굳이 설명하지 않아도 될 것이다.

드라마나 영화에 삽입되는 음악인 OST(Original Sound Track)는 화면 속 주인공과 그 내러티브에 감정이입이 된다는 점에서 음악적인 감동을 전달하기에 용이한 수단이다. 그냥 음악만 들었을 때의 느낌보다 배용준과 최지우가 눈 쌓인 남이섬에서 아름다운 장면을 연출할 때 흘렀기에 일본 팬들의 심금을 절절이 울렸을 것이다.

사실 겨울연가 이전인 1990년대에도 한국에서 OST 붐이 잠시 반짝한 적이 있다. 최진실, 최수종 주연의 미니시리즈 〈질투〉가 트렌디 드라마의 효시로 인기를 끌 무렵, 드라마 타이틀곡인 류승범의 '질투' 역시 선풍적인 인기를 끌었다. 이어 장현철의 '걸어서 하늘까지'와 김민교의 '마지막 승부'도 가요프로그램 1위를 차지하는 등 OST의 인기가 상당했다. 하지만 1990년대 대표 OST였던 위의 3곡 모두 표절시비에 휘말렸고 가수들 모두 원히트원더로 사라져버려 더 이상 드라마 OST의 열기를 이어가지는 못했다.

이후 10년 가까이 맥이 끊겼던 OST의 붐이 다시 불기 시작한 것은 〈겨울연가〉 이후다. 하지만 당시 음악계는 한류를 바탕으로 한 해외 진출 차원에서 OST를 재조명한 것이 아니었다. 전환기를 맞고 있던 디지털 음원 시장에 대한 대응 차원에서 OST에 관심을 두기 시작했다. 당시는 벅스, 소리바다 등 무료 음원사이트의 성장이 정점에 다다랐을 때였다. 불과 몇 년 전만 해도 히트앨범이 나왔다 하면 100만장 이상 팔렸으나 무료 음악사이트의 등장으로 앨범 판매량이 급감하고 있었던 것이다.

이와 같은 현실에서 음반제작 방식도 앨범 전체를 한꺼번에 출시하는 것이 아니라 미니앨범이나 디지털 싱글 형태로 한두 곡씩 자주 발매하고, 이를 모아 정규앨범으로 만드는 방식으로 바뀌어갔다. 이런 방식에 가장 적합한 것들 중 하나가 바로 드라마 삽입 OST였다.

2004년 4월 이은주, 이서진 주연의 드라마 〈불새〉의 OST인 '인연'을 이승철이 부르게 된다. 기껏해야 한두 곡 부르게 마련인 드라마 OST에 메이저 가수의 참여가 시작된 것이다. 이 노래는 드라마의 인기와 함께 대단한 인기를 얻었다. 이어서 소지섭, 임수정 주연의 〈미안하다 사랑한다〉의 OST '눈의 꽃'을 박효신이 불러 역시 큰 인기를 얻었다.

이와 같이 본격적으로 OST 시장이 커지면서 또 다른 형태로 진화하기 시작한다. 2005년 화제작 김선아, 현빈 주연의 〈내이름은 김삼순〉의 OST를 무명에 가까운 일렉트로니카 그룹 클래지콰이가 부른 것이다. OST 타이틀곡이라고 할 수 있는 클래지콰이의 'She is'는 몽환적인 일렉트로니카 음악이라 로맨틱 코미디물과 완전히 부합하는 음악은 아니었다. 하지만 클래지콰이 멤버인 알렉스, 호란의 인텔리 뮤지션 이미지가 더해져 결국 음악적 인기와 그룹의 명성도 같이 높아졌다.

2010년 말 선풍적 인기를 끈 드라마 〈시크릿가든〉은 한층 더 진화된 OST의 모습을 보여준다. 〈시크릿가든〉은 OST 매출로만 20억 원을 올렸다. 주 수익원인 광고수익이 20부작 완판 기준으로 82억 원인데 25퍼센트에 해당하는 매출을 OST로 달성했으니 대단한 수치가 아닐 수 없다. OST가 콘텐츠 산업 OSMU 전략의 대표적인 캐쉬카우가 될 수 있음을 증명한 것이다.

미국 드라마의 영향 덕에 한국의 미니시리즈들도 점차 블록버스터가 되고 있고, 특히 제작 초기부터 해외시장을 겨냥하고 만드는 작품들이 생겨났다. 해외진출이라는 목표를 지니고 있기는 대한민국 음반사들도 마찬가지다. 바로 이 지점에서 드라마 제작사와의 공통분모가 형성된다. '글로벌 기획형 미니시리즈 + OST'라는 결합 모델이 탄생한 것이다.

이런 콤비네이션의 효시는 2009년 방영된 〈아이리스〉라고 할 수 있다. 이병헌, 김태희 주연의 이 드라마는 기획 당시부터 화제작으로 소문이 났는데 OST에 참여한 가수들 면면도 가히 배우 못지않은 최고 라인업으로 구성됐다. OST의 여왕 백지영부터 김태우, 서인영, 그리고 발라드 황제 신승훈까지 참여했다. 거기에다 아이리스에서 배우로도 활약한 탑이 속한 빅뱅의 노래까지, 한류 콘서트라 해도 무방할 정도의 가수 진용이 구성되었다.

이처럼 예전에는 각자 다른 영역이라고 생각했던 드라마와 음악이지만 마치 다른 두 기업이 컨소시엄의 형태로 글로벌사업에 진출하듯 하나가 되어 움직이고 있다. 그리고 이런 구도가 형성된 데에는 글로벌 진출이라는 목마름이 더 절실한 음악업계의 강력한 의지가 숨어 있다.

K-POP을 통한 한류 열풍이 불고 있는 것은 사실이지만 이는 대부분 아이돌 위주의 음악이지 다른 장르, 예를 들어 발라드로 진출하기란 무척 힘들다. 그러다 보니 일부 대형기획사의 아이돌 가수가 아니면 성공은커녕 해외에 진출하기도 어려운 것이 현실이다. 이럴 때 〈겨울연가〉 류의 사례는 좋은 본보기다. 드라마와 감정이입이 잘 되는 발라드 음악은 드라마 인기에 힘입어 글로벌 진출이 상대적으로 용이할 수 있음을 보여줬기 때문이다.

만국 공통어, 감정을 활용하라

문화산업은 그 속성상 해외 진출이 상대적으로 어려운 산업이다. 왜냐하면 언어와 문화의 장벽, 두 가지를 뛰어넘어야 시장진입이 가능하기 때문이다. 미국이 영화와 음악 시장에서 전 세계를 장악할 수 이유는 이 두 가지 장벽을 글로벌 스탠더드를 통해 극복했기에 가능한 것이다. 인도 영화계는 '발리우드'라는 애기를 들을 정도로 크게 발달했다. 하지만 문화장벽을 넘지 못했기 때문에 전 세계 글로벌시장에서 메이저가 되지는 못했다.

같은 문화산업 내에서도 영화나 드라마 등 영상물의 글로벌화가 음악보다는 상대적으로 용이하다. 일단 자막이나 더빙의 형태로 언어장벽을 쉽게 넘을 수 있다. 그리고 영화나 드라마에서 가장 중요한 점이 스토리텔링이므로 탄탄한 내러티브를 가지고 있는 작품이라면 성공가능성이 그만큼 높아진다. 사극인 〈대장금〉이 만국공통인 '미션 해결형 캔디' 스토리를 가지고 아시아는 물론 중동, 남미까지 선풍적인 인기를 끈 것을 보면 그 이유를 알 수 있다.

음악의 경우 퍼포먼스가 중요한 댄스음악은 그나마 성공 가능성이 높다. 그러나 음악만으로 승부하는 발라드는 당최 답이 나오지 않는 게 현실이다. 일단 가사내용을 알아들을 수 없고 한국어 발음마저 생소하기 때문에 리듬과 멜로디만으로 승부하기엔 한계가 있다. 이 같은 이유 때문에 발라드 음악으로 글로벌시장에서 성공한 사례는 아직 찾기가 어렵다.

음악은 같은 노래라도 편곡을 달리하거나 부르는 사람에 따라 분위기가 180도 달라지는 속성을 가지고 있다. 그 대표적인 사례가 〈슈퍼스타K2〉에서 윤종신의 노래를 리메이크한 강승윤이다. 윤종신이 그 해 5월에 발표한 '본능적으로'는 대중들의 관심을 전혀 받지 못했던 노래다. 하지만 같은 노래를 10대인 강승윤이 부르자 폭발적인 인기를 얻었다. 시청자들은 강승윤의 '본능적으로'를 통해서야 비로소 가수와 곡과 가사에 감정이입을 하기 시작한 것이다.

비슷한 사례로 인순이의 '거위의 꿈'이 있다. 이 노래의 변신은 더 극적이다. 원곡은 김동률, 이적으로 구성된 카니발이란 프로젝트 그룹이 불렀고 일부 마니아들 사이에서만 인기를 얻었지 대중적인 노래는 아니었다. 그런데 같은 노래를 인순이가 부르고 난 후 가히 국민가요가 됐다.

사견이지만 사실 음악 자체로만 놓고 보면 카니발의 '거위의 꿈'이 훨씬 음악적 우위에 있다고 할 수 있다. 목소리 자체만으로도 압도하는 김동률의 인트로와 맑은 고음이 특기인 이적의 하모니는 곡의 웅장함을 잘 살린다. 하지만 그들의 노래는 인순이의 그것에 비해 감정이입이 떨어질 수밖에 없다.

"난 꿈이 있었죠. 버려지고 찢겨 남루하여도." "저 차갑게 서 있는 운명이란 벽 앞에 당당히 마주칠 수 있어요." 서울대, 연세대 출신의 엘리트 청년들의 노래보다는 혼혈의 아픔을 딛고 당당히 최고 가수로 우뚝 선 인순이의 노래가 훨씬 가슴에 와 닿았던 것이다. 이처럼 음악은 같은 노래라도 누가, 어떤 분위기로 부르냐에 따라 전혀 달라진다. 이 속성을 잘 활용할 수만 있다면 음악산업의 발전을 꾀할 수 있는 길을 찾을 수 있을 것이다.

공감각적 심상이
시너지를 만든다

요즘 유행하는 용어인 하이브리드, 컨버전스, 통섭. 서로 미묘한 차이가 있긴 하지만 '서로 다른 이종 간의 결합을 통해 더 나은 시너지를 마련한다.'는 측면에서 같은 단어들이기도 하다. 앞서 얘기한 음악산업의 속성들을 감안할 때 이런 이종 간의 결합을 통해 현재의 어려움을 탈출할 수 있는 방법이 없을까?

학창시절 국어시험에 자주 출제되던 용어 중 '공감각적 심상'이라는 것이 있다. 사전적 의미로는 하나의 감각이 다른 감각으로 전이되는 것을 말하는데, '푸른 종소리', '검은 바이올린 소리'처럼 시각과 청각을 동시에 표현하는 방식을 말한다. 드라마 OST는 공감각적 심상을 표현하기에 상당히 효율적인 방식이다. 드라마나 영화 같은 영상과의 결합은 드라마 스토리를 통해 얻어지는 감동이 음악과 결부되어 더 증폭될 수 있기 때문이다.

영상과 음악이 만나 배가된 감동은 궁극적으로 그 음악에 대한 사랑으로까지 이어진다. 이와 방식은 달리하지만 음악을 활용해 쇼핑의 효율을 높이는 사례도 있다. 오전에 백화점에서 흐르는 음악은 보통 클래식이 많다. 클래식이 자아내는 차분한 분위기가 고객들의 정서는 물론 업무를 시작하는 직원들의 마음도 안정시키는 효과가 있기 때문이다. 점심시간의 음악은 경쾌한 팝이나 가요다. 고객들에게 약간 들뜬 기분을 제공해 쇼핑의 즐거움을 배가시키는 역할을 한다. 저녁 시간에는 느린 발라드 위주로 선곡해 쇼핑을 느긋하게 즐기면서 마무리하도록 만든다.

백화점에서의 이러한 선곡 방식은 음악을 쇼핑과 결합해 공감각적 심상을 창출한 경우다. 콘텐츠 산업에서 만들어내는 이러한 공감각적인 심상은 일반 산업계의 하이브리드나 컨버전스 상품과 다르지 않은, 이종 간 시너지를 창출하는 대표적인 사례라 할 수 있을 것이다.

한 잔에 4천 원 하는 커피전문점의 커피 원가 중 커피원두가 차지하는 비중이 140원, 즉 3.5퍼센트 정도라고 해서 화제가 된 적이 있다. 소비자 단체에서는 즉각 성명을 발표하고 엄중 대처를 요구했지만, 판매자의 해명 또한 무시할 수 없는 논리를 가지고 있었다. 그들의 변인즉슨, 커피 한 잔의 원가구조 대부분은 임대료, 브랜드사용료, 인건비 등이 차지하기 때문에 커피원두의 비중이 낮은 건 어쩔 수 없다는 것이다.

우리가 커피전문점을 방문할 때 단지 커피 맛 때문에 방문하는 것은 아니다. 커피전문점이 가지고 있는 팬시한 분위기, 은은한 커피향, 감수성을 자극하는 음악들, 혹은 점심식사 후 테이크아웃 커피 한 잔을 들고 산책을 하고 싶은 된장녀의 본능 등. 그 모든 감정이입에 커피 한 잔 값을 지불하는 것이다.

일본 중년여성들이 〈겨울연가〉에 감동받아 OST를 사고 연휴를 맞아 춘천 남이섬을 방문해 막국수를 먹는 것도 드라마에 감정이입을 한 결과다. 어떻게 보면 감정이입은 상품의 가치를 기하급수적으로 높여주는 마술램프일지도 모르겠다.

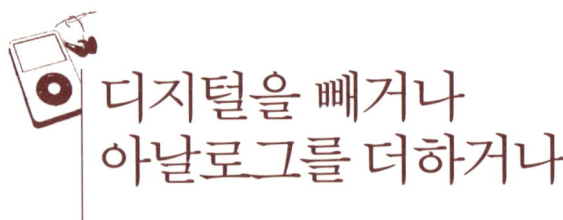
디지털을 빼거나
아날로그를 더하거나
연예계 복고열풍

UV, 새로운 감성을 덧입히다

UV는 개그맨 유세윤이 뮤지와 함께 결성한 2인조 그룹이다. UV가 2011년 4월 출시한 노래 '이태원 프리덤'은 박진영이 피처링에 참여하고 뮤직비디오에 출연하기도 했다. 이 뮤직비디오는 1980년대 인기 그룹 런던 보이즈의 〈harlem desire〉를 패러디해 만들었다.

4분여의 뮤직비디오지만 웬만한 개그 프로그램보다 재미있다. UV 멤버와 박진영이 스튜디오에서 1980년대 복장과 헤어스타일로 복고 댄스를 추는데, 4분 내내 그들이 너무 진지하기 때문에 촌스럽고, 또 촌스럽기 때문에 웃기고, 마지막으로 웃기기 때문에 그들의 영리함에 감탄하게 된다.

현빈이 주연한 영화 〈나는 행복합니다〉의 원작인 이청준의 《조만득 씨》에서 주인공이자 정신병자인 조만득은 자신이 재벌이라는 망상을 하고, 종이에 금액을 쓰면 수표가 된다는 착각을 하며 산다. UV의 콘셉트가 바로 이 조만득과 동일하다. UV는 기본적으로 자신들이 음악계에 슈퍼스타라는 설정을 한다. 그리고 이에 모두 동조한다는 콘셉트를 가지고 출발한 그룹이다. 다시 말해, UV와 시청자 사이에는 '슈퍼스타라고 인정해주는 척 할 테니 우리를 마음껏 웃겨줘.' 하는 암묵적 합의가 존재하는 것이다.

UV는 모든 노래가사나 방송에서 유세윤 특유의 '건방진 콘셉트'를 최대한 활용해 거만함의 극치를 보여준다. 그리고 그의 행동과 말투를 보고 시청자는 박장대소한다. 단, 앞서 말한 암묵적 합의가 없는 시청자라면 왜 사람들이 웃겨 죽겠다고 하는지 전혀 이해하지 못한다.

코미디에는 슬랩스틱처럼 직관적인 코미디가 있고 블랙코미디처럼 한 단계 비튼 코미디가 있다. UV의 경우가 후자의 대표적인 형태이다. 문맥을 이해하지 못하면 웃기가 힘든 다소 컬트적이고 마니아 성향이 강한 코미디가 바로 UV의 본질인 것이다.

틴틴파이브나 나몰라패밀리처럼 개그맨들이 정식 가수활동을 한 적이 없었던 것은 아니다. 이들 두 그룹은 개그맨 활동과 별개로 현재도 계속 앨범을 내며 꾸준히 활동하고 있다. 그런데 이들과 UV와의 차이점은 무엇일까? 한쪽은 개그맨 색깔을 가급적 지우고 진지하게 가수로만 활동하고 있는 것이고, 다른 한쪽은 실제로는 코미디인데 가수라는 틀만 빌려 일부러 진지하게 보이려 한다는 것이다. 이런 UV의 모습을 관통하고 있는 말이 바로 '키치'다.

키치의 사전적 의미는 잡동사니, 천박함 등으로 19세기 후반부터 애초에 미학적인 안목이나 경험을 거의 갖추지 못한 사람들을 위한, 통속적인 싸구려 그림을 가리키는 말로 사용됐다. 그러나 현재는 일부러 유치하고 천박한 방법을 동원함으로써 기성 예술의 '엄숙주의'를 조롱하고 야유하는 예술의 한 형식을 가리킨다. 초상화를 만화 형태로 그리는 팝아트의 대가 앤디 워홀이나 1970년대 홍콩영화 분위기를 의도적으로 차용하는 쿠엔틴 타란티노의 영화는 키치가 예술을 통해 나타나는 대표적인 모습이다.

UV가 사용한 이 키치는 현대인들의 심리를 제대로 파악한 것이라 할 수 있다. 특히 20~30대 젊은 층에게 키치하다는 것은 촌스럽기 때문에 오히려 세련됨으로 받아들여지는 이율배반적인 모습으로 나타나기도 한다. 엄숙주의를 조롱하는 입장이 키치라고 본다면, 근엄하고 보수적인 입장보다는 진일보한 개념이 틀림없기 때문이다.

UV는 키치함으로 중무장하고 너무나 태연자약하게 슈퍼스타의 거만함을 온몸으로 보여주고 있다. '합의하에 헤어져놓고 문자해서 미안해.'라던가, '사랑은 집행유예야.' 같은 가사를 너무나 진지하게 대중들에게 들려준다. 그리고 이런 모습에 대중들은 열광한다.

개그맨 출신 가수들이 아무리 세련된 복장과 안무로 무장한다 해도 5년간의 연습생 생활을 거친 20대 초반의 아이돌 그룹을 능가한다는 것은 불가능하다. 그래서 전혀 다른 승부수를 던진 것이다. 기존 아이돌 그룹이 경쟁할 수 없는 공간에 자신들을 위치시켜 놓고, 키치함이란 무기로 승부를 했다. 그래서 UV는 영리하다.

결과는 어땠을까? UV는 가수들과의 음원판매 경쟁에서도 예상을 뛰어넘는 실적을 올렸다. 그리고 방송은 물론 광고에서까지 개그맨 유세윤의 입지를 한층 더 넓힐 수 있었다.

키치와는 전혀 다르지만 과거를 재현한다는 측면에서 본다면 가요계 복고열풍도 빼놓을 수 없다. 원더걸스가 복고의 콘셉트만을 차용해 'Nobody' 등으로 인기를 얻었다면, 최근 몇몇 방송 프로그램의 영향으로 복고음악 자체가 인기를 끌고 있다. 특히 〈슈퍼스타K〉나 〈나는 가수다〉 같은 프로그램을 통해 1980~1990년대 음악이 재조명되는 계기가 되었다. 최호섭의 '세월이 가면', 이소라의 '제발', 이선희의 '나 항상 그대를' 같은 노래들이 다시 인기를 얻었고 이문세, 마이클 잭슨의 노래도 한동안 음원차트 상위권을 차지했다.

이 노래들이 다시 인기를 얻은 이유는 두 가지다. 첫째, 당시 음악을 즐겨 들었던 30~40대들이 추억에 젖어 다시 음악을 찾기 시작했기 때문이다. 감수성 예민한 10대 때 흠뻑 빠졌던 음악들을 다시 들으며 삶에 지친 현실이지만 과거 꿈 많던 시절을 회상할 수 있는 계기가 된 것이다.

　두 번째는 그 음악들 자체가 가지고 있는 가치를 대중들이 재발견한 것이다. 음악시장의 주요 고객인 10대, 20대들에게 당시 음악은 들어본 적도 없었을 확률이 높다. 최호섭이 새로 나온 신인 가수인줄 알았다는 어느 10대 스타의 증언은 과거의 '향수'가 아니라 음악 자체로 사랑하게 됐다는 말이기도 하다. 이러한 현상을 롱테일 이론에 비유하자면 롱테일의 꼬리에 있는 자그마한 시장을 방송 프로그램이라는 매개를 통해 몸통시장으로 잠시 옮겨온 것이라고 할 수 있을 것이다.

　복고열풍의 또 다른 형태는 '세시봉'으로 촉발된 1960~1970년대 통기타 음악의 부활이다. 모 방송 프로그램에 출연한 송창식, 윤형주, 김세환, 조영남을 비롯해 이장희, 양희은, 김민기에 이르기까지, 40년 전의 포크송들이 재조명을 받기 시작했다. 환갑이 훌쩍 넘어버린 이들이 아름다운 화음을 넣어 부르는 노래는 감동을 자아내기에 충분했으며, 세시봉 시절의 에피소드들은 40년의 세월을 뛰어넘어 젊은이들의 또 다른 모습을 보여줬다.

　그런데 같은 복고열풍이지만 앞서 소개한 1980~1990년대 음악과는 음악시장의 반응이 일부 다르게 나타나고 있다. 언론의 반응은 대단하고 앨범 판매량이나 콘서트 등이 큰 인기를 얻고 있지만 음원차트에는 전혀 영향을 미치지 못하고 있는 것이다. 1980~1990년대 음악이 가지고 있는 롱테일 시장의 파괴력을 갖고 있지는 못한 것이다.

40년의 세대 차이는 음악적 성향에서 공통분모를 찾기가 쉽지 않은 세월이었다. 그러나 세시봉 음악은 '향수'를 매개로 동시대를 공감하는 고객들에게는 더 없는 선물이 되었다. 특히 이들은 디지털음악의 등장 이후로 음악시장에서 소외되었던 사람들이다. 그런데 세시봉의 출현으로 다시 음악시장으로 흡수되는 기쁨을 누리게 된 것이다.

과거 촌스럽거나 올드하다고 느껴지던 상품이 '키치함'과 '복고'라는 감성을 덧입음으로 인해 매력적인 상품으로 재탄생하는 과정을 알아 보았다. 세월이 흘러도 변하지 않는 매력을 지닌 상품을 흔히 '클래식' 또는 '올디스 벗 구디스(Oldies but Goodies)'라고 부른다. 두 용어 다 그 어원을 음악으로 삼고 있다.

모든 것이 세월이 흘러가는 대로 둔다고 클래식이 되는 것은 아니다. 새로운 감성이 다시 입혀지는 순간이 있어야 그 제품은 클래식으로 재탄생한다. 가장 적합한 감성을 입히는 것, 그것이 바로 클래식으로 가는 열쇠다.

언제 어디서나 통하는
아날로그의 힘

필자는 2009년 삼성전자와 함께 '메모리즈'라는 Mp3 플레이어를 출시한 적이 있다. 삼성전자의 Mp3 플레이어에 올드팝, 1960~1970년대 가요, 1980~1990년대 가요, 트로트, 클래식, 신곡 등을 적절히 구성해 총 500곡을 탑재, 출시한 상품이다. 노래방과 라디오 기능이 있으며 기기 안에 노래방 가사집처럼 가사앨범을 별도로 수록하기도 했다. 20만 원이 넘는 고가임에도 불구하고 메모리즈는 추석과 어버이날에 많이 팔려나갔다. 특히 홈쇼핑 방송 시 평소 홈쇼핑 주요 고객이 아닌 중장년 남성고객들의 구매가 높은 비중을 차지해 고객 분석의 사례로 사용되기도 했다.

이 제품을 기획할 때 가장 중요하게 생각한 타깃 고객은 50대 이상이었다. 앞서 말한 세시봉 시절 10~20대를 보낸 사람들로서 과거엔 음악시장의 주요 고객이었으나 나이가 들면서, 특히 2000년대 이후 앨범이 디지털 음악으로 바뀌면서 음악시장에서 멀어진 사람들이다. 이 프로젝트의 목적은 비고객을 고객으로 만들기 위한 것이었고, 고객에 대한 철저한 분석이 가장 중요한 과정이었다.

앞서 소개한 UV의 키치함, 〈나는 가수다〉의 1980~1990년대 음악, 세시봉의 1960~1970년대 음악도 고객을 분석해보면 의미 있는 결과를 도출할 수 있다. 먼저 UV의 키치함에 열광하는 고객들은 주로

10~20대다. 이들은 가장 큰 시장을 차지하고 있으며 새로운 것에 쉽게 반응하고 적응한다. 따라서 UV 같은 마니아 상품의 유일한 시장이 될 수 있다. 1980~1990년대 음악도 노래 자체의 가치만 증명된다면 언제든 새로운 고객군으로 유입될 수 있다. 단, 가격 민감도가 높기 때문에 콘서트 등 고가상품에서는 아이돌 그룹 등의 대체제가 있는 상황이므로 경쟁하기는 어렵다.

다음은 1980~1990년대 음악의 주요 소비계층인 30~40대 고객군을 보자. 이들을 대상으로 한 시장 규모는 중간 정도이나 구매력에서 가장 강점을 보이며, 과거 음악시장의 주요 소비계층이기도 하다. 현재는 이들을 타깃으로 한 음악의 공급이 많지 않아 구매는 왕성히 일어나지 않고 있다. 하지만 앞서 말한 〈나는 가수다〉 같은 프로그램을 통해 이들을 자극하는 음악의 공급이 이루어진다면 언제든 다시 고객이 될 수 있다. 무엇보다 높은 구매력으로 콘서트, 뮤지컬, 특히 해외 뮤지션의 내한공연에서는 가장 큰 고객이 되기도 한다.

마지막으로 세시봉 음악의 주요 소비계층인 50대 이상의 고객 세분화를 해보자. 이들은 가장 작은 시장을 형성하고 있다. 하지만 이들 역시 과거 음악시장의 주요 고객이었던 만큼 언제든 시장으로 다시 돌아올 준비가 되어 있다. 구매력은 높지 않으나 여가시간이 상대적으로 많아 좋은 상품만 공급된다면 충분히 수요가 일어날 수 있는 고객군이기도 하다. 초고령화 사회로의 진입 속도가 세계에서 가장 빠른 곳이 한국이니만큼 그들이 고객으로 전환되었을 때 성장성이 가장 큰 고객군이라고도 할 수 있다.

이처럼 음악시장에는 주류인 아이돌 댄스 음악 말고도 여러 잠재 고객군이 존재한다. 각각의 고객군은 고유의 성격을 가지고 있으며 그에 따라 고객욕구도 각자 차이점을 보이고 있다. 따라서 이들을 시장으로 끌어들이기 위해서는 고객지향적 시장세분화 전략이 필요하다.

생각의 전환,
디지로그

-
-

고객별로는 세분화되지만 앞서 예로든 UV의 키치, 1980~1990년대 음악, 세시봉 음악 사이에는 공통점이 있다. 바로 아날로그의 힘이다. 기존 음악이 디지털적인 성격이 강했다면 그것이 촌스러움이 되든, 향수가 되든, 아날로그적인 감성이 덧입혀짐으로 인해 매력적인 상품으로 재탄생했기 때문이다.

아날로그의 매력은 감성적인 측면과 도구적인 측면에서 각각 찾아볼 수 있다. 먼저 감성적인 측면을 보자. 지금까지 주류 음악이라고 인식되어온 아이돌 댄스 음악은 기획사가 철저히 준비한 하나의 상품이다. 그러다 보니 음악은 물론 안무, 의상 등 모두 굉장히 잘 짜여진, 빈

틈이라고는 조금도 찾아보기 힘든 완벽한 제품처럼 보인다. 마치 0과 1로 촘촘히 채워진 디지털의 성격과도 유사하다.

이에 비해 세시봉류의 음악들은 여백이 많다. 악기도 단출하다. 기타 하나 들고 있을 때도 있고 안무 없이 조용히 서서 부르거나 혹은 바닥에 철퍼덕 앉아 기타 연주를 하며 부를 때도 있다. 덕분에 마치 인공 조미료를 걷어낸 산채비빔밥처럼 재료 자체의 맛과 향기를 즐기는 느낌이 든다.

도심 아파트에 사는 것이 좋은가, 시골 전원주택에 사는 것이 좋은가에 대한 답은 정해진 것이 없다. 하지만 한 가지 확실한 것은 도심 아파트에서만 사는 사람들은 반드시 자연에 대한 그리움이 있기 마련이다. 그래서 휴일 등을 이용해 산과 바다 등 자연을 접하고자 하는 욕구가 발생한다.

음악도 마찬가지다. 화려한 아이돌 그룹의 디지털 음악이 멋있긴 하지만, 우리의 정서에 균형 잡힌 영양소를 공급하는 것이 아니라 한 가지 영양소만 편중해 공급하는 것과 같다. 기타 선율과 같은 아날로그적인 매력은 우리 정서의 영양 상태를 정상으로 만들어 줄, 그동안 결핍된 영양소와도 같은 것이다.

음악에 있어 아날로그의 도구적 매력은 명동이나 홍대 등에서 다시 불고 있는 음악다방을 통해 볼 수 있다. Mp3 플레이어는 물론 이제는 스마트폰을 통해 내 손 안에 몇 천곡씩 들고 다니는 세상이다. 하지만

LP판을 턴테이블의 '지직' 하는 긁힘 소리와 함께 듣는 음악은 분명 또 다른 매력이 있다.

음악에 있어 1990년대 말에 나타난 디지털라이제이션이란, 한마디로 CD 또는 LP라는 물질에서 음악이라는 정보만을 분리해 낸 사건이었다. 예전엔 들고 다니는 CD, LP, 테이프가 모두 음악의 한 모습이었다. 그러나 지금은 물질적인 의미는 사라지고 PC 모니터 안에 mp3라는 확장자를 달고 있는 파일의 한 형태로만 존재한다.

과거 LP판을 꺼내 융으로 닦고 턴테이블에 조심스레 올리고, 바늘을 LP판 위에 올리던 행동들은 음악을 듣기 위한 하나의 성스런 의식과도 같았다. 이런 중간 과정은 음악이라는 감성 상품이 우리 정서에 미치는 영향을 극대화시키는 역할을 했다. 무엇보다 나이 든 세대에게 익숙할 뿐만 아니라 어렵지도 않다. 파일과 윈도우의 구분도 쉽지 않은 중장년층에게 음악을 듣는 디지털 도구만 남아 있다면 듣고자 해도 들을 수 없는 상황을 초래할 것이다. 따라서 음악에 아날로그의 도구적 매력이 유지된다면 더 많은 세대가 음악을 즐길 수 있을 것이다.

그러나 지금은 디지털 시대이고 디지털 시대에는 디지털이 주류가 될 수밖에 없다. 그래서 디지털 시대에 아날로그와 공존하자는 '디지로그'란 용어가 탄생했다. 이 디지로그는 이미 여러 형태로 우리 주위에 존재한다. 디지털 카메라를 찍는데 아날로그 카메라처럼 '찰각' 소리가 난다거나, 태블릿 PC에 전자펜으로 글씨를 쓰면 문자로 입력이 된다거나, 휴대전화에 감성적인 강아지 키우기 놀이가 들어가 있다거나 하는 것들은 모두 디지로그의 사례다.

사실 스마트폰과 태블릿 PC는 그 자체가 디지로그의 대표 상품이라고 할 수 있다. 과거 핸드폰을 사면 책 한 권 분량의 사용설명서가 있었던 것에 반해, 애플의 아이폰은 사용설명서 자체가 존재하지 않는다. 아날로그적인 인간 행동인지에 근거해 자연스럽게 쓸 수 있도록 개발된 것이다. 책장을 넘기듯 화면을 넘기고 엄지와 검지를 사용해 직관적으로 화면을 크고 작게 만드는 것은 디지털기기를 아날로그 형태로 사용하게 만든 대표적인 형태다. 이런 스마트 기기들을 보면 디지털의 궁극은 결국 아날로그로 수렴된다는 말이 틀린 말이 아님을 알 수 있다.

흔히 디지털 기기에 아날로그적 감성을 많이 집어넣는 것만이 디지로그라고 생각하기 쉽다. 반대로 디지털적인 성격을 좀 덜어내는 것도 디지로그가 된다. 메모리즈 Mp3 플레이어를 기획할 때 가장 공들인 점 중 하나가 바로 60세 이상도 쉽게 쓸 수 있도록 수많은 디지털 기능들을 걷어내는 것이었다.

잘 쓰지 않을 블루투스나 이퀄라이저 기능 등은 과감히 걷어내고 꼭 필요한 기능들만 화면에 배치되도록 했다. 엔지니어 입장에선 구현 가능한 고급 디지털 기능을 모두 빼는 것이 아까웠을 것이다. 하지만 마케팅 측면에서는 타깃 고객의 소비행태를 충분히 고려한 전략적 결정이었다.

이처럼 비고객은 디지털이 어려워서 사용하지 않는 경우가 많다. 따라서 '디지털의 불친절함에 아날로그의 친절함을 더하는 것'이라고 전략방향을 수정하면 타깃 고객이 원하는 바를 훨씬 잘 충족시킬 수 있을 것이다. 디지털의 불친절함을 만회하기 위한 보완재로서 디지로그를 바라보는 것을 잊지 말자. 지금보다 훨씬 더 큰 시장이 열릴 것이다.

Killer Contents **4**

즐기는 자가 승리한다

행복하게 일하는 조건

　　　　　　　　　　　직장인, 월급쟁이, 샐러리맨, 이 세 단어를 상법적으로 달리 표현하면 한마디로 피고용인이다. 자신이 하고 싶은 것을 마음대로 할 수 있는 것이 아니라 어딘가에 고용되어 있어 결국엔 조직의 지시를 따라야 하는 숙명이 있다.

　피고용인이 좋은 고용인, 즉 좋은 회사를 선택하는 방법에는 세 가지가 있다. 첫째는 돈을 많이 주는 회사를 찾는 것이다. 일의 가장 중요한 목적 중 하나가 '밥벌이'니 만큼 많은 연봉을 주는 회사는 그 일의 성격이나 고용의 형태와 관계없이 많은 직장인들의 선호대상이다.

　두 번째는 자기가 잘하는 일을 할 수 있는 회사를 찾는 것이다. 잘하는 일을 하면 궁극적으로 그 일의 전문가가 될 가능성이 높다. 결국 연봉과 직급도 함께 올라갈 개연성이 크기 때문에 장기적인 관점에서 선택할만하다.

　마지막으로 자기가 좋아하는 일을 선택하는 것이다. 잘하는 것과 좋아하는 것은 전혀 다른 이야기다. 답답한 회계업무를 싫어하지만 꼼꼼한 성격 때문에 일 잘한다는 평가를 받는 사람과 전혀 끼와 자질이 보이지 않지만 연예인이 되기 위해 많은 오디션에 참가하는 사람의 경우는 잘하는 것과 좋아하는 것이 다름을 보여주는 대표적인 사례다. 자기가 좋아하는 일을 할 수 있는 회사를 찾으면 꿈을 키운다는 것만으로도 피고용인의 만족도가 높아질 수 있다.

이 중 적어도 한 가지에 해당되는 사람은 비교적 행복한 직장생활을 하는 것이다. 그러나 불행히도 많은 대한민국 직장인들이 이 세 가지 중 어느 한 가지에도 속하지 않는 직장생활을 하고 있는 것 같다. 돈을 많이 주지도 않는 회사에서 자기가 잘하지도 즐겁지도 않은 일을 하며 살아가는 것이다. 동시에 언제 직장에서 퇴출될지 모르는 위기감으로 노후에 대한 걱정도 해야 한다.

국민소득 2만 달러를 돌파하고 OECD 국가로서 당당히 세계경제사에 등장한 대한민국의 실상은 바로 이런 것이다. 경제의 거시지표는 좋으나 체감지수는 낮다. 성장일변도 정책에 조직의 피로도도 증가했다. 이 같은 문제는 국가나 기업 모두 공히 한 가지 중요한 문제를 간과했기 때문에 발생한다. 절제하고 희생하고 관리지향적 조직은 단기적인 성과를 창출할 순 있지만, 장기적으로 보면 지속가능성이 높지 않다는 사실이다. 수출일변도의 정책을 펴면서 국내 수요자에게는 인내와 불평등을 요구한다든가, 고객은 왕으로 모시면서 고객을 상대하는 내부

직원들은 존중하지 않는다든가 하는 일은 언젠간 무너져 내릴 사상누각을 계속 쌓아 올리는 것과 같다.

"재능 있는 자 노력하는 자를 못 이기고, 노력하는 자 즐기는 자를 이길 수 없다." 논어에 나오는 말로 자신이 좋아하는 일을 해야 최고의 성과를 낼 수 있다는 뜻이다. 이 말을 바탕으로 앞서 얘기한 좋은 직장의 세 가지 조건을 피고용자가 아닌 고용자의 입장에서 생각해보자. 우선 돈을 많이 주는 회사를 만드는 것, 기업이 재무적 성과를 창출하고 그 성과가 직원들에게 돌아갈 수 있는 제도를 정비하면 된다. 초과이익 공유제나 스톡옵션 같은 것이 대표적인 예다. 회사가 이익을 내지 못하는데 많은 연봉을 줄 수 있는 회사는 없다.

직원들이 일을 잘하게 하려면 채용, 교육, 경력관리 프로그램 등 인사제도를 잘 활용하면 된다. 일을 잘할 수 있는 사람을 뽑고 이들을 체계적으로 교육시키고 그들의 경력을 잘 관리해주면 직원들의 업무능력은 향상될 수 있다. 문제는 마지막, 직원들이 즐겁고 신바람 나게 일하는 회사를 만드는 방법이다. 이를 제도나 시스템으로 만드는 데는 한계가 있다. 리더의 개인적인 관심과 능력과 비례하기 때문이다.

찰스 스왑은 1921년 철강왕 앤드류 카네기에 의해 '미국강철회사' 사장으로 스카우트되면서 당시 천문학적인 연봉이었던 백만 달러를 받았다. 앤드류 카네기가 그에게 엄청난 연봉을 준 이유는 딱 하나였다. 바로 그의 '사람을 움직이고 구성원들로 하여금 열정을 불러일으키는 능력'을 높이 샀기 때문이다. 이처럼 구성원의 열정을 불러일으키는 리더의 자질은 엄청난 가치가 있다.

불행히도 이와 같은 능력은 책을 통해 배울 수 있는 것이 아니다. 이력서에 표기되기도 어렵다. 결국 인성이나 리더십 등으로 뭉뚱그려 표현되다 보니 리더의 자질평가에서 간과하기 쉬운 부분이다. 하지만 펄떡펄떡 뛰는 활기찬 조직이 궁극적으로 기업의 성과를 창출하고 지속가능한 경영을 만들어 주는 근간이다. 따라서 좀 더 많은 기업들이 구성원들의 기 살리기와 즐거운 일터 만들기에 관심을 가져야 한다.

왜 그들은
즐겁게 일하는가

엔터테인먼트업계는 겉으로 보기에 매우 화려하다. 그러나 그 일을 하는 사람들은 보통 화려함과는 거리가 먼 생활을 한다. 야근을 밥 먹듯 하는 것은 물론, 일의 특성상 주말이나 휴일이 평일보다 더 바쁘다. 남들을 화려하게 만들고 남들을 즐겁게 만드는 일이다 보니 자기를 희생해야 하는 일이 업무의 많은 부분을 차지한다. 그리고 엔터테인먼트 기업이 턴어라운드(Turn around, 조직개혁과 경영혁신을 통해 실적이 개선되는 것)되기 시작한 것이 얼마되지 않아 연봉도

다른 일과 비교해 결코 높지 않다.

하지만 대한민국 엔터테인먼트 종사자들은 기본적으로 자기가 좋아하는 일을 선택한 사람들이다. 피고용인의 관점에서 앞서 말한 세 가지 고려사항 중 최소한 하나는 확보한 셈이다. 그러나 이것만으론 부족하다. 구성원들이 신바람 나게 일할 수 있는 조직문화가 하나 이상 더 추가돼야 진정 노력하는 자가 이기지 못하는 즐기는 자의 일터가 만들어지는 것이다. 이런 점에서 대한민국 엔터테인먼트 기업들은 즐겁고 활력 있는 조직의 좋은 예를 다양하게 보여준다.

비즈니스 용어로는 '신뢰', 이들에게는 '의리'로 표현되는 상호존중 관계는 주인의식을 생성시키는 요체다. 구성원들의 끈끈한 의리를 바탕으로 아직도 '패밀리'의 형태를 보여주는 YG엔터테인먼트는 전 직원이 주인이 되는 모습을 잘 보여준다. 소통을 바탕으로 팀을 이끌어가는 아이돌 그룹의 리더들도 있다. 소통은 존중에서 비롯되며, 존중받은 구성원들은 자발적 협조를 통해 리더십을 극대화시키는 선순환을 만든다.

아이돌을 캐스팅하는 오디션을 통해서는 강한 개성과 열망을 즐거운 일을 찾고자 하는 열정으로 어떻게 바꾸는지 벤치마킹할 수 있다. 이 같은 엔터테인먼트 기업들의 다양한 모습들은 전 임직원이 함께 노력해야 활기차고 살아 있는 조직을 만들 수 있다는 것을 말해준다. 그리고 바로 이런 점이 엔터테인먼트업계가 늘 진취적이고 도전적이며 창의적으로 일할 수 있게 만드는 힘이다.

　기업의 모든 제품과 서비스는 궁극적으로 고객의 행복을 위해 만들어진다. 그런데 그 상품과 서비스를 만드는 직원이 행복하지 않다면 그 제품을 사용하는 고객들도 행복하게 만들 수 없을 것이다. 특히 직원들의 말, 행동, 태도 하나가 최종 상품이 되는 서비스업은 더 말할 것도 없다.

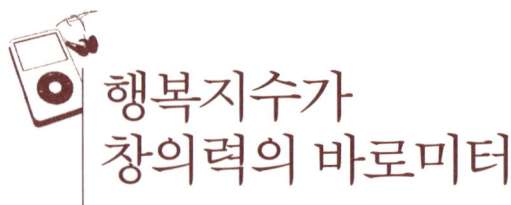

행복지수가
창의력의 바로미터

엔터테인먼트 리더의 일하는 방식

**취미가
일이 되는 현장**

엔터테인먼트 업종에 종사하는 사람들이 다른 업종의 사람들을 만났을 때 가장 먼저 듣는 얘기 중 하나는 "재미있는 일을 해서 좋겠다."이다. 그런데 이는 반은 맞고 반은 틀린 말이다. 사람들을 즐겁게 해주는 일이기에 일의 결과물이 재미있는 것은 사실이나 과정까지 재미있다는 것은 아무리 직업이 갖는 숭고함을 고려해도 동의하기 쉽지 않다.

한 소믈리에가 '진정 좋아하는 취미가 있으면 그 일을 직업으로 가지진 마라. 와인도 마찬가지다.'라고 쓴 글을 본 적이 있다. 아마 엔터테인먼트업계에서 일하는 사람들도 공감하는 바가 클 것이다. 어쩌면 취미와 일에서 동일한 가치와 즐거움을 찾길 기대하는 것 자체가 어불성설일 듯싶다.

취미와 일은 그 차이가 명확하다. 취미는 내가 하고 싶을 때만 하고 하기 싫을 땐 안 해도 되는 자유가 있다. 그러나 일은 그렇지 않다. 또 취미는 결과에 대해 나만 만족하면 되지만 일은 고객을 만족시켜야 한다는 점에서 근원적으로 다르다. 엔터테인먼트업계에서 일하는 사람이나 소믈리에가 취미로 그 일을 좋아했던 것만큼 일로써 좋아하지 못하는 것은 어쩌면 당연한 일일 것이다.

취미, 즉 좋아하는 일을 직업으로 갖게 된 사람과 선호도와 상관없이 직업으로만 그 일을 하고 있는 사람은 일의 만족도와 성과에서 어떤 차이점이 있을까? 두 가지 모두 경험해본 필자로서는 즐기는 자의 성과가 가장 좋다는 공자님 말씀을 차치하고서라도 전자의 경우가 구성원의 만족도는 물론 조직의 성과에도 후자를 앞서는 경우를 자주 봐왔다. 자기가 좋아하는 일을 함으로써 동기부여, 성취감, 고객시각 등의 측면에서 그렇지 못한 사람에 비해 월등한 비교 우위를 나타내는 것이다.

여기 몇 가지 사례가 있다. 공연기획은 엔터테인먼트 업종 중에서도 가장 인기 있는 분야 중 하나다. 공연기획자 A씨는 학창시절 음악, 특히 영국음악의 열성팬이었다. 어학연수지로 영국을 택할 정도였다. 독문학을 전공한 그녀가 첫 직장으로 외국계 음반사를 선택한 것은 지극히 당연한 일로 보인다. 두 군데 외국계 음반사에서 경험을 쌓은 그녀는 좀 더 전문적인 음악공부를 위해 뉴욕으로 건너가 뮤직 비즈니스 석사 과정을 밟았다. 유학 시절 틈틈이 좋아하는 공연을 보러 다녔고 이렇게 본 공연이 무려 100회가 넘는다.

영국음악팬이자 외국음반사 출신이며 공연 마니아인 그녀는 뉴욕에서 유학을 마치고 국내 공연기획사로 돌아왔다. 드디어 좋아하는 공연계에서 내공을 펼칠 기회가 온 것이다. 지금 그녀는 물을 만난 고기처럼 외국 유명 아티스트의 국내 공연 기획은 물론 국내 아이돌의 해외공연까지, 수많은 공연을 기획하며 승승장구하고 있다. 그렇게 바쁘게 일을 하는 와중에도 그녀는 다른 공연들을 관람하고 짬짬이 휴가를 내 도쿄와 홍콩의 해외 페스티발도 즐긴다.

A의 경우는 취미와 일, 자기계발이 하나로 동일한 경우다. 이런 사람은 누가 시켜서 일하거나 자기계발을 하지 않는다. 스스로 동기부여가 되고 그래서 더 많은 시간을 투자하다 보면 자기도 모르는 사이에 기획력과 고객시각 분석능력이 몇 뼘은 성장해 있다. 그 결과가 고객의 가치와 만족감으로 돌아오게 됨은 자명한 일이다.

또 다른 공연기획자 B씨는 광고홍보학을 전공하던 대학교 3학년 때 아르바이트로 공연기획일을 시작했다. 광고대행사 입사의 꿈을 갖고 있었지만 공연기획 일을 배우기 시작하면서 일의 재미에 푹 빠졌고 결국 졸업과 함께 정식으로 입사했다. 고객의 감성을 자극하는 아기자기한 공연을 기획하면서 실력을 쌓던 그는 10년 차가 되는 올해 국내 최고 록 페스티발의 PM으로 맹활약하고 있다.

그는 육체적으로 힘이 들고, 특히 주말과 낮밤이 없는 근무환경이 열악하지만 자신이 좋아하는 일을 한다는 보람에 그 모든 것을 잊을 수 있다고 말한다. 특히 일을 통해 늘 젊고 활기차게 살아 있다는 느낌을 가질 수 있는 것은 그 어떤 일에서도 느낄 수 없는 즐거움이라고 했다.

록 페스티발이 벌어지는 2박3일 동안 그는 하루 한 시간 정도밖에 자지 못한다. 하지만 공연이 시작되면 어디서 에너지가 솟는지 언제 피곤했냐는 듯 공연장을 누빈다. 그는 자신이 기획한 공연을 보고 행복해하는 관객 표정을 보면 그 어떤 것에도 비할 수 없는 쾌감과 성취감을 느낀다고 한다. 그는 대한민국 직장인들 중 자신의 일을 통해 최고의 성취감을 느끼는 상위 1퍼센트의 사람임이 확실하다.

마지막으로 국내 유명 클럽의 전문경영인이며 F&B 컨설턴트로도 활약하고 있는 C씨의 사례를 소개한다. 그는 음악방송국 PD 출신이다. 하지만 PD보다 취미인 클럽 및 와인 전문가로서 더 유명했다. 주말마다 클러버로서 강남과 홍대를 누비고 와인에 있어선 《신의 물방울》 이상의 식견을 보여주던 C씨, 결국 자기가 좋아하면서 잘 할 수 있는 일을 발견했다. 파티 플래너와 F&B 컨설턴트로서의 능력을 인정받아 국내 최고 클럽의 전문경영인으로 영입된 것이다.

클럽의 오랜 실수요자였던 그는 고객들이 무엇을 원하는지 그 누구보다 잘 알고 있었다. 어떤 음악과 어떤 인테리어가 가장 트랜디한지, 어떤 메뉴와 어떤 가격체계가 합리적이면서 고객의 취향을 잘 반영할 수 있는지, 로열 고객이었던 경험을 바탕으로 클럽의 체계를 바꾸기 시작했다. 최근 그는 국내 최고 풀사이드 바를 컨설팅하고 파티를 개최하는 등 역량을 더 확대시키고 있다. C의 사례는 수요자에서 공급자가 되었지만 취미이자 고객이었던 자신의 경험을 일에 잘 접목시켜 개인의 만족은 물론 회사의 성과까지 창출한 모습이다.

이처럼 취미가 일이 되는, 좀 더 넓게는 자기가 좋아하는 일을 하게 되는 경우 그렇지 못한 사람에 비해 여러 가지 장점이 있다. 앞서 소개한 A의 사례는 스스로에 대한 동기부여를, B는 고객만족을 통한 성취감을, 그리고 C는 자신의 경험을 고객의 시각으로 바꾸는 모습을 보여주고 있다.

이 모든 것은 일반 기업의 직원들에 비해 좀 더 열정적으로 일하는 모습과 고객지향적인 상품이나 서비스를 가능하게 해 궁극적으로 회사의 성과를 창출하는 형태로 나타난다. 이렇게 현재 엔터테인먼트업계에서는 2,500년 전 공자님이 말씀하신 노력하는 자와 재능 있는 자를 이기는, 즐기는 자의 모습들이 자주 목격된다.

일이 재미없으면
조직을 재미있게 만들어라

●

솔직히 일반 기업의 일들을 엔터테인먼트 분야의 그것과 비교하긴 힘들다. 자동차 부품을 조립하는 일이나 고객의 불만을 듣는 고객센터 일 등을 공연기획일과 직접 비교하는 것은 애당초 불가능한 것이기도 하다. 사실 지구상에 있는 대부분의 '밥벌이'는 재미없는 쪽일 확률이 더 크다. 그리고 재미있는 일을 찾아 전직을 하지 않는 이상 일의 본질을 바꾸기는 어려울 것이다. 하지만 개인과 조직의 노력에 따라 지금 하고 있는 일에 재미요소를 첨가하는 것이 아예 불가능한 것만은 아니다.

지금의 중년세대가 초등학생일 때 모두가 꿈꿔 온 일이 하나 있다. 바로 교과서나 참고서를 비롯한 모든 책들이 만화책이면 얼마나 좋을까 하는 상상이다. 지루한 교과서가 만화책이라면 재미있어서 자주 읽게 되고, 저절로 공부도 되는 일석이조의 효과를 가져다줄 것이다.

그러나 30여 년이 지난 지금 그 꿈은 현실이 되었다. 교과서, 참고서뿐만 아니라 역사나 과학 서적까지 만화 형식을 빌려 구성되어 있음은 물론 심지어 멀티미디어 교재는 3D 애니메이션 효과까지 가미되어 있다. 공부라는 재미없지만 숙명적으로 해야 하는 과제에 재미라는 당의정을 입힌 모습이 바로 지금의 어린이 교육인 것이다.

재미없는 밥벌이에 대처하는 방식도 이와 유사하게 만들 수 있다. 가장 쉽게 적용할 수 있고 실제 많은 이들이 사용하는 방법 중 하나가 바로 돈 모으는 재미를 붙이는 것이다. 지금 하고 있는 일 자체에 재미를 부여하기는 어렵지만 그 일의 결과로 받는 돈을 차곡차곡 불려 나가는 재미는 적지 않다. 실제 많은 재산을 모은 사람들이 재산형성 초기에 가장 크게 느꼈던 재미가 바로 적금을 타고 이자가 붙는 소소한 즐거움이었다고 말한다. 이처럼 돈을 모으는 즐거움, 즉 일의 결과물에 대한 가치에 집중함으로써 일 자체가 가진 무료함을 극복하는 것이다.

다음으로 현재 직업을 롤플레잉 게임 주인공이 거쳐 가는 미션의 한 단계로 생각하고 다음 단계의 모습을 늘 머릿속에 그리는 방법이 있다. 이는 개인의 비전을 새우고 비전선언문을 작성해 매일 읽어보라는 성공학 서적의 지침과도 일치하는 방법이다. 이 세상 모든 구루와 장인들은 연습과 노력, 심지어는 실패를 통해 배우고 일어선 사람들이다. 현재의 일이 따분하고 재미없지만 이 과정을 견디고 이겨내야 다음 단계로 도약할 수 있다는 것을 잊지 말자. 일의 다음을 미리 정해놓고 한층 업그레이드 된 자신의 모습을 구체적으로 떠올린다면 현재 직업이 갖고 있는 신산스러움은 당분간 생각나지 않을 것이다.

구성원들이 일을 즐겁게 느끼도록 조직이 할 수 있는 방법은 훨씬 더 많다. 그리고 생각보다 굉장히 효율적이다. 2000년대 이후 국내 많은 기업들이 '펀(Fun) 경영'이란 개념을 도입하기 시작했다. 근면, 성실이 최고의 덕목이던 대한민국 직장생활에서 즐거움이란 단어가 처음 개입하기 시작한 획기적인 사건이기도 했다.

초기의 펀 경영은 지금 생각해보면 다소 엉뚱한 곳에서 출발했다. 주로 최고 경영진들이 연말행사 등에서 로커나 힙합댄서로 분해 직원들 앞에서 간단한 공연을 선보이는 것이 당시 펀 경영의 최대 하이라이트였다. 엄하기만 할 것 같던 임원들이 격식을 파괴하고 친근하게 다가오는 모습은 실제 반향을 일으키기도 했다.

하지만 기본적으로 별로 '펀'하지 않는 그런 행사들은 생명력이 긴 방식이 아니다. 구성원들은 별로 즐거워하지 않고 경영진들이 '우리는 펀 경영을 하고 있다.'는 자기만족을 갖는 것 외에 별다른 성과를 창출할 수 없었다. 최근엔 이런 행사가 상당히 줄어들었다. 대신 주로 직원들 기 살리기 같은 쪽으로 방향을 선회하는 형태로 바뀌고 있다.

작은 보상들이
더 효과적이다

구성원이 행복해야 고객을 행복하게 만들 수 있다는 명제를 실현하기 위해 펀 경영 외에 어떤 방식이 도입될 수 있을까? 우리는 그에 대한 해답을 2011년 〈포춘〉지가 선정한 '가장 일하고 싶은 기업'에서 상위에 랭크된 기업들을 통해 찾을 수 있다. 2011년 랭킹 상위 3개 기업은 통계 프로그램 개발업체인 SAS와 전략컨설팅 회사인 BCG, 그리고 미국의 식품 소매업체인 웨그먼즈다. 방식의 차이는 있지만 이 3개사의 공통점은 다음과 같다. 첫째, 이익을 가져다주는 고객들에게 최고의 서비스를 제공하려면 무엇보다 직원들부터 최고 수준으로 대우해야 한다는 기업철학이다.

둘째로는 경쟁사에 비해 탁월한 복리후생과 자기계발 지원을 통해 구성원들의 업무 몰입도를 최고로 끌어올린다는 것이다. 여기서 우리는 즐거움이란 개념을 확장시킬 수 있다. 단순히 재미있고 웃기는 것만이 즐거움이 아니라 내가 존중받고 가치 있는 존재로 평가받는다는 자체의 감정에서도 즐거움을 느낄 수 있다는 것이다. 그 결과가 전 세계에서 가장 일하고 싶은 기업으로 나타났다. 이런 기업의 경영성과가 탁월하리라는 것은 보지 않아도 뻔한 일이다.

그렇다고 지금 당장 세계 최고 수준의 기업 방식을 따라하기는 어려울 것이다. 하지만 의외로 구성원들의 즐거움을 배가시키는 방법은 멀리 있지 않다. 너무 많이 들어서 지겨울 수 있으나 의외로 실천하기 쉽지 않은 방식, 바로 구성원들을 칭찬하고 인정하는 것이다. 우리 대부분은 '성과와 보상'이 현존하는 경영체계에서 가장 적합한 인사시스템이라고 인정한다. 그런데 칭찬과 인정이 '보상'의 일부분이라는 것에 대해선 크게 공감하지 못하는 듯하다.

1년에 한 번 평가를 통해 승진, 연봉인상, 인센티브를 지급하는 것만

이 보상이 아니다. 구성원들이 매일 수행하는 보고서, 영업실적, 계약협의 등에 대한 리더의 인정과 칭찬이 사실 그들에게는 큰 보상이 된다. 작은 칭찬 한 마디는 자신이 인정받았다는 감사함으로, 그리고 조직으로부터 존중받고 있다는 정신적 만족을 거쳐, 현재 조직에서 일하는 것에 대한 즐거움으로까지 감정이 승화한다. 이 모든 것들이 축적될수록 구성원의 행복은 증대되며, 그 결과 고객을 행복하게 만드는 상품과 서비스를 제공하는 선순환으로 귀결될 수 있다.

그러나 현실에서는 칭찬과 인정에 인색한 리더들을 많이 만날 수 있다. 일부는 스스로 칭찬을 잘 하지 않는다는 것을 자랑삼아 얘기하는 놀라운 리더들도 있다. 칭찬을 잘 하지 않는 리더들은 은연중에 "나의 기준은 굉장히 높아." 하고 말하고 있는 것이다. 구성원의 성과물이 나쁜 것은 아니지만 나의 높은 기준엔 부합하지 않기 때문에 칭찬 따윈 할 수 없다는 것이 공통적인 심리상태다.

이 같은 헛똑똑이 리더들은 서푼짜리 자기만족감을 위해 조직의 발전가능성을 스스로 차단하는 것과 다름없다. 작은 칭찬 하나로 구성원의 역량을 끌어올리고 더 큰 성과를 창출할 수 있음에도 스스로 그 기회를 발로 차 버리는 것이다.

자신이 좋아하는 일을 하고 있다면 그것은 행운이다. 하지만 자신이 그 일 자체를 좋아하지 않는데 대안마저 없다면 스스로 그 일을 좋아할 수 있도록 장치를 마련해야 한다. 조직의 역할은 더 중요하다. 고객이 왕이다 하고 앵무새처럼 얘기만 하지 말고 고객을 왕으로 만들기 위해선 무엇이 필요한지 먼저 따져봐야 한다. 부처님 눈엔 부처님만 보이고 돼지 눈엔 돼지만 보인다. 고객을 왕으로 모시기 위해선 구성원들이 먼저 왕이 되어야 한다. 그리고 구성원들이 왕이 되려면 조직이 즐겁고 행복해야 한다. 조금만 더 고민하면 된다. 구성원들을 왕으로 만드는 방법, 생각보다 어렵지 않다.

모두가 주인이 되는 회사

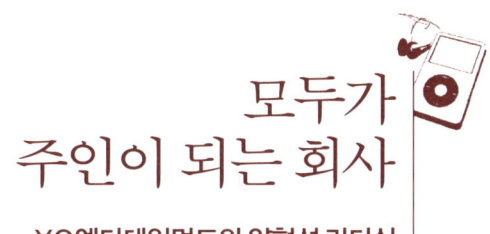

YG엔터테인먼트와 양현석 리더십

YG는 회사인가 패밀리인가

1996년 해체를 선언한 서태지와 아이들. 작곡, 프로듀싱은 물론 기획, 마케팅까지 서태지의 장악력이 너무 컸던 탓에 해체 후 '아이들'의 미래는 온통 암흑이었다. 하지만 15년이 지난 지금, 그 '아이들' 중 한 명인 양현석은 YG엔터테인먼트를 설립해 서태지를 뛰어넘는 연예계 실력자가 되었다. 서태지와 아이들 시절 절대 서태지를 넘을 수 없을 것 같았던 양현석이 서태지를 뛰어넘을 수 있었던 원인은 무엇일까?

양현석은 음악시장에서 틈새시장을 공략해 초기 성공을 이뤄냈다.

그가 제작에 뛰어든 1990년대 말은 H.O.T.의 성공 이후 아이돌 그룹들이 대거 양산되던 시기다. 하루가 멀다 하고 탄생하다 보니 제대로 실력을 갖추지 못한 아이돌 그룹이 허다했다. 특히 댄스가수들에게 노래실력은 별로 중요하지 않았고 립싱크는 자연스런 현상으로 받아들여졌다.

음악성이 결여된 화려한 외모에 팬들이 조금씩 식상해져 갈 무렵, 이들의 갈증을 제대로 간파한 양현석은 R&B 계열의 엠보트와 제휴를 맺고 가창력 있는 가수를 대거 발굴했다. 그리고 휘성, 거미 등 가창력으로 무장한 가수는 물론 세븐과 같이 댄스와 노래실력을 겸비한 가수를 잇달아 데뷔시켰다. 그리고 빅마마처럼 오로지 곡의 우수함과 가창력으로만 승부하는 팀까지 등장시키며 가요계의 영향력 있는 제작자 중 한 명으로 당당히 입성한다.

틈새시장을 공략해 초기 성공을 일궈낸 양현석은 본격적으로 주류시장으로 뛰어들 채비를 시작했다. 남성 5인조 그룹 빅뱅을 키우기 시작한 것이다. 당시 가요시장은 2000년대 초반 우후죽순 쏟아지던 아이돌 그룹들의 옥석이 어느 정도 가려져 실력을 갖추고 기획사의 탄탄한 지원을 받는 몇몇 메이저 아이돌 그룹이 시장을 장악하고 있었다. SM엔터테인먼트 등 시장의 최강자들은 이미 10년 이상 축적된 그들만의 캐스팅, 트레이닝 노하우를 통해 유망한 연습생들마저 대거 확보한 상황이었다.

립싱크 아이돌들이 난립하던 시기에 실력 있는 보컬가수로 승부한 것처럼 양현석은 이번에도 차별화를 꾀했다. 그리고 2006년 데뷔한 빅뱅은 기존의 아이돌 스타들과는 확연히 달랐다. 우선 직접 곡을 쓰고 편곡을 함으로써 실력 있는 아티스트로 인정받았다. 그리고 동네오빠들 같은 수수한 외모는 스타일리시한 패션과 결합해 기존의 정형화된 만화주인공 같은 남성 아이돌과는 다른 이미지를 갖게 되었다.

여자 빅뱅이란 별명으로 데뷔한 여성 걸그룹 2NE1 역시 기존 여성 아이돌 그룹과는 다른 파워 있는 댄스와 힙합음악을 선보이며 YG패밀리만의 색깔을 갖췄다. 이처럼 양현석은 기존 시장과는 다른 차별화된 상품을 계속 만들어낸 덕에 서태지를 뛰어넘는 훌륭한 제작자로 성공할 수 있었다.

양현석은 우수한 제작자를 넘어 뛰어난 리더로서의 가치가 더 돋보이는 인물이다. 한류 열풍에 찬물을 끼얹는 유명 아이돌 그룹들과 기획사와의 분쟁을 보라. YG엔터테인먼트에선 발생하지 않는 일이다. 소속 가수들과의 관계가 단순한 계약의 관계가 아니라, 같은 배를 탔다는 신뢰를 바탕으로 한 양현석만의 리더십이 존재하기 때문이다. 설립 초기, 지누션이 4년 동안 음반을 내놓지 않고 거의 활동을 하지 않아도 기획사 사장으로서 속이 탔겠지만 양현석은 그들이 준비가 될 때까지 기다려 주었다. 지누션의 션이 배우 정혜영과 결혼을 할 때는 자신의 압구정동 의류매장을 통째로 선물하기도 했다.

이와 같은 양현석의 '의리'는 지누션뿐만 아니라, YG엔터테인먼트 소속 가수들 모두와 강한 유대감을 형성시켰다. 한 예로 원타임은 4년 계약이 끝나갈 때 유명 인기 그룹의 전 매니저로부터 엄청난 금액의 계약금을 제시받은 적이 있다. 그럼에도 불구하고 양현석과의 의리를 생각해서 거절했다고 한다.

거미의 사례를 통해서도 YG엔터테인먼트의 조직 문화를 엿볼 수 있다. 2006년 4월, 언플러그드 앨범을 발표한 후 소속사와 서서히 결별 수순을 밟던 거미는 마지막 앨범을 준비하며 감정의 변화가 생기기 시작했다. 마지막이란 생각을 하면 할수록 YG 스태프들의 진정성을 깨닫게 된 것이다. 결국 거미는 소속사를 바꾸려는 생각을 접고 계약을 연장했다.

이처럼 양현석은 엔터테인먼트 생리에 적합한 리더로서의 캐릭터를 가지고 있고 그것을 유감없이 발휘하고 있다. 이 같은 리더십은 디지털화 이후 변화한 엔터테인먼트 시장에서 더욱 필요한 리더십이 되었다. 기존 엔터테인먼트 산업의 핵심역량인 초상권과 저작권이 복제되어 유통되는 사업은 크게 줄어든 반면, 대체가 불가능한 스타가 늘 현장에 참여해야 하는 광고, 행사, 공연 등의 빈도수가 높아졌기 때문이다. 그래서 스타들의 육체적, 정신적 피로는 물론 감정싸움까지 촉발하기 쉽다. 또 그 과정은 불행히도 설득과 동의보다는 명령과 복종의 형태를 띨 수밖에 없다.

아이돌 그룹과 기획사 간의 분쟁도 결국 이와 같은 문제들이 복합적으로 작용해 발생한 사건이라고 할 수 있다. 10대에 데뷔한 아이돌들이 20대에 접어들면서 사회의 속성을 점차 알게 되고 팬이라는 강력한 이해관계자의 힘을 등에 업게 되면서 계약에 대한 불만이 폭발하게 되는 것이다. 그런데 엔터테인먼트 세계에서 발생하는 문제를 방지하거나 해결할 수 있는 것도 역시 그들만의 독특한 문화밖에 없다.

양현석은 빅뱅 멤버들이 예능 프로그램에 출연해 성대모사를 스스럼없이 할 수 있는 편안한 리더다. 그리고 가수들이 몇 년째 앨범을 못 내도 기다려줄 줄 아는 리더이기도 하다. 다른 곳에서 영입 제의가 와도 가수들이 차마 의리 때문에 떠나지 못하게 만드는 리더이며, 회사가 어느 정도 손해를 보더라도 가수들이 원하는 바가 있으면 들어줄 줄 아는 리더이기도 하다. 개성 강한 스타들로부터 아직도 형, 오빠로 불리는 양현석. 그들을 존중함으로써 팔로우십을 이끌어내는 양현석의 리더십이야말로 21세기 대한민국 엔터테인먼트 시장에서 가장 필요한 리더십임에 틀림없다.

'의리'는
비즈니스 제1의 자산

엔터테인먼트는 그 어떤 업종보다 사람에 의해 일이 많이 좌우되기 때문에 변수가 많다. 그래서 경영자와 직원(넓은 의미에서 아티스트도 직원의 범주에 넣자면) 간의 신뢰가 중요한 산업이다. 산업의 본질적인 측면으로 접근해보자. 엔터테인먼트 산업을 기업의 투자와 투자비 회수의 관점에서 본다면 투자비 회수가 다른 업종에 비해 '길다'는 것이 특징이다.

보통 기업의 투자비는 크게 미래 사업을 위한 연구개발비인 R&D 투자비와 미래 사업으로 결정된 후 사업의 실행을 위해 실제 토지, 설비 등에 투자되는 설비투자비(CAPEX: Capital Expenditure)로 나눌 수 있다. 업종에 따라 앞선 두 가지 투자비의 비율이 다른데 보통 제약업과 같이 신규 특허 및 임상실험 등 상품이 나오기까지 시간이 많이 걸리는 곳은 R&D 비중이 높고 일반 제조업은 설비투자비 비율이 높다.

만약 CEO 입장에서 R&D 비중이 높아 출시 여부가 불투명한 것은 물론, 상품 출시까지 시간이 많이 걸리고 초기 투자비까지 많이 든다면 아마 재앙에 가까울 것이다. 현재 대한민국 엔터테인먼트 산업이 딱 그 모양이다. 오디션을 거쳐 10대 초중반인 연습생을 뽑고, 5년 이상의 트레이닝 기간을 거쳐 세상에 아이돌을 내놓기까지는 100퍼센트 투자 기간이다. 물론 연습생 중에서도 사춘기, 2차 성징을 거치면서 기대했던 재목으로 자라나지 못하면 그동안의 투자비는 모두 매몰비용(Sunk cost)이 된다.

데뷔 이후에도 몇 년간은 투자기간이 이어지고 어느 정도 스타의 반열에 올라서야 광고모델이나 공연 등을 통해 투자금을 본격 회수할 수 있다. 이러다 보니 투자비 회수기간이 길 수 밖에 없고 회사입장에선 리스크를 줄이기 위해 장기계약 등의 형태로 묶어두고 싶은 욕구가 발생한다. 데뷔 이전에는 철저하게 '을'의 입장인 연예인과 계약기간을 최대화해 투자비 회수에 대한 리스크를 최소화하고자 하는 기획사, 그리고 투자비 회수의 기간이 길 수밖에 없는 대한민국 엔터테인먼트업계의 환경. 이 3박자가 음의 시너지를 일으키며 발생한 사건이 아이돌 스타와 기획사들 간의 분쟁이다.

앞서 말했듯 YG엔터테인트먼트에선 가수와 소속사 간 분쟁이 없다. 물론 모든 가수들이 YG의 둥지를 떠나지 않은 것은 아니다. 2006년 휘성이 처음으로 YG엔터테인먼트를 떠났다. 계약 종료시점이 다가오자 휘성은 수많은 기획사들로부터 러브콜을 받았다. 흔들리는 휘성에게 양현석은 어느 곳으로 방향을 정하든 끝까지 행운을 빌어주겠다고 말했다. 계약서 문구의 엄정함을 따지거나 회사 이익을 고려한 회유가 아니라 진정 동생을 위하는 형의 마음을 전달했던 것이다.

휘성이 소속사를 옮기기로 최종 결정을 했을 때 양현석의 반응 역시 마찬가지였다. "물론 서운한 것도 있고 안타까운 것도 있다. 하지만 네가 어디로 가든 웃을 수 있다면 그것으로 나는 족하다."는 말로 휘성을 떠나보냈다. 같이 일할 때는 물론이거니와 자신을 떠날 때조차도 상대의 결정을 신뢰하고 존중해준 것이다. 투자비 회수가 긴 엔터테인먼트 산업에서 이제 블루칩으로 성장한 스타를 다른 소속사에게 내준다는 것은 경영자로서 엄청난 고민이 아닐 수 없다. 특히 당시는 빅뱅을 위한 R&D 투자가 최고조에 달하던 시기이기에 비즈니스 포트폴리오에서 캐쉬카우를 담당하는 휘성의 역할은 무엇보다 중요했다.

결국 휘성은 YG엔터테인먼트를 떠났다. 하지만 아무 잡음 없이 떠났다. 대부분의 소속 가수들은 YG의 둥지를 떠나지 않으려고 하고, 떠나는 이조차 서로 웃으며 헤어진다. 투자비 회수가 다른 업종에 비해 긴 엔터테인먼트 산업에서 꼭 필요한 조직문화를 양현석이 YG엔터테인먼트를 통해 보여주고 있는 것이다.

YG엔터테인먼트를 얘기할 때 '의리'라는 단어가 자주 등장한다. 이 단어가 다소 마초적인 색깔을 지니고 있고 주로 남성들의 사적인 친밀감, 충성심을 다룰 때 많이 사용되다 보니 YG는 회사가 아니라 마치 친목모임 같다는 오해를 받을 때가 있다. 그리고 엔터테인먼트업계를 산업이 아니라 구멍가게식 경영으로 폄하할 때 인용되기도 하다.

이 의리란 단어를 조직문화나 리더십에서 자주 다뤄지는 '신뢰'란 말로 치환해보면 어떨까? 형, 동생, 패밀리 같은 일차적인 인간관계를 선호하는 엔터테인먼트업계인지라 의리라는 단어가 자주 사용되지만 기실 그 내면의 의미는 신뢰와 대동소이하다. 신뢰라는 단어를 경제·사회적 의미로 재정의한 프란시스 후쿠야마의 주장을 통해 보면 더 잘 이해할 수 있다.

후쿠야마는 신뢰라는 보이지 않는 가치를 부를 창출하는 사회적 자본으로 해석한다. 다시 말하자면 신뢰는 상대방이 약속을 이행할 것이라는 믿음을 만들기 때문에 분업과 협동을 가능하게 하고 이런 사회는 그렇지 못한 사회보다 더 발전할 수 있다는 것이다. 양현석과 소속 가수들 사이엔 상대방이 약속을 이행할 것이란 믿음이 깔려 있다. 그리고 이와 같은 신뢰가 후쿠야마의 말처럼 YG엔터테인먼트의 매출을 창출하는 사회적 자본이 된 것이다.

주인의식에는 주인이 없다

신뢰를 바탕으로 한 양현석 리더십은 '존중'이라는 코드가 가미되면서 그 영향력이 배가된다. 전통적인 리더십은 위계질서가 명확한 조직 내에서 상명하복하는 권위적인 리더십이다. 상사의 지시에 따라 일사분란하게 업무를 수행하고 성과를 내는 형태의 조직문화를 갖고 있다. 이 경우 지시하는 것만 하면 되기

4. 즐기는 자가 승리한다 **221**

때문에 직원의 창의성은 발휘되기 어렵다. 일반 기획사에서 트레이닝을 받아 기계적으로 양성된 아이돌들의 경우 춤추는 댄스머신 같고 창의력이 결여된 모습이 종종 보이는데 이는 기획사의 리더십이 권위적이었을 개연성이 크다.

리더가 직원들을 존중하면 권위적 리더십이 서번트 리더십으로 바뀔 수 있다. 서번트 리더십이란 자신을 낮추고 구성원을 존중하며 그들의 잠재력을 발휘할 수 있도록 이끄는 리더십을 말한다. 조직이 상하관계가 아니라 수평관계가 되면 활기차지고 조직의 창의성은 증가한다. 특히 상하관계가 아니라 동등한 파트너로서 존중을 하면 구성원들은 자발적으로 주인의식을 갖는다. 그 결과 조직의 성과가 폭발적으로 증가한다. YG엔터테인먼트는 이러한 서번트 리더십의 대표적인 사례라고 할 수 있다.

대기업 임원들 중에서 직원들이 주인의식을 가지지 않는다고 불만을 토로하는 사람이 많다. 자신들은 위기상황이 걱정이 되어 밤에 잠도 안 오고 주말에도 출근을 하는데, 직원들은 정시 퇴근에 위기의식도 전혀 없다고 화를 낸다. 하지만 이는 구성원에 대한 존중이 결여된 발상이다. 억대 연봉에 별도의 사무실, 그리고 회사 차량 등 최고 경영층이 회사로부터 받는 혜택은 일반 직원에 비할 수 없을 정도로 많다. 혜택의 크기는 그들이 가질 책임감과 주인의식에 정비례한다. 연봉 3~4천만 원의 일반 직원들에게 자신과 동일한 주인의식을 요구한다는 건 어쩌면 비겁한 일이기도 하다.

직원들에게 진정 주인의식을 심어주고 싶다면 구성원을 먼저 존중해야 한다. 그들의 커리어플랜은 어떻게 되는지, 구성원의 성장을 위해선 회사가 어떤 지원과 교육 프로그램을 구성해야 하는지 등을 먼저 고민해야 한다. 회사와 경영자가 자신을 존중하고 자신의 미래를 위해 고민한다는 생각을 하는 순간, 직원들의 주인의식은 크게 상승한다. 그리고 이런 직원들의 주인의식은 리더를 위해서라도 열심히 일하고자 하는 팔로우십으로 발전할 것이다.

1990년대 말 한보그룹의 정태수는 청문회에서 직원들을 머슴으로 표현해 대한민국 직장인 전체를 한방에 머슴으로 전락시킨 바 있다. 직원들에 대해 그런 마인드를 가지고 있는 회사에서 주인의식을 요구하는 것은 언감생심이며 사업 역시 지속가능할 리 만무하다.

양현석의 리더십을 기억하라. 그는 소속 가수들의 음악적인 고민에서부터 개인적인 갈등까지 진정 선배로서 그들과 마음을 터놓고 얘기한다. 그 결과 아무도 주인의식을 강요하지 않았지만 YG엔터테인먼트는 서서히 양현석의 회사에서 소속 가수들 모두의 회사가 됐다. 현재 YG엔터테인먼트는 1년 매출이 몇 백억 원에 이르는 대한민국 최고의 엔터테인먼트 회사 중 하나다. 하지만 아직도 그들은 YG 패밀리로서의 초기 창업정신과 도전정신을 잊지 않고 있다.

면접은 꿈 거래장터
SM엔터테인먼트 오디션

SM식 캐스팅의 비결

연예인을 꿈꾸는 이들에게 연예기획사 오디션은 한 번쯤 도전하고 싶은 일이다. 국내 유명기획사 중 지원자들에게 가장 인기 있는 곳은 단연 소녀시대, 동방신기, 슈퍼주니어 등을 보유한 SM엔터테인먼트다.

SM엔터테인먼트에선 1년에 몇 번 오디션을 개최하고 있을까? 놀랍게도 매주 개최한다. 서울뿐 아니라 미국 LA에서도 매주 토요일 오후 3시에 오디션이 열린다. 오디션이 특정 장소 특정 시간대에 매주 개최된다는 것은 그만큼 지원자가 꾸준히 있다는 것을 의미한다. 도대체 지원자 수가 얼마나 되기에 매주 오디션이 개최될 수 있는 것일까?

방송사 오디션 프로그램 중 가장 많은 지원자를 자랑하는 〈슈퍼스타K〉의 경우 시즌3인 2011년 지원자 수는 무려 200만 명에 달한다. 이를 365일로 환산하면 매일 5,400명이 오디션을 본다는 말이다. SM엔터테인먼트는 매주 500명 이상의 지원자들이 오디션을 보고 있는 것으로 알려져 있다. 이처럼 오디션은 이미 공급이 수요를 초과한 시장이 됐다. 그러다 보니 전통적 캐스팅 방식인 길거리 캐스팅은 현저히 줄었고 SM엔터테인먼트의 경우 별도의 길거리 캐스팅은 하지 않는 것으로 알려져 있다.

아이돌 스타가 되기 위한 관문인 연습생이 되려면 캐스팅과 트레이닝이라는 두 가지 관문을 모두 통과해야 한다. 캐스팅은 선천적인 자질을 보는 것이고 트레이닝은 후천적인 학습능력을 보는 것이기에 각 기획사마다 어느 쪽에 비중을 두느냐에 따라 출신 가수들의 색깔이 구분되기도 한다.

기획사 입장에서 결정에 대한 고민이 더 큰 쪽은 아무래도 캐스팅일 것이다. 트레이닝은 보통 3년 이상의 시간을 갖고 진행하는 데다 기획사도 그동안의 아이돌 육성 경험을 통해 어느 정도 노하우를 쌓을 수 있었다. 반면 캐스팅은 심사위원의 순간적인 '감'이 잣대가 되는 경우가 많기 때문에 그만큼 어렵다. 특히 완성된 스타를 뽑는 게 아니라 앞으로 트레이닝을 통해 육성하면 스타가 될 수 있을 지원자를 뽑는 것이다. 따라서 숨겨진 자질을 판단하는 것이 캐스팅에 있어서 가장 중요한 혜안이다.

SM엔터테인먼트는 국내 엔터테인먼트 기업 중 가장 먼저 캐스팅-트레이닝-프로듀싱-매니지먼트로 이어지는 프로세스를 도입했다. 덕분에 노하우가 가장 많이 축적되어 있는 곳이다. 특히 원석을 발굴하는 혜안은 오디션 지원자가 가장 많은 기획사라는 점을 고려하더라도 국내 최고 수준이라 평가받는다.

이수만 회장은 한 인터뷰에서 연습생을 선발할 때 가장 중요한 기준은 '인성'이라고 밝힌 바 있다. 노래 잘하고 춤 잘 추는 이들을 뽑는 자리에서 인성이 우선이라는 말은 어쩌면 의외일 수 있다. 하지만 여기에 SM엔터테인먼트 캐스팅의 비밀이 숨어 있다.

10대 초중반인 청소년이 연예인의 꿈을 안고 오디션의 문을 두드렸다. 앞으로 5년 정도 연습생 생활을 해야 하고 그 기간이 지난다고 해도 데뷔할 수 있다는 기약이 있는 것은 아니다. 가까스로 데뷔를 했더라도 평범한 20대 초반의 또래들과는 전혀 다른 삶을 살아야 한다. 화려한 무대에 서지만 무대 뒤에는 힘겨운 현실이 있고 인기를 얻기 전까진 힘든 무명생활도 거쳐야 한다.

인기를 얻어 스타가 되었을 때도 갑자기 찾아온 부와 명예에 대한 조절능력이 필요하다. 캐스팅 이후에 감수해야 할 것들이 이렇게 많다. 그래서 인성을 제대로 갖춘 이가 아니면 연습생 생활을 끝까지 하기도 힘들고, 데뷔 후 스타가 된다 해도 자기관리에 실패할 확률이 높다고 판단하는 것이다.

SM엔터테인먼트가 말하는 인성이라는 잣대에는 과연 어떤 것들이 있을까? 먼저 스타가 되고자 하는 강한 열망을 꼽을 수 있다. SM엔터테인먼트 출신의 연예인들 중에는 화려한 이면과 다르게 의외로 가정형편이 어렵거나 지방 출신이 종종 눈에 띈다.

물론 가정형편과 출신지역으로 그들의 능력을 잴 수는 없다. 그러나 평범한 서울출신들보다는 아무래도 오디션을 보거나 연습생 생활을 하기가 좀 더 불편하고 어려운 것은 사실이다. 그러다 보니 오디션에 참여하거나 연습생 생활을 할 때도 다른 경쟁자와는 눈빛이 다르다는 얘기를 많이 듣는다. 연예인이 되고자 하는 간절함과 열망이 강한 만큼 모진 시련을 이겨내고 스타가 될 확률이 훨씬 높기에 이 같은 인성을 높이 사는 것이다.

인성의 또 다른 중요 잣대는 겸손함이다. 방송관계자나 스태프들의 평가를 들어보면 이른바 'SM 출신'이 무대 뒤에서 가장 예의가 바르다고 입을 모은다. 이미 스타가 되어 스포트라이트를 받는 존재가 되어도 언제나 스태프들과 주위 사람들에게 깍듯하고 친절하게 행동한다. 스타라는 것이 팬들의 인기를 먹고 사는 것이고 또 인기는 어느 순간 물거품처럼 사라질 수 있는 것이다. 이를 누구보다 많이 경험했기에 SM엔터테인먼트에선 겸손함을 갖춘 지원자를 뽑고 또 트레이닝 기간에도 이를 계속 교육한다.

아이돌 선발이다 보니 인성평가 못지않게 겉으로 드러나는 외모에 대한 평가도 중요할 수밖에 없다. 물론 오디션에서 춤과 노래도 중요한 부분이다. 하지만 이 두 가지는 선천적인 음치나 몸치가 아니라면 트레이닝을 통해 어느 정도 교정할 수 있다. 그래서 캐스팅에선 선천적인 요소가 더 중요하게 고려된다.

SM엔터테인먼트 출신들의 외모는 전통적인 미남미녀상이라기보다는 독특한 분위기와 '귀티'가 흐르는 스타일이라는 평가를 받는다. 물론 외모만을 얘기하는 것이 아니라 SM이라는 브랜드 이미지와 스타일리스트들의 역량까지 포함한 최종 이미지를 말한다.

디자인에서 가장 고급스럽지만 표현하기 어려운 것이 미니멀리즘이라고 한다. 화려함을 걷어내고 블랙과 화이트의 색조에 명도와 채도의 효과적인 대비를 통해 표현하기 때문에 자칫 어설프게 표현하면 칙칙한 느낌이 든다. 그래서 미니멀리즘은 굉장히 표현하기 어려운 사조다. 최근 화제가 되고 있는 청담동 며느리룩도 화려함보다는 단아한 이미지를 강조한다는 측면에서 미니멀리즘의 일종이라고 볼 수 있다.

SM엔터테인먼트는 오랜 기간의 캐스팅 노하우를 통해 어떤 외모가 고급스러움을 표현할 수 있는지 아는, 그들만의 감성 디테일을 가지고 있다. 사실 대수롭지 않게 보면 비슷하게 보일 수 있다. 하지만 미묘한 감정의 차이를 통해 귀티와 고급스러움을 발견해내는 것이 그들만의 또 다른 캐스팅 비법이라 할 수 있다.

　이렇게 캐스팅된 연습생은 SM엔터테인먼트만의 '다이아몬드 가공론'을 거쳐 드디어 원석에서 다이아몬드로 탈바꿈한다. 가공 기간도 물론 만만치가 않다. 최소 3년 이상, 길게는 6~7년을 훈련받는다. 보컬 트레이닝이나 춤 연습은 물론 외국어 교육, 식단조절, 체력단련, 사생활 관리, 화술교육 등 전반적인 차원의 교육이 이뤄진다. 이 기간을 거치고 나서야 비로소 준비된 다이아몬드로서 대중들 앞에 나선다.

　다이아몬드 원석을 발굴하는 것이 어려운 일일까, 아니면 이를 가공하는 일이 더 어려운 일일까? 다이아몬드 원석은 지하 200킬로미터 깊이의 맨틀층에서 수만 년의 시간 동안 고온과 고압으로 결정화된 탄소의 변종이다. 이 탄소 변종이 화산활동이나 지각변동이 발생하면 마그마의 분화작용으로 지구 표면으로 분출되는데 이것이 다이아몬드 원석이다. 원석을 가공하는 것도 어려운 일이지만 원석이 만들어지는 시간과 과정을 생각해본다면, 이렇게 만들어진 원석이 다이아몬드 세공자의 손에 들어오는 것이 훨씬 어려운 일처럼 느껴진다.

　사람도 마찬가지다. 앞서 설명한 캐스팅의 경우나 회사에서 신입사원을 뽑는 것이나 모두 각자 객체로서 저마다 준비된 사람이 새로운 조직의 한 구성원으로 인연을 맺는 과정이다. 게다가 아무도 그 일을 미리 수행해본 경험은 없고 단지 가능성만으로 기회를 부여받는다. 명심보감은 '사람을 의심하면 쓰지 말고, 쓰면 의심하지 말라(疑人莫用 用人勿

疑).'고 얘기한다. 이 정도 경지에 오르려면 캐스팅에서나 기업의 채용에서나 얼마나 더 내공이 쌓여야 하는 것일까.

면접은 꿈을 사고파는 곳이다

진대제 전 정통부장관이 모 조찬회장에서 했던 프레젠테이션이 한동안 화제가 된 적이 있다. '인생을 백점짜리로 만들기 위한 조건을 찾는 법'이란 주제였는데 일단 알파벳 순서대로 숫자를 하나씩 붙였다. A에 1을 붙이고 B에 2, C에 3, D에 4, 이런 식으로 Z에 26까지 붙이는 식이다. 그 다음 알파벳에 붙여진 숫자를 모두 더해 100이 되는 단어를 찾으라고 했다.

이런 방식으로 단어를 조합해보면 지식(Knowledge)은 96점, 행운(Luck)은 47점, 돈(Money)은 72점, 리더십(Leadership)은 89점이 나온다. 그런데 100점이 만들어지는 단어는 바로 마음가짐을 말하는 단어, 태도(Attitude)였다.

태도나 마음가짐은 인생을 백점짜리로 만들기 위한 조건일 뿐 아니라 사람을 새롭게 뽑는 과정에서 가장 중요하게 고려하는 요소이기도 하다. 특히 회사의 신입사원이나 오디션의 연습생처럼 경력이 없고 완전히 새롭게 시작하는 사람일수록 태도나 마음가짐은 가장 중요한 판단의 기준이 된다. 같은 관점에서 보면 연습생을 캐스팅할 때 인성을 가장 우선한다는 SM엔터테인먼트의 잣대는 굉장히 효율적인 기준이라고 할 수 있다.

한국경영자총협회가 2008년 실시한 '대졸 신입사원 채용 및 재교육 현황 조사'를 실시한 결과, 대졸 신입사원 재교육에 소요되는 기간은 평균 19.5개월이라고 한다. 그리고 소요비용은 기간 중 임금과 교육 비용을 합해 신입사원 1인당 6,100만 원으로 조사됐다. 4년간 대학에서 교육을 받고 들어온 신입사원의 재교육에 2년 가까운 시간과 6,000만 원 이상의 비용이 들어간다면 기업 입장에선 큰 부담이 아닐 수 없다.

그럼에도 불구하고 기업들이 신입사원을 채용하는 이유는 무엇일까? 사회생활을 처음 시작하는 이들에게 그 기업만이 가지고 있는 고유의 철학과 비전을 학습시켜 장기적으로 해당 기업이 원하는 인재상을 만들고자 하는 욕구 때문이다. 모 취업 사이트에서 대학생들이 판단하는 국내 기업들의 고유 이미지를 조사한 적이 있다. 그 결과 삼성은 지적인 전문직 30대 남성, 현대자동차는 권위적인 30대 생산직 남성, 롯데는 세련된 30대 여성 판매서비스직이 떠오른다고 한다.

실제 이 같은 이미지들은 기업이 몸담고 있는 업종은 물론 기업문화와 관련이 많다. 그리고 기업문화는 신입사원 때부터 몸에 배인 것이 시간이 흘러 기업의 중간 관리자 이상이 되었을 때 그들로부터 풍기는 이미지로 대표될 확률이 높다. 결국 어떤 이들이 신입사원으로 들어오느냐가 십몇 년 후 그 기업의 이미지와 기업문화까지 결정하는 것이다. 때문에 좋은 원석의 발굴은 기업 입장에서도 무척 중요한 일이다.

오디션의
기회를 제공하라

요즘같이 취업난이 심각하고 스펙(Spec, 'specification'의 줄임말로 직장을 구하거나 입시를 치를 때 요구되는 평가요소)이 좋은 사람들이 많은 상황에서 옥석을 가려내기란 결코 쉽지 않다. 특히 인터넷 발달로 취업동아리가 활발해지고 자기소개서는 물론 복장, 면접에서 말하는 법, 예상 질문 등이 공유되는 현재, 원하는 인재상을 발굴하기란 SM엔터테인먼트가 오디션에서 원석을 만나는 것만큼이나 어려운 일이다. 하지만 SM의 캐스팅 매니저들이 말하듯 원석은 분명히 존재하고 그들을 구별해내는 노하우 역시 존재한다.

신입사원 지원자의 경우 비슷비슷한 스펙을 갖고 있기 때문에 절대 원석을 구분해낼 수 없다. 대신 면접관들은 보통 회사생활 15년 이상을 경험한 팀장급 이상이므로 이 지원자가 어떤 유형의 사람인지 어느 정도 판별해내는 선구안이 있다. 그리고 그들이 무엇보다 높이 사는 부분은 역시 태도, 마음가짐이다.

그런 마음가짐을 전달할 수 있는 지원자의 표현방식은 "무조건 뽑아만 주시면 열심히 하겠습니다."가 아니라 "지원 기업의 어떤 분야에서 내가 가진 역량이 잘 발휘되게 하겠다."는 형식이 된다. 단, 준비된 모범답안으로 앵무새처럼 얘기하면 오히려 역효과가 일어날 수 있다. 앞서 말한 바와 같이 면접관들은 베테랑이라서 준비된 답변인지, 간절히 열망해서 우러나오는 답변인지 구분할 수 있기 때문이다.

오디션에서 짧은 시간에 그들의 열망을 읽어낼 수 있는 것은 지원자들의 눈빛에서다. 이처럼 신입사원 면접에서도 짧은 답변 안에 강한 열정과 얼마나 이 회사에 대해 준비를 많이 했고 간절히 입사를 원하는지 진정성을 전달해야 한다. 커뮤니케이션에서 대화의 내용이 미치는 영향력은 10퍼센트 미만이며 목소리, 눈빛, 태도 등이 90퍼센트 이상을 차지한다. 따라서 모범답안 이상의 특별한 것을 찾아내야 한다.

신입사원들의 지원서에 꼭 따라 붙는 것이 자기소개서다. 몇 시간, 심지어 며칠 동안 썼겠지만 인사 담당자들이 자기소개서를 읽는 시간은 고작 2~3분 남짓이다. 그런데 대부분의 자기소개서는 천편일률적이다. 이 역시 취업사이트 등을 통해 모범답안 형식들이 공유되었기 때문이다. 이런 내용으로는 면접관들의 뇌리에 깊은 인상을 줄 수가 없다.

동방신기 유노윤호가 오디션을 볼 때 했던 행동이 방송에 공개된 적이 있다. 유노윤호는 보통 심사위원들이 노래 첫 소절만 듣고 중지시킨다는 것을 알고 자기 차례가 왔을 때 첫 소절만 부른 후 "감사합니다." 하고 노래를 마쳤다. 왜 거기까지만 하냐고 묻는 캐스팅 매니저에게 "끊을 거 같아서 그랬다."고 답하며 "떨어져도 좋으니 준비해온 거 끝까지 봐 달라."고 부탁했다. 그래서 필살기인 춤을 끝까지 선보일 수가 있었다.

하루에 500명 이상 오디션을 보는 담당자에게 대단한 실력이나 외모가 아니면 눈에 띄기 매우 어렵다. 유노윤호는 아마도 당시 이런 행동 때문에 매니저의 뇌리에 각인되었을 확률이 크다.

신입지원자들도 마찬가지다. 대부분은 자기소개서나 심지어 복장까지도 천편일률적이라 면접관들이 오히려 당황하곤 한다. 개성은 보이지 않고 그냥 중간 정도만 하자는 의지만이 엿보인다. 하지만 경쟁자들에 비해 탁월한 무엇이 있지 않는 한, 자기소개서에 자신을 표현할 수 있는 최대한의 개성을 담아야 한다. 튀지 않고 안전하게 가면 중간은 갈 수 있다. 그러나 상위 10퍼센트에 들어야 하는 상황에서 중간은 아무 의미가 없다.

이는 뽑는 사람 입장에서도 마찬가지다. 실패하지 않을 사람을 뽑으려면 학점과 스펙 위주로 선발하면 된다. 그러나 진정 창의력 있는 인재를 뽑으려면 위험을 감수해야 한다. 오리는 날기도 하고 달리기나 헤엄치기도 할 수 있다. 그러나 잘하는 것은 하나도 없다. 헤엄을 잘 치는 것은 물고기이며 날기를 잘하는 것은 기러기다. 다 잘하는 것은 아니지만 기러기 같은 원석이 들어와야 다이아몬드로 성장할 수 있다.

필자는 오디션과 신입사원 면접에 모두 심사관으로 참여한 경험이 있다. 그런데 이 두 가지에는 공통점이 있다. 바로 지원자의 꿈을 실현시켜줄 수 있는 장이라는 것이다. 오디션을 통해 그토록 원하는 스타가 될 수도 있고, 면접을 통해 사회인으로 새로운 출발을 할 수 있는 꿈을 실현하기도 한다.

어쩌면 오디션장과 면접장은 뽑히고 싶은 사람과 뽑아주는 사람이 공존하는 자리이기 때문에 가장 평등하지 못한 곳일 수 있다. 방송프로그램의 오디션에서 독설이 난무하고 면접장에서 압박면접이 유행처럼 번지는 상황에서 그 장소의 불편함은 점점 더 커질 것이다. 하지만 그곳은 꿈을 파는 곳이며 사는 곳이기도 하다. 꿈이 있는 자는 아름답고 그 꿈을 알아봐주는 자는 향기가 있다. 앞으로 많은 오디션장과 면접장에서 이와 같이 향기로운 꿈거래가 일어났으면 좋겠다.

일단 말부터
통해야 산다
아이돌 리더 공식

**지드래곤, 조권, 태연의
공통점**

인간은 사회적 동물이다. 사회적 동물은 목적, 취향, 계약 등에 따라 무리를 형성하고 그 무리에는 반드시 리더가 존재한다. 아이돌 그룹도 마찬가지다. 작게는 3명에서 많게는 10명이 넘는 숫자가 한 팀을 형성하다 보니 반드시 리더의 역할을 하는 멤버가 있다. 리더는 보통 그룹이 데뷔할 때 기획사로부터 지정되는 임명직 형태를 띤다. 특히 데뷔 초기에 이 리더의 역할이 중요하다. 모든 것이 어색한 신인시절 각종 매체와의 인터뷰 등 리더들이 소통의 창구 역할을 맡기 때문이다.

방송 카메라가 아직은 낯설고 사적 용어와 방송 용어의 구분도 안 되는 10대 후반 아이돌에게는 춤추고 노래하는 것 이상으로 방송에서 말하는 것이 어려운 일일 수밖에 없다. 보통 그룹의 리더는 그룹 소개는 물론 멤버들의 개별 소개도 맡으며 커뮤니케이션의 전면에 나선다. 여기에 시청자들의 뇌리에 강한 인상을 남기기 위해 한두 가지 개인기도 준비하는 등 리더의 역할은 매우 중요하다.

아이돌 그룹의 리더는 개인적인 성향이나 팀의 상황에 따라 몇 가지 형태로 구분할 수 있다. 그중 첫째는 실력을 바탕으로 하는 카리스마형이다. 대표적으로 빅뱅의 지드래곤과 2NE1의 씨엘을 들 수 있다.

지드래곤은 동료인 탑보다 나이가 한 살 어리고 태양과는 연습생 동기다. 하지만 작곡과 편곡에 뛰어난 재능을 갖고 있는 실질적인 빅뱅의 음악감독이다. 빅뱅의 음악적 컬러를 만들어내는 그가 리더가 되는 것은 어쩌면 당연한 일이다. 게다가 뛰어난 패션 감각과 조용하지만 카리스마 있는 풍모는 그를 한국 최고의 그룹인 빅뱅의 리더로 만들기에 충분했다.

씨엘의 경우는 좀 더 극적이다. 나이로 보면 네 명의 멤버 중 세 번째이고 산다라박과 박봄보다 무려 일곱 살이나 적다. 하지만 특유의 책임감과 똑 부러지는 성격으로 중간에서 뛰어난 가교 역할을 했기 때문에 리더로 낙점받을 수 있었다. 씨엘은 특히 리더로서 2NE1의 이미지를 형성하는 데 큰 기여를 했다.

산다라박과 박봄은 20대 중반의 비교적 여성적 이미지를 갖고 있고 막내 공민지는 데뷔 당시 10대 중반을 갓 넘은 소녀에 불과했다. 이는 대중들이 기억하는 2NE1의 이미지인 '예쁜 티를 내지 않는 멋진 여성 힙합그룹'과는 다소 거리가 있는 멤버 구성이다. 그런데 현재 2NE1의 이미지를 형성시킬 수 있었던 것은 바로 씨엘의 존재감 때문이다. 기존 걸그룹에서 볼 수 없었던 파워 있고 스타일리시한 씨엘의 모습 자체가 바로 2NE1의 이미지이기 때문이다.

아이돌 그룹의 두 번째 리더 형태는 연공서열형이다. 조직 내 일반적인 리더 선정방식인 이 형태의 대표로는 2AM의 조권과 애프터스쿨의 박가희가 있다. 두 명 다 오랜 연습생 기간과 무명의 시간을 보냈다는 공통점이 있다. 따라서 기획사 직원들은 물론 소속 아티스트들까지 폭넓은 인맥을 자랑한다. 데뷔하기 전부터 이미 소속사에선 서열의 상위권으로 존재감을 과시했다는 공통점도 있다.

오랜 기간 고생했던 과거가 있는 탓일까. 이런 리더들은 데뷔 후 팀이 위기에 처했을 때 솔선수범하여 팀을 구하는 역할을 맡는다. 조권의 경우 깝권의 이미지를 통해 데뷔 이후 주목 받지 못하던 2AM이 명맥을 이어가는 데 결정적 역할을 한다. 발라드 가수지만 예능 프로그램에서 망가지는 것을 불사하고 시청자들에게 큰 재미를 줌으로써 2AM의 이름을 알리고, 그 결과 노래의 히트로까지 연결시켰다.

박가희도 애프터스쿨이 데뷔 초기 별다른 인기를 끌지 못했을 무렵 같은 멤버인 유이와 함께 예능 프로그램에서 맹활약함으로써 그룹의 존재감을 살렸다. 특히 서른이 된 나이에 신인으로 데뷔하게 된 사연과 유명가수들의 댄스강사로 활약한 사실이 알려지며 그녀의 프로근성과 실력이 주목을 받는다. 그리고 이는 자칫 섹시하기만 한 그룹으로 끝나 버릴 수 있는 애프터스쿨을 실력도 겸비한 그룹이라는 이미지를 심게 하는 결정적 역할을 했다.

아이돌 그룹 리더의 세 번째 형태로는 오피니언 리더형이 있다. 이런 리더는 많은 멤버 수에 묻혀 잘 드러나진 않지만 실질적으로 그룹에 끼치는 영향력이 가장 큰 '섀도 스트라이커'라고 할 수 있다. 소녀시대의 태연과 슈퍼주니어의 이특이 대표적이다.

태연은 얼마 전 모 방송에서 소녀시대의 리더에서 은퇴했다는 애교 섞인 발언을 하기도 했다. 리더의 역할이 힘들어 멤버들과 상의한 결과 소녀시대에는 리더가 없다고 결론내렸다는 것이다. 바쁜 스케줄에 9명 멤버들의 개성도 제각각인데 아무리 뛰어난 리더라도 이를 조율하기는 쉽지 않다. 이럴수록 조용하고 튀지 않지만 모든 멤버들을 포용할 줄 아는 리더가 필요하다. 태연은 특유의 밝고 원만한 성격으로 크게 드러나진 않지만 멤버들을 모두 아우를 수 있었다. 리더로 보이진 않으나 실질적인 리더 역할을 수행하는 오피니언 리더의 모습을 보여주고 있는 것이다.

이특은 모 방송프로그램에서 뽑은 아이돌 최고의 리더로 뽑힌 적이 있을 정도로 뛰어난 리더의 역량을 지니고 있다. 12명 멤버 모두가 이특을 리더로서 존경한다고 말할 정도다. 그는 항상 자신보다 멤버들을 먼저 아끼고 챙기는 것으로 유명하다. 멤버인 강인이 데뷔 직전 다이어트에 실패해 빠지게 될 위기에 처한 적이 있다. 이특은 강인이 다이어트에 실패하면 자신도 나가겠다며 조금만 더 시간을 달라고 회사를 설득했다.

몇 년을 기다린 연습생 생활 끝의 데뷔인데 동료와 같은 배를 타지 못하면 자기도 포기하겠다고 말하는 리더를 존경하지 않을 구성원은 없을 것이다. 이처럼 자기헌신적인 모습을 보이는 이특은 그룹 내에서 결코 튀지 않는다. 많은 수의 멤버들을 아우를 수 있는 가장 큰 원동력은 자신을 드러내진 않지만 묵묵히 구성원들을 위해 역할을 하는 것이란 진리를 그는 이미 깨닫고 있었는지도 모른다.

이렇듯 다양한 형태를 보여주는 아이돌 그룹의 리더들이지만 그들이 공통적으로 지니는 것이 하나 있다. 바로 구성원들과의 소통 능력이다. 실력으로 인정받은 지드래곤와 씨엘이지만 그들은 실력으로 다른 멤버들을 누르려 하지 않는다. 형이고 언니고 친구인 멤버들과 끊임없이 소통하고 이를 통해 실력을 키워나가며 갈등을 해소한다.

조권과 박가희도 팀이 어려울 때 그들이 큰 역할을 한 것은 사실이지만 그 공을 전체와 공유한다. 개인이 아니라 팀이 중요하다는 사실을 오랜 무명생활을 거쳐 잘 알고 있는 것이다. 많은 멤버들 속에서 크게 드러나진 않지만 조용히 오피니언 리더 역할을 하고 있는 태연과 이특은 말할 것도 없다. 소통이 없는 일방적인 커뮤니케이션은 팀원들 간의 갈등을 불러일으키고 궁극적으로 팀의 역량과 성과에도 부정적인 영향을 미친다는 것을 누구보다 잘 알고 있다.

10대에 데뷔해 기껏 20대 초중반인 아이돌이지만 그들은 조직 내에서의 소통의 중요성을 누구보다 잘 알고 있다. 책에서 배웠거나 누가 가르쳐준 것은 아니리라. 하지만 본능적으로 소통 없이는 팀이 제대로 움직일 수 없다는 것을 안다.

이와 달리 현실에서는 소통의 부재로 정치와 경제에서 많은 문제점들이 발생하는 것을 목격한다. 어린 아이돌들보다 많이 배우고 많이 산 사람들이 벌이는 소통의 부재를 보는 것은 참 착잡한 일이 아닐 수 없다.

똑똑한 리더보다
말 통하는 리더가 낫다

리더십은 동서고금을 망라해 여러 가지 형태로 정의된다. 그중 가장 공감이 가는 것은 '리더십이란 내가 목적하는 바를 달성하기 위해 조직의 구성원들이 자발적으로 협조하도록 만드는 힘, 또는 영향력이다.'라는 정의다. 그런데 구성원들이 자발적으로 협조한다는 조건의 유무는 리더십을 정의하는 데 있어 사람들마다 관점의 차이를 보이는 대목이다. 과거에는 구성원들의 자발적 협조 없이도 리더십이 충분히 발휘된다고 생각했기 때문이다.

대한민국은 역사적으로 조선시대까지 왕조국가였고 일제 강점기와 군부독재를 겪으면서 지배계층과 피지배계층의 구분이 명확한 사회가 됐다. 따라서 지배계층은 피지배계층에 대해 '자발적 협조'나 '동의' 따위는 구하지 않고 오로지 '명령'과 '복종'만이 존재하는 문화를 만들었다. 이런 문화는 학교, 기업 같은 조직사회는 물론 가족이나 선후배 같은 인간관계에까지 영향을 미쳤다. 얼마나 내 지시를 구성원들이 잘 따르게 만드느냐가 리더십의 요체였고, 마초 스타일의 카리스마형이 리더십의 표상으로 비춰지기도 했다.

하지만 민주화가 진행되고 1990년대 중반부터 인터넷이 활성화됨에 따라 대의민주주의보다는 국민이 자기 의사를 당당히 내세우는 직접민주주의 형태로 사회가 바뀌기 시작한다. 덕분에 과거에는 필요 없었던 동의나 협조의 의미가 중요해졌다. 그리고 자연스럽게 감성 리더십, 서번트 리더십 등 구성원들과의 소통을 중요하게 여기는 부드러운 리더십이 부각되었다.

소통은 구성원에 대한 존중을 바탕으로 한다. 그러나 스스로 충분히 소통하고 있다고 생각하는 리더들 중 상당수가 사실은 구성원을 존중

하지 않은 상태에서 커뮤니케이션을 한다. 상대방을 존중하지 않은 상태에서 진행되는 커뮤니케이션은 일방적인 지시나 명령과 다를 바 없다. 소통은 상대방이 이해하고 공감을 해야 완료되는 것이다. 이것이 충분히 달성되지 못한 상태에서 종료되는 커뮤니케이션은 소통이 아니다. 이런 현상은 특히 똑똑하고 열심히 일하는 리더들에게서 자주 발견되는데, 최선을 다하는 자기 방식만이 옳다는 착각에 자주 빠지기 때문이다.

카이스트의 서남표 총장과 경찰청의 조현오 청장이 야기한 사회문제는 똑똑하고 열심히 일하는 리더들이 어떤 함정에 빠지게 되는지를 잘 보여주는 대표적인 사례다. 그들은 모두 자신의 분야에서 비주류에 있다가 실력과 노력만으로 정상의 위치까지 올라간 사람이다. 자수성가형 리더들은 자신의 성취가 커지면 커질수록 자존감이 충만해지고, '내 방식이 옳다.'는 생각이 커질수록 조직과의 소통을 멀리한다. 그리고 그 기저에는 구성원들이 내가 주장하는 것을 제대로 이해하지 못한다는 생각이 있으며, 더 이상의 설득은 무의미하다고 믿는다.

서총장과 조청장 모두 실적과 성과를 구성원 평가의 가장 중요한 잣대로 놓고 조직을 운영했다. 물론 실적과 성과 위주의 평가가 나쁜 것은 아니다. 오히려 현대 조직 구조에 가장 적합한 평가방식이기도 하다. 문제는 이해당사자들과의 충분한 소통이 이루어지지 않은 채 일방적으로 진행했다는 데 있다. 결과적으로 혁신은 구성원들의 자발적인 협조를 얻어내지 못했고 여러 가지 사회문제를 야기시키고 말았다. 그들은 좋은 제도를 도입하기로 결정한 똑똑한 리더이긴 했으나 구성원들과의 소통에 실패해 제대로 운영하지 못한 리더가 되고 만 것이다.

실수도 창의적일 수 있다

구성원들의 자발적인 협조를 얻어내려면 하나 더 필요한 것이 있다. 바로 임파워먼트(권한위임)다. 구성원들에게 적절한 권한위임이 되면 일을 보다 능동적으로 한다. 지시를 받아 그것만 수행하는 단계를 뛰어넘어 자신들이 결정하고 판단할 수 있는 재량이 늘기 때문에 흔히 얘기하는 주인의식이 그만큼 커지는 것이다.

그런데 임파워먼트에서 고려해야 할 점이 있다. 구성원들의 재량이 늘수록 실수할 확률도 그만큼 증가할 수 있다는 점이다. 따라서 실수를 통해 성장해나가는 것까지 고려한 임파워먼트라야 진정한 권한위임이고 이를 통해 구성원들의 성장도 꾀할 수 있다. 만약 실수나 회사에 끼친 손해에 대해 그 책임을 엄중하게 묻는 분위기가 완연하다면, 진정한 의미의 임파워먼트는 실행되기 어렵다. '괜히 오버해봤자 나만 손해'라는 인식이 생기고 이는 소극적인 태도를 동반하기 때문이다.

이를 극명하게 보여주는 사례가 있다. 2011년 발생한 신라호텔 한복 출입금지 사건과 대한항공 암환자 탑승거부 사건이다. 이 둘은 내용적으로 거의 동일한 사건으로 우리에게 많은 교훈을 준다.

현장에서 그 결정을 내린 담당자는 회사의 구성원으로 봤을 때 잘한 일일까 잘못한 일일까? 먼저 확실한 것은 매뉴얼의 관점에서만 봤을 땐 올바른 결정이라는 것이다. 뷔페식당에서 다른 손님에게 불편을 주거나 암환자가 비행 중 상태가 악화되어 발생할 수 있는 리스크를 최소화했기 때문이다. 하지만 여기서 간과한 것은 매뉴얼이 모든 상황을 커버할 수 없다는 것이다. 특히 1인 미디어가 발달된 요즘 매뉴얼대로만 행동했다가 초래할 수 있는 여론의 악화는 가장 큰 리스크이기 때문이다.

매뉴얼에 금지라고 되어 있어도 식당에 입장시키고 비행기에 탑승시키는 창의적인 의사결정을 하지 못한 가장 큰 이유는 무엇일까? 아마 자율적인 결정이 허용되는 조직문화가 아니었기 때문일 것이다. 창의적인 결정을 했다가 리더로부터 규정을 어겼다는 비난을 받는 것이 뻔히 예상되는 상황에선 아무리 임파워먼트를 한다고 해도 그런 결정을 할 수 있는 담당자는 없다. 확실한 임파워먼트 속에서의 창의적인 결정과 혹시 일어날 수 있는 실패에 대해서도 관용해줄 수 있는 문화여야 진정 구성원과 조직을 성장시킬 수 있다.

2011년 3월 11일 일본 대지진이 발생했을 때 도쿄 디즈니랜드에선 이와 정반대의 일이 일어났다. 당시 7만 명의 손님이 있었지만 단 한 명의 부상자도 발생하지 않았는데 거기엔 9,000명 아르바이트 직원들의 힘이 있었다. 지진이 발생해 어린이들을 비롯한 고객들이 공포에 떨자 누가 지시하지 않았는데도 매장에 있던 인형과 쿠션을 모아 고객들에게 재빨리 나눠줬다. 그리고 건물에서 벗어나게 한 후 머리를 인형과 쿠션으로 보호하게 했다. 매장의 선물 봉지, 비닐 시트, 골판지 박스 등을 가져와 고객들이 비를 피할 수 있게 도왔고, 불안에 떠는 어린이들에겐 초콜릿과 과자를 주며 달래기도 했다.

사실 임시직인 아르바이트 직원들이 매장의 물건을 지시도 받지 않고 마음대로 쓴 꼴이다. 하지만 그 이면엔 도쿄 디즈니랜드의 철저한 임파워먼트가 있었다. 도쿄 디즈니랜드는 사전에 '매뉴얼에 집착하지 말고 누가 시키지 않더라도 고객에게 도움이 되는 걸 우선 실시하라. 책임은 회사가 다 진다.'며 교육을 통해 권한위임을 했다. 창의적인 결정에 대해서 책임을 묻지 않겠다는 완벽한 임파워먼트가 어떤 힘을 보여주는지 잘 보여주고 있다.

엔터테인먼트업계는 사회계약으로 묶인 2차적 관계보다는 형, 동생 하며 서로 가족으로 규정하는 1차적 관계를 선호하는 사회다. 그래서 다른 업종보다는 구성원들 사이에 라포르(Rapport)가 많이 형성되어 있다. 라포르란 '두 사람 사이에 서로 마음이 통하고 무슨 일이라도 털어 놓을 수 있을 것 같다는 공감대가 형성된 상태'를 말하며, 주로 심리학이나 정신치료 등에 쓰이는 용어다.

구성원들 사이에 라포르가 형성되어 있으면 소통과 임파워먼트는 보다 쉽게 발생한다. 신뢰와 존중이 쌓인 상태이기 때문에 원활한 커뮤니케이션이 가능하고 이를 통한 권한위임이 자연스럽게 생길 수 있는 것이다. 결국 리더는 조직 내에서 라포르를 잘 일으키는 사람이라고도 정의내릴 수 있을 것 같다. 엔터테인먼트 기업은 비록 그 규모는 작지만 리더십의 형태로만 본다면 구성원들이 리더를 위해 자발적으로 협조하고, 구성원의 역량을 극대화시킬 수 있는 리더십이 잘 발휘되는 분야라고 할 수 있다.

가끔 리더십 교육을 받다 보면 리더는 성인군자가 되라는 말인가 하는 생각이 들기도 한다. 맥락적 경청을 하고 중립적인 단어를 쓰며 잘못은 지적하되 감정을 싣지 말라 등 일반인의 성정으로는 도저히 실행이 불가능한 일들을 해야 한다고 교육받는다.

하지만 그래야 한다. 구성원들이 열심히 일한 성과가 모여 결국 리더의 성과가 되는 것이다. 달리 말하면 리더를 대신해 성과를 만들어주는 사람이 바로 구성원들이기 때문이다. 타고난 깜냥이 부족해 성인군자는 못되더라도 최소한 구성원들의 보호자요, 코치요, 경력 컨설턴트의 역할은 해야 그들에게 보답하는 일이 되지 않을까 싶다.

Killer Contents **5**

히말라야에서 경쟁하라

세상에서 에베레스트 산이 가장 높은 이유

조선일보 주필이자 소설가로도 유명했던 선우휘는 '대한민국 대표 구라' 황석영 못지않은 달변가였다. 어느 날 그는 후배 기자들과 술을 마시다가 왜 에베레스트 산이 세상에서 가장 높은지를 물었다. 갑작스런 질문에 어리둥절한 후배들에게 껄껄 웃으며 "그건 바로 에베레스트 산이 히말라야 산맥에 있기 때문이야." 하고 답했다고 한다. 기본적으로 높은 지형에 있고 세계에서 제일 높은 산들이 모여 있는 곳에서 가장 높은 산이었기 때문에 세계 제일이 될 수 있었다는 지극히 상식적인 논리다.

EU 탄생의 시금석이 된 '마스트리히트 조약'으로 유명한 마스트리히트에는 네덜란드에서 가장 높은 산이 있다. 전 국토가 편평한 네덜란드에선 남산 정도 높이의 그 산이 전국에서 가장 높은 산이다. 히말라야에 있는 산과 네덜란드에 있는 산은 모두 주변에서 가장 높은 산이라는 공통점이 있다. 그러나 하나는 세계 최고이고 다른 하나는 순위로 따지면 뒤에서 세는 것이 더 빠를 것이다.

이는 지극히 상식이긴 하나 치열한 경쟁의 시대를 살아가는 우리에게 있어 중요한 교훈을 준다. 세계 최고를 향한 경쟁을 위해서라면 경쟁상대가 누구인지가 중요하다. 적어도 세계 수준의 플레이어와 경쟁을 해야 세계 최고가 될 가능성이 있기 때문이다.

이병철 삼성그룹 선대 회장은 그룹의 경영철학 중 하나인 '인재 제일'을 강조하는 과정에서 '메기론'을 자주 예로 들곤 했다. 메기를 미꾸라지들 틈에 섞어 놨더니 미꾸라지들이 안 잡아먹히려고 발버둥치는 바람에 훨씬 강해졌다는 얘기다. 이는 유능한 인재 한 명을 투입하는 것이 만 명을 먹여 살릴 뿐 아니라, 경쟁에 의해 동료들까지 유능하게 만드는 결과를 낳는다는 비유다.

1980년대 중반 이후 주로 해외 인재를 스카우트하는 데 인용됐던 이 메기론은 지나고 보면 결국 삼성을 세계 속의 브랜드로 거듭나게 하는 원동력이 되었다. 메기론 1세대인 진대제, 황창규씨가 대표적인 성공사례다. 미국에서 잘 나가던 교수와 연구원이던 이들을 삼고초려 끝에 한국에 데려온 결과는 기대 이상이었다. 놀던 물이 달랐던 이 메기들은 미꾸라지 동료들의 눈높이를 높여 놓았고, 한 번 높아진 눈높이는 국내 몇 위가 아니라 세계 몇 위인가를 늘 생각하게끔 만들었다.

또 해외출신인 이들과의 경쟁에서 지지 않기 위해 국내 토종 연구원들도 최선의 노력을 다했고 결과적으로 이는 조직의 경쟁력을 한 단계

업그레이드시켰다. 한마디로 메기론이 조직의 마인드세트를 바꾸었고 삼성의 포지셔닝에 대한 기준점 자체를 높인 결과를 낳았다.

이와 같은 변화는 삼성뿐 아니라 국내 다른 경쟁사에까지 영향을 미쳤다. 전자산업만 놓고 보면 1980년대까지는 금성사로부터 출발한 LG가 전통적으로 소비자들에게 더 좋은 제품으로 인식되었다. 하지만 1990년대 이후 이 같은 인식들이 조금씩 바뀌기 시작했다. 글로벌 경쟁을 앞세운 삼성전자의 위상이 점점 높아지고 있음을 체감하게 된 것이다. 이는 메기를 통한 삼성 내부의 경쟁이 타사와의 경쟁으로 진화했음을 말해준다.

때마침 휴대전화라는 거대한 신규 시장이 열리기 시작했고 1990년대 말부터 본격 진행된 디지털라이제이션은 전 세계 전자업체의 판도를 처음부터 다시 정비할 수 있는 기회를 주었다. 치열한 경쟁과 환경변화라는 두 가지 조건을 최대한 활용한 대한민국의 두 전자업체는 2000년 이후 마침내 세계 1위 기업으로 우뚝 선다.

국내 1위가 누구냐가 중요하던 시절에서 세계 휴대폰 시장 시장점유율이 몇 위고 세계 TV 시장에서 누가 1위냐가 더 중요한 시대가 된 것이다. 이는 조직 내에서의 치열한 경쟁이 국내 시장 경쟁으로 진화하고, 이를 통해 실력이 향상되어 세계 최고 수준에 오르게 된 선순환의 대표사례라 할 수 있다.

최근 엔터테인먼트업계에서 불고 있는 대한민국 아이돌 그룹의 제

2차 한류 열풍은 치열한 국내경쟁을 통해 글로벌 시장으로 진출한 또 하나의 사례다. 대한민국 아이돌은 세계에서 가장 치열한 오디션을 통해 연습생이 되고, 평균 5년여의 연습기간을 거쳐 데뷔의 기회를 잡는다. 이렇게 데뷔하는 아이돌 그룹의 수도 엄청나서 스타급으로 발돋움하기 역시 하늘의 별따기다. 한두 곡 히트를 한다 해도 매년 새롭게 치고 올라오는 신인그룹들과의 경쟁에서 살아남기 위해선 끊임없이 노력을 해야 한다. 이처럼 혹독한 경쟁의 시기를 보내는 동안 그들의 실력은 자신도 모르는 사이에 훌쩍 늘었고, 그 결과 아시아를 뛰어넘어 전 세계적인 한류 열풍을 불러온 것이다.

경쟁을 통한 성장은 글로벌 경쟁력 강화로만 그치지 않는다. 경쟁이 길어지면 어느 순간 경쟁자는 본인이 되며 그 경지에 이른다는 것은 '좋은 것을 넘어 위대한 것'으로 진화했음을 의미한다. 경쟁에서 승리한 '좋은' 정도의 현실에 만족하지 말고 한 발짝 더 나아가 '위대한' 위치에 이를 때까지 좀 더 노력해야 경쟁에서 최종 승자가 될 수 있다. 조용필과 같이 레전드의 반열에 오른 아티스트들은 경쟁에서 이기고 난 후 무엇을 위해 어떻게 더 노력해야 하는가를 잘 보여준다.

기업의 생존기간이 채 10년이 넘지 못하는 현실에서 지속가능성이 증가한다는 것은 경쟁의 궁극적인 결과물이기도 하다. 유행의 주기가 짧은 엔터테인먼트업계에서 지속가능한 성과를 보여주는 사례들은 일반 기업에서의 사례와도 유사하다. 창의력이 근간이 되는 산업군에서 창작의 샘이 금방 마르는 것과 오래 지속되는 사례엔 어떤 차이점이 있는지도 알아볼 것이다.

한편, 기업이라 하더라도 경쟁을 통한 성과는 단순히 재무적 성과에만 머무르지 않는다. 고객, 임직원, 환경 등 주위의 이해당사자들에게 기업의 사회적 책임을 다하는 것까지 포함해야 궁극적으로 지속가능성을 실현할 수 있다. 엔터테인먼트 기업은 그 상품과 서비스가 청소년은 물론 국민 모두의 정서에 미치는 영향력이 크기 때문에 산업적 가치 이상으로 사회적 책임이 중요하다. 따라서 엔터테인먼트 기업의 사회적 책임을 통해 일반기업들도 다시금 생각하는 계기가 되었으면 한다.

히말라야의 최고가 세계 최고가 되는 것처럼 한국에서의 최고가, 그것이 한국산 제품이든 한류 스타든 간에 세계 최고가 되는 날도 멀지 않은 것 같다.

경쟁이 곧 경쟁력

세계 최고 한국의 걸그룹들

소녀시대와 카라, '가와이 문화'를 넘다

1998년 정부가 결정한 '일본 대중문화 개방'은 엔터테인먼트업계에 엄청난 반발을 일으켰다. 당시는 IMF 구제 금융으로 인해 국가가 경제적으로 어려운 상황이었다. 이런 상황에서 문화적으로 선진국 대접을 받고 있던 일본의 대중문화가 전면 개방된다는 것은 한국 대중문화의 몰락을 초래할 것이란 것이 지배적인 정서였다.

하지만 뚜껑을 열자 의외의 결과가 나타났다. 영화, 음반, 게임 등 각 분야에서 단계별로 개방을 시행하고, 음악업계의 경우 2004년 1월 대중가요의 일본어 가창을 전면 허용했으나 일본 대중문화가 한국시장에 미치는 영향은 미미했다. 단연코 애국심이란 비경제적인 요소가 관여한 것이 아니라 철저히 자유경쟁을 통해 나타난 결과였다. 그리고 오히려 한국 대중문화가 일본시장 진입을 시도하기 시작했다. 음악업계의 경우 2000년 초의 보아 열풍과 2000년 중반부터 불기 시작한 동방신기 열풍에 이어 2010년에는 한국 걸그룹의 일본 침공이 본격화하기에 이른다.

현재 일본에서 소녀시대와 카라는 정상급 뮤지션으로 인정받고 있고 포미닛, 2NE1, 브라운아이드걸스도 일본 내 확고한 팬층을 보유하고 있다. 불과 10년 전만 하더라도 일본 대중문화의 개방으로 생존을 염려하던 한국 음악계가 걸그룹 군단을 앞세워 이젠 일본 본토를 침공하는 '코리언 인베이전(Korean Invasion)'의 극적 반전이 일어난 것이다.

일반적으로 대중문화, 특히 아이돌 시장은 10대와 20대 여성팬들이 주요 고객이다. 따라서 보이밴드 시장이 걸그룹 시장보다 큰 것이 보통이다. 정서적 동질감이 자국과 다른 해외 그룹의 경우는 이 차이가 좀 더 심하다. 시장의 크기 차가 존재한다는 이유 때문에 보이밴드의 해외시장 진입이 상대적으로 용이한 반면, 걸그룹은 시장성이 떨어져 진입이 어려운 것이 현실이다.

동방신기가 일본 오리콘 차트 1위를 석권할 무렵, 한국 걸그룹의 최고 성적이 천상지희가 기록한 18위라는 것만 봐도 그 차이를 느낄 수 있다. 그런데 도대체 그 사이 무슨 일이 일어났기에 한국 걸그룹이 일본에서 선풍적인 인기를 끌게 된 것일까? 2000년 초 욘사마에 일본 중년여성들이 열광했다면, 이젠 일본 젊은 여성들이 한국 걸그룹에 열광하고 있다. 그리고 그 배경엔 일본 대중문화에서 여성성을 관통하는 트렌드인 '가와이' 문화(귀엽과 사랑스러운 이미지를 강조하는 일본 여성문화)를 뛰어넘는, 한국 걸그룹만의 독특한 그 무엇이 있다.

한국 걸그룹들은 각자 자신만이 가진 장점으로 가와이 문화를 뛰어넘었다. 먼저 한류의 선봉에 서 있는 소녀시대. 소녀시대는 이미 진출 전부터 유튜브 등을 통해 한국 최고의 걸그룹이란 인지도가 있었다. 그리고 보아, 동방신기 등을 통해 일본시장에서 충분한 경험을 쌓은 SM엔터테인먼트의 든든한 지원도 있었다. 그러나 이 모든 것을 갖춘 소녀시대지만 일본시장 첫 진출에 그녀들만의 확실한 콘셉트가 필요했다.

많은 일본 여성들은 'O자'로 휜 다리에 대한 콤플렉스를 갖고 있다. 그리고 이것은 늘씬한 각선미 소유자에 대한 추앙으로 쉽게 이어진다. 소녀시대는 핵심역량으로 그녀들이 보유한 우월한 하드웨어를 전면에 내세웠고, 타이틀곡도 각선미가 최대한 강조되는 '제기차기춤'으로 유명한 '지니('소원을 말해봐'의 일본어 제목)'를 선정했다. 예상은 적중했다. 소녀시대는 데뷔와 동시에 '미각(美脚)그룹'이란 칭호를 얻으며 인기몰이에 성공했다. 결국 일본의 경쟁자들이 가지고 있지 못한, 그러나 너무나 갖고 싶은 것을 핵심역량으로 들고 나옴으로써 경쟁우위에 설 수 있었던 것이다.

카라는 일본의 가와이 문화와 정면승부해 인기를 얻은 경우다. 카라가 인기를 얻은 데는 여러 복합적인 이유들이 존재한다. 먼저 일본에 진출하기 전부터 유명 개그맨인 게키탄 히토리가 방송에서 스스로 카라팬임을 자처한 일이 종종 있었다. 이는 제품이 출시되기 전 티저 광고의 효과처럼 일본팬들에게 카라에 대한 기대감을 심어주는 역할을 했다.

그리고 특유의 엉덩이춤과 일본의 유명가수 아무로 나미에를 꼭 닮은 구하라처럼 일본팬들에게 쉽게 각인되는 요소가 존재했다. 광고에 섹시나 유머 코드를 삽입하는 것은 찰나의 장면에서 고객의 잔상에 쉽게 기억시키기 위함이다. 일본시장에 첫 진출하는 입장에서 엉덩이춤과 구하라는 이를 위한 효과적인 툴이었다.

마지막으로는 한국에서도 '생계형 아이돌'이란 별명이 있었던 것처럼 카라가 가지고 있는 성실하고 친근한 이미지다. 이는 일본인들이 보편적으로 한국인들의 장점으로 여기는 '정', '인간미' 등으로 투영되어 카라의 이미지를 한층 친근하게 만들었다. 결과적으로 카라는 일본의 '가와이'를 자신들만의 차별화된 '가와이'로 이긴 셈이다.

포미닛, 2NE1, 브라운아이드걸스는 일본시장에서 블루오션을 개척한 사례다. 푸쉬캣돌스 같은 미국 걸그룹이 아니라 아시아 걸그룹도 파워 있는 댄스와 스타일리시한 이미지를 보여줄 수 있다는 것에 팬들은 환호했다. 힙합 스타일의 음악으로 랩을 구사하며 퍼포먼스를 할 때도 웃지 않고 시크한 표정을 짓는 등 일본 걸그룹에선 보지 못한 모습을 보여주었다. 걸그룹의 귀여운 모습에만 익숙했던 일본팬들에겐 정형화된 이미지를 완전히 깨는 모습이었다. 걸그룹이 귀엽지 않고 멋있을 수도 있다는 것을 보여준 것은 고객이 욕구라고 생각하지도 않은 욕구까지 찾아내 이에 걸 맞는 상품을 제시한 것과도 같은 전략이다.

이 밖에 각기 다른 매력으로 일본시장을 점령한 한국 걸그룹들은 일본 걸그룹과 비교해 공통적으로 보유하고 있는 핵심역량이 있었다. 첫 번째는 한국 아이돌 시장의 특수한 모습인 철저한 트레이닝 시스템을 거쳤다는 것이다. 한국 아이돌 그룹에 익숙한 국내 팬들은 일본 아이돌 그룹의 퍼포먼스를 보면 마치 동요에 맞춰 율동하는 것 같은 학예회 느낌을 받는다고 얘기한다. 그만큼 양국 아이돌 그룹의 실력의 격차는 크고 그 배경엔 한국만의 트레이닝 시스템이 자리하고 있다.

일본 일각에선 중학교 시절부터 트레이닝 받아온 한국 걸그룹과 캐스팅 후 별도의 연습 기간을 오래 갖지 않고 데뷔하는 일본 걸그룹의 실력차를 논하는 것은 형평성 차원에서 의미 없다고 말하기도 한다. 하지만 동갑내기인 김연아와 아사다 마오가 몇 년 전부터 계속 세계 1, 2위를 다투며 경쟁을 하고 있는 것이나 유소년 축구 시스템 덕에 유럽 축구의 수준이 다른 대륙에 비해 월등한 스포츠 사례를 생각해보라. 이는 궁색한 변명에 지나지 않는다.

어떻게 준비하고 노력해서 데뷔하느냐는 프로페셔널의 기본이다. 특히 생명력이 유한하고 그 생물학적 매력의 정점이 20대 중반까지인 걸그룹의 한계를 고려한다면 철저한 준비와 연습만이 경쟁우위에 설 수 있는 유일한 방법이다.

두 번째는 치열한 경쟁이다. 대한민국 걸그룹 시장은 세계 어느 시장보다 치열한 경쟁이 이뤄지고 있다. IT 시장과 명품 시장, 위스키 시장이 그랬던 것처럼 가장 치열한 경쟁을 보여주는 분야에서 세계 최고의 제품들이 탄생한다. 지금 한국 걸그룹들의 기량은 세계 최고라 해도 과언이 아니다. 그리고 세계 최고들이 이 작은 시장에서만 경쟁한다는 것은 말도 안 된다. 1,300년 전 백제유민들은 나라가 멸망하여 일본열도로 향했다. 하지만 2011년 현재 한국의 걸그룹들은 이 땅에서의 치열한 경쟁을 통해 세계 최고로 성장했고 이제 그들의 경쟁력을 무기로 일본 시장으로 향하고 있다.

스스로 글로벌 스탠더드가 되라

-
- 　　　　　　　　　한국 걸그룹의 일본 정복이 큰 의미를 가지는 것은 해외진출 전략 중 상품과 서비스를 최대한 현지화시키

는 다국적 전략이 아니라 자국의 상품을 그대로 가져가 성공하는 글로벌 전략을 취했다는 데 있다. 글로벌 전략은 보통 경제 강국이 경제 약소국에게, 문화 선진국이 문화 후진국에게 자국의 상품과 문화를 글로벌 스탠더드로 만들어 진출하는 전략이다. 이 전략을 쓸 수 있다는 것은 경제적으로나 문화적으로 선진국의 반열에 올랐다는 얘기가 된다.

하지만 처음부터 해외진출 전략을 글로벌 전략으로 가져가는 나라는 20세기 초부터 전 세계에서 슈퍼파워를 자랑하는 몇 개국 외엔 없다. 후발 주자들은 대부분 현지화 전략을 취하고 있으며 이후 글로벌 전략을 취하는 단계적 진출방식을 택한다. 지금 세계 톱클래스에 올라 있는 한국 전자제품들도 이와 같은 단계를 거쳤다. 1970년대 한국의 전자제품들은 OEM(Original Equipment Manufacturing, 주문자 생산방식) 방식으로 수출하는 것이 대부분이었다. 글로벌 기업의 현지 하청업체로 그들의 상표를 빌려와 제조만 담당하는 방식을 취한 것이다.

이 과정을 성공적으로 거치면 저가의 노동력이 풍부하고, 부품조립 기술이 뛰어난 나라라는 평가를 얻게 된다. 이후 다음 단계로 진화했을 때 일부 제품에 고유의 브랜드를 붙여 자사의 현지 판매점을 통해 직접 수출을 시도하게 된다. 이 시기엔 싸구려 브랜드란 이미지가 주홍글씨처럼 붙게 되며 현지 글로벌 선두기업들의 심한 견제를 받는다. 동시에 기술력과 브랜드에 한계가 있기 때문에 저가 위주의 가격경쟁력으로 승부할 수밖에 없는 시기이기도 하다. 거의 대부분이 글로벌 경쟁시장에서 이 단계를 견디지 못하고 도태된다.

만일 이 시기를 거치는 동안 첨단 기술력을 쌓고 브랜드, 디자인 등을 글로벌 수준으로 끌어올리면 비로소 진정한 글로벌 전략을 취할 수 있는 자격을 얻는다. 그렇게 글로벌 선두 기업이 되면 벤치마킹할 회사를 찾기도 힘들어진다. 드디어 스스로 시장을 만들어 나가야 할 단계에 이른 것이다. 해외 시장 진출을 통해 국가와 기업 모두 세계 톱글래스로 올라서는 순간이다.

한국 걸그룹도 이와 유사한 단계를 거쳤다. 보아와 동방신기가 2000년대 초반부터 10년 동안 일본에서 활약하며 한국 가수의 초기 시장진입에 성공했다. 하지만 앞서 전자제품의 경우와 마찬가지로 철저히 현지화된 상품으로만 접근했다. 매니지먼트도 일본 기업이 담당하고 일본에서 신인가수가 데뷔하는 것과 동일한 전략으로 시장에 진입했다. 이를 통해 한국음악은 몰라도 한국가수의 실력은 인정하는 성과를 낳았다. 제품의 기술이나 브랜드는 몰라도 제조기술 하나는 인정해주는 OEM 생산업체와 같은 수준의 인정을 받은 것이다.

그 단계를 거친 후에야 걸그룹들이 본격적으로 일본시장에 진출하기 시작했다. 이젠 한국에서 이미 히트한 자신들의 음악과 안무를 그대로 들고 경쟁하는 단계에 이른 것이다. 이는 자국에서 성공한 제품을 그대로 해외에 수출해 성공하는 꼴인데 여기서 중요한 차이점이 하나 있다. 한국의 걸그룹이 일본에 들고 간 것은 한국의 전자제품이 일본에 수출한 것과는 제품의 성질이 다르다는 것이다. 전자제품은 공산품이기 때문에 그 기능과 쓰임새가 글로벌 기준에 맞춰 있는 상태다. 하지만 걸그룹은 음악이라는 문화상품이기에 언어와 문화의 장벽이라는 또 다른 장애물을 넘어야 했다.

비빔밥을 세계적인 음식으로 만들기 위해선 세계인들의 입맛을 변경해야 하는데 그 과정은 어렵기도 하거니와 너무 많은 시간이 걸리기 때문에 세계화가 어렵다는 것과 동일한 장벽이다. 하지만 영리한 한국 걸그룹들은 '한국적이기만 한 것'으로 승부하지 않았다. 글로벌 스탠더드에 맞춘 음악을 들고 공략한 것이다.

SM엔터테인먼트는 전 세계 작곡가들로부터 수천 곡의 음악을 받아 DB 구축을 해놓는 것으로 잘 알려져 있다. 소녀시대는 이를 활용, 음악이라는 원재료에 한국적 아이돌 트레이닝이라는 시스템을 얹어 일본에 수출했다. 정리하자면 글로벌 스탠더드가 어려운 문화상품을 수출하기 위해 글로벌 스탠더드인 원재료에 문화와 언어장벽이 필요 없는 한국적 시스템을 얹어서 이를 경쟁우위의 상품으로 만들어 수출한 것이다. 이런 방식은 SM엔터테인먼트가 아시아를 넘어 유럽까지 그 시장을 확대하는 기회를 제공했다.

치열한 경쟁이
자양분이다

2010년부터 이루어진 걸그룹의 일본 진출은 2009년까지 일본 시장을 현지화 전략으로 잘 닦아 놓은 보아와 동방신기의 역할도 크지만 2008년부터 대량으로 쏟아지기 시작한 한국 내 걸그룹의 경쟁도 일조를 했다. 한정된 시장에서 공급의 과잉은 제품 단가를 하락시키고 시장 전체를 침체시키는 주범이다. 주택 공급의 과잉은 부동산 가격을 하락시키고 배추 농사가 풍년이 들면 배추 가격이 하락하는 것과 같은 경제의 기본 원리다.

반면 공급의 과잉은 경쟁의 과잉도 불러오는데 여기선 경쟁기업들의 역량이 향상된다는 순기능도 있다. 1980년대 일본 자동차업계의 경쟁 과잉은 이후 일본이 세계 자동차 시장을 석권하는 데 크게 기여했다. 2000년대 한국 TV 제조사 간의 경쟁과잉도 LCD, 스마트 TV를 거쳐 3D TV까지 국내 업체들이 세계 표준을 결정하는 위치에 이르게 만들었다.

국내 걸그룹도 마찬가지다. 2008년 이후 탄생한 걸그룹들은 이름이 어느 정도 알려지고 음원 차트에 오른 그룹만 골라내도 30개가 훌쩍 넘는다. 결성 후 한두 번의 방송출연으로 사라진 그룹까지 포함하면 50개 이상이 될 정도다. 그러다 보니 이들의 경쟁은 상상을 초월할 정도이고 이런 경쟁을 통해 걸그룹들의 실력은 날이 갈수록 향상되고 있다. 과거처럼 립싱크만 하는 댄스 그룹은 살아남기 힘들고 댄스는 기본이요, 가창력까지 겸비한 그룹들이 흔해졌다. 여기에 예능과 연기, 뮤지컬까지 섭렵하는 팔방미인들로 구성된 걸그룹도 많다.

이처럼 엄청난 경쟁을 뚫고 살아남은 걸그룹들이기에 그 경쟁력은 이미 세계 최고 수준이며 작은 한국시장을 벗어나 세계와 경쟁하기에 이르렀다. '썩어도 준치'란 말은 원래 가치가 있는 물건은 낡거나 흠이 생겨도 제값을 한다는 의미다. 선수층이 두터워 브라질 클럽팀에서 주전으로 못 뛰는 선수라도 한국 K리그에선 당당히 주전으로 뛸 수 있다.

이와 같이 비록 국내 경쟁에서 다소 뒤지더라도 이미 세계 최고 수준의 기량을 갖춘 한국 걸그룹이기에 세계 어느 곳에서도 기량을 발휘할 수 있는 시대가 도래한 것이다. 이는 치열한 경쟁을 통해 경쟁력이 강화되었으나 자국시장 크기의 한계로 새로운 시장을 개척하기 위해 떠나는 개척자의 모습과 닮아 있다.

한국 걸그룹의 퍼포먼스를 본 일본의 한 PD는 "이건 도저히 과학으로도 따라올 수 없다."고 혀를 내둘렀다고 한다. 과학으로도 따라올 수 없다는 말은 상대가 범접하지 못할 경지에 올라 있어 도저히 추월이 불가능한 실력을 갖췄다는 말이기도 하다. 경술국치 100년이 되는 2010년, 한국의 소녀들이 일본을 문화로 지배하기 시작했다. 백범 김구선생의 《나의 소원》에 나오는 문화강국론이 현실에서 이루어질 날도 얼마 남지 않은 듯하다.

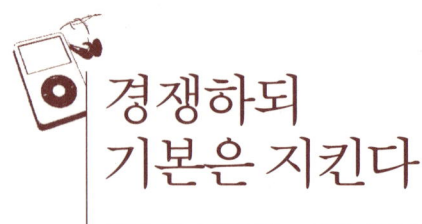

경쟁하되 기본은 지킨다
한국 엔터테인먼트 시장의 특성

**엔터테인먼트업계에
사람들이 몰리는 이유**

현재 국내에 있는 공연기획사 숫자는 대략 180개 정도다. 10년 전만 해도 30개가 채 안 되던 공연기획사들은 2000년대 중반 이후 그 수가 급속도로 증가했다. 음악의 디지털라이제이션 이후 음반 판매량이 급감하자 새로운 수익원을 찾기 시작했고 그 사이 공연이 대안으로 떠올랐기 때문이다.

모든 것이 디지털화되어도 공연장의 열기와 감동만큼은 대체할 수 없기에 가능한 일이다. 허나 공연시장이 성장한 건 사실이지만 시장성장률보다 더 크게 증가한 경쟁자들의 숫자는 대한민국 공연시장에서의 경쟁을 한층 더 치열하게 만들고 있다.

온라인 음악시장도 마찬가지다. 유료 온라인 음악 사이트가 2008년 40곡 패키지 상품 출시 이후 성장일로에 있다고는 하나 국내에서 7개의 업체들이 경쟁하는 한 수익성에는 한계가 있을 수밖에 없다. 기본적인 서버, DB, 회선 등의 인프라 비용에 인건비, 임대료 등이 합쳐진 고정비를 커버하려면 최소한 유지되어야 할 유료 회원수가 적지 않게 산출된다.

하지만 한정된 시장에서 많은 플레이어들이 경쟁하는 상황에선 이를 맞추기가 쉽지 않다. 성공한 온라인 기업의 잣대인 영업이익률 20퍼센트 이상을 달성하기 위해선 시장이 획기적으로 커지거나 경쟁자 수가 지금의 절반으로 줄어야 가능한 일이다.

음악의 유통과 플랫폼 시장의 경쟁이 이처럼 치열한 것과 마찬가지로 음악의 공급과 제작시장의 경쟁도 상상을 초월한다. 케이블에서 시작한 오디션 프로그램이 지상파 3사로까지 전부 확장되었음에도 불구하고 지원자가 넘쳐나고 있는 실정이다.

기획사의 오디션에도 연습생이 되기 위한 10대들의 발걸음이 끊이지 않는다. 초등학생 장래희망 1순위를 수년째 연예인이 지켜오고 있으며 중학생 이후부터는 백댄서가 장래희망이라는 소박하면서도 현실적인 대안이 나오는 등 실소를 자아낼 정도로 연예인에 대한 환상과 경쟁은 뜨겁다.

그 결과 대한민국의 걸그룹 수가 일본의 5배 이상이라는 말이 나올 정도다. 시장과열을 넘어 포화상태에 이르렀다. 이처럼 음악 산업은 제작, 유통, 플랫폼 전반에 걸쳐 엄청난 경쟁 과잉을 나타내고 있다.

한 산업군에서 경쟁자의 숫자가 급격히 늘어나기 위해선 그 산업의 성장률이 폭발적으로 증가하거나 시장 진입장벽이 상대적으로 낮아지는 등의 조건이 필요하다. 하지만 음악 산업의 경우 시장이 가파르게 성장하지도 않고 있고 연습생 기간이나 도제식 업무전수 방법 등을 보더라도 진입장벽이 절대 낮은 산업이 아니다. 그럼에도 불구하고 이 산업군에 진입하고자 하는 플레이어들이 계속 증가하고 있는 이유는 무엇일까?

독일은 부품, 기계, 화학 등의 산업이 발달된 나라다. 정확하지만 건조한 그들의 국민성에 잘 맞는 산업들이다. 미국은 IT 등 벤처 산업이 가장 발달된 나라다. 자유와 개척정신으로 대표되는 미국인들이 가장 잘 할 수 있는 분야이기도 하다. 영국과 전 세계에 퍼져 있는 유대인은 금융업에 강하다. 대부업과 주식회사가 시작된 나라답게 돈과 관련된 그들의 국민성과도 궁합이 잘 맞는다.

그렇다면 한민족의 특성에 맞는 대한민국의 대표 산업은 무엇일까? 대한민국은 강소국이면서도 경박단소와 중후장대의 산업을 다 갖춘 전방위적인 산업구조를 보이는 전 세계에서 유래가 없는 나라다. 그러나 산업화 이후 선진국의 발전상을 막연히 뒤따라갔던 것과 재벌들의 문어발식 확장에 기인하고 있는 것이라 국민성에 특별히 잘 맞는 산업군이라고 말하기는 어렵다.

필자가 보기엔 오히려 최근 열풍이 불고 있는 한류산업처럼 엔터테인먼트 업종이 한국민들의 민족성을 잘 반영한 산업이라고 할 수 있을 것 같다.《삼국지 위지동이전》에 춤과 노래를 즐기는 민족이란 말이 등장한 이래 한민족은 엔터테인먼트 업종에 강할 수밖에 없는 몇 가지 사실을 보여주고 있기 때문이다.

사실 유교가 한국민들에게 끼친 영향은 매우 크다. 중국에서 시작했지만 역사상 가장 유교적인 국가는 조선이라는 것이 학자들 사이에서 큰 이견이 없는 중론이다. 유교적인 삶을 기록한 유교 경전 중 청소년 시기 학문수행에 동기부여가 되는 사자성어가 있었으니 바로 '입신양명(立身揚名)'이다. '출세하여 이름을 세상에 드날리다.'라는 뜻의 이 말은 멀게는 조선시대 청소년들이 학문을 하는 원동력이었으며, 근래에도 젊은이들의 삶의 모토나 비전이 되고 있다.

사농공상의 시대였던 만큼 '세상에 이름을 드날리는 것'이 '재물을 축적하여 부자가 되는 것'보다 훨씬 가치 우위의 개념이었고 이는 근대를 넘어오면서까지 이어진다. 지금도 명문대 합격이나 고시합격이 있으면 출신학교에 현수막이 붙고 잔치를 벌이는 풍경을 볼 수 있는데 이는 입신양명의 가치가 아직도 남아 있음을 보여주는 증거다.

서구사회는 개인주의가 강하기 때문에 익명성과 프라이버시가 보장

되는 삶을 선호한다. 하지만 한국인들에게는 '출세하여 이름을 세상에 드날리는 것'이 가장 큰 효도요, 자기성취라는 가치관이 무의식 속에 자리하고 있다. 따라서 익명성보다는 공인이 되어 남들이 자신을 알아봐주길 원하는 욕구가 내면에 있다고 할 수 있다.

생활에서도 입신양명 욕구에 관한 사례를 찾아볼 수 있다. 어렸을 때 부르던 동요 중 '텔레비전에 내가 나왔으면 정말 좋겠네'라는 노래를 기억하는가. 1970년대부터 불리던 이 노래는 현존하는 동요 중 가장 인기 있는 곡 중 하나다. 보통 자연, 사랑, 친구, 부모 등이 주제가 되는 동요에서 문명의 이기를 통한 구체적인 욕망이 드러나는 이 동요는 사실 좀 별스럽다. 하지만 이 노래가 만들어진 계기는 차치하고서라도 40년 가까운 세월 동안 꾸준히 불린다는 사실은 한국인의 감성과 맞아떨어지는 그 무엇이 있다는 반증이기도 한다.

'텔레비전에 나오는 게 정말 좋다.'는 가사와 '춤추고 노래하는 예쁜 내 모습'이라는 가사는 오디션 과열 현상을 보이고 있는 2011년 현재 시점에서 보자면 마치 예언서를 보는 느낌이 든다. 이 노래를 세대를 바꿔가면서 즐겨 부르는 동안 무의식 중에 텔레비전에서 춤추고 노래하는 모습에 대한 욕구가 자리했을지도 모른다.

꿈을 이루기 위한 과정에서도 한국인의 특별한 성향은 일조를 한다. 전 세계에서 명품시장이 가장 큰 나라는 일본과 한국이다. 두 나라 모두 남들의 이목을 중시하는 민족성을 가졌기 때문이다. 하지만 거기엔 약간의 차이가 있다. 일본은 남들의 이목을 신경 쓰지만 남들에게 폐를 끼치면서까지 주목받고 싶어 하지는 않는다. 일본의 유명한 '메이와쿠(迷惑)문화' 때문이다.

하지만 한국인은 이런 일본에 비해 직설적이고 하드코어적이다. 목적한 바가 있으면 남들 이목 신경 쓰지 않고 저돌적으로 행동에 옮기고 이를 달성한다. 아름다움을 위해서 몸에 칼을 대는 것쯤은 우습게 생각한다. 그 결과 의대에선 성형외과, 피부과 지원자가 넘쳐나고 해외에서 성형원정을 올 정도로 성형외과 분야는 세계 최고의 실력을 자랑하게 되었다. 좋은 대학을 가기 위해선 전 세계 최고의 사교육 시장이 동원된다. 한 과목에 몇백만 원 하는 과외에서부터 심지어 대학에서도 학점 과외, 입사시험 과외 등을 치르는 나라다.

아이돌 그룹이 되기 위해 초등학교 때부터 오디션을 보고 연습생이 되어선 몇 년에 걸친 하드 트레이닝도 불사한다. 이처럼 수단과 방법을 가리지 않고 목적한 바를 이루고자 하는 직설적이고 하드코어적인 모습들은 이제 한국인을 묘사하는 하나의 특징이 되었다.

이제 정리해보자. 춤과 노래를 좋아하는 엔터테인먼트 DNA를 가진 민족이, 이름을 세상에 널리 알리는 것이 미덕이라는 가치관을 몇백 년 동안 지녀왔고, 목적달성을 위해선 하드코어적인 방법까지 동원하는 억척스런 성향을 보이고 있다. 이런 성향을 가진 민족은 전 세계에서 한민족이 유일하며 또 이런 성향이야말로 엔터테인먼트 산업을 이

끄는 최고의 덕목이기도 하다. 그리고 이것이 바로 엄청난 경쟁에도 불구하고 엔터테인먼트 시장에 많은 플레이어들이 지속적으로 들어오는 이유라고 할 수 있다.

**경쟁자보다
더 두려운 존재**

-
-
2005년을 읽는 대표적인 키워드 중 하나로 '블루오션(Blue Ocean) 전략'이 있다. 프랑스 인시아드 경영대학원 김위찬 교수와 르네 마보안 교수를 통해 국내에 처음 소개된 이 전략은 삼성경제연구소 선정 2005년 최고의 히트상품이 되는 등 용어 자체가 하나의 신드롬이었다. 블루오션 전략의 핵심은 레드오션(Red Ocean)이라고 정의되는 기존 시장에서 경쟁해 이기기보다는 경쟁사를 모방하지 말고 경쟁이 없는 새로운 시장, 즉 블루오션을 창출하라는 것이다.

스탠포드대학 윌리엄 버넷 교수가 제창한 '붉은 여왕 이론(Red Queen Theory)'은 블루오션 전략과는 180도 다른 논거를 펼친다. 1996년 발표된 이 이론은《이상한 나라의 앨리스》에 나오는 붉은 여왕이 모티브다. 붉은 여왕은 달리고 달려도 계속 같은 자리에 머무르는데 그 이유는 주변의 풍경도 같이 달리기 때문이다.

그래서 이 이론은 기업이 끊임없이 진화하지만 주위의 환경 역시 같은 속도로 변화하기 때문에 경쟁관계의 기업은 서로 성과를 내기 위해 끊임없이 노력해야 하고 그 결과 선순환의 연결고리로 이어질 수 있다고 말한다. 즉, 경쟁을 떠나 신시장을 창조하라는 블루오션 이론과는 반대로 경쟁을 통해 서로 발전할 수 있다는 경쟁 친화이론이다.

블루와 레드의 극명한 색깔 비교처럼 이 두 이론은 경쟁의 필요 유무에 대해서도 정반대 입장을 취한다. 어떤 이론이 더 우수하고 더 전략적인가를 따져보는 것은 무의미하다. 왜냐하면 업종과 외부환경, 산업 트렌드, 이 모든 것들의 순열조합에 따라 어느 전략을 구사하는 것이 가장 효과적인지 각기 다르기 때문이다.

하지만 최소한 2011년 현재 대한민국의 엔터테인먼트 기업들을 대상으로 하자면 붉은 여왕 이론이 더 적합할 것으로 보인다. 치열한 경쟁이 벌어지고 있는 것이 사실인 데다가 아직은 경쟁이 제살 깎아먹기 식의 모습이 아닌 서로 발전하는 모습들로 나타나고 있기 때문이다.

원더걸스가 미국으로 떠나고 소녀시대와 카라도 일본 활동에 더 주력하고 있지만 이들 걸그룹은 자칫 방심했다간 한국 내 수많은 걸그룹들에게 추월당할 수 있다는 위기감을 늘 갖고 있다. 그도 그럴 것이 한국의 걸그룹 시장이 세계 최첨단이기 때문에 이곳에서 벌어지는 일들에 대해 조금만 등한시해도 경쟁력 자체가 퇴보하는 결과를 가져온다.

따라서 정상권에 위치한 이들이지만 자만하지 않고 부단히 노력하게 되는 긍정적인 결과를 가져오는 것이다.

남자 아이돌들도 마찬가지다. 비록 최고의 한류 그룹이었던 동방신기가 2인조가 되고 월드스타 비마저 침체기에 빠졌지만 슈퍼주니어, 빅뱅, 2PM, 2AM 등의 빅 스타는 물론 데뷔 2년 남짓한 샤이니, 엠블랙, 비스트, 씨앤블루 등이 치열한 국내경쟁을 통해 짧은 시간 안에 월드클래스 수준으로 성장했다. 이처럼 붉은 여왕 이론은 '선의의 경쟁'이란 전제가 있는 한, 비록 그 경쟁이 치열하고 초기 성과가 더디더라도 시장 자체의 건전함을 꾀하는 데 도움이 된다는 것을 보여준다.

죄수의 딜레마에서 벗어나라

선의의 경쟁을 하는 이들은 경쟁자이기도 하지만 때로는 같은 배를 탄 동지이기도 하다. 그래서 어느 선까지가 경쟁자이고 어느 선까지가 동지인지 애매한 경우가 많다. 이와 같은 상황은 '게임이론'으로 설명하면 좀 더 이해가 쉬울 것이다. 게임이론은 한 집단, 특히 기업에 있어서 어떤 행동의 결과가 게임처럼 자신의 행동에 의해서만 결정되는 것이 아니고 동시에 다른 참여자의 행동에 의해서도 결정되기 때문에 자신에게 최대한 이익이 되도록 행동하는 것을 분석한 경영기법이다.

예로는 흔히 '죄수의 딜레마'가 사용된다. 이는 두 공범자가 서로 협력해 범죄사실을 부인하면 증거 불충분으로 형량이 낮아지는 최선의 결과를 누릴 수 있음에도 불구하고, 상대방의 범죄 사실을 자백하면 형량을 감해준다는 수사관의 유혹에 넘어가 상대방의 죄를 자백함으로써 둘 다 무거운 형량을 선고받는 현상을 말한다.

선의의 경쟁을 하고 있는 자들은 이 죄수의 딜레마처럼 상대방의 결정에 대해 모른다. 따라서 자신들이 비록 상대방을 위해 선의의 행동을 했더라도 상대방이 자신에게 악의적인 행동을 하는 날에는 큰 낭패에 빠지게 된다. 결과적으로 신뢰가 있는 사이가 아니고서는 아무리 선의의 경쟁이라도 죄수의 딜레마에 빠질 수밖에 없는 것이다.

하지만 음악 산업은 죄수의 딜레마와는 조금 다른 특수성이 존재한다. 함께 뛰는 플레이어들이 경쟁자이자 동시에 동지일 수도 있는, 갑과 을이 뒤바뀌는 상황이 자주 발생하기 때문이다. 기획사는 스타도 보유하고 있지만 신인도 보유하고 있다. 따라서 음악 유통사나 방송국에 대해 스타로 보자면 기획사가 갑이고 신인으로 보자면 을이 된다.

음악 유통사는 보통 스스로 운영하는 온라인 음악 사이트가 있다. 자신들이 유통하는 곡의 시장점유율은 전체 10퍼센트에 불과해도 다른 유통사의 곡까지 100퍼센트 다 유통시켜야 하는 것이 시장의 법칙이다. 왜냐하면 과거 타워레코드나 신나라레코드 같은 소매점 역할을 하기 때문이다. 따라서 음악 유통사 입장에선 자신 이외의 다른 음악사이트들에 대해선 갑이고 음악 사이트 입장에선 다른 유통사에 대해 을이 된다. 여기서도 상황에 따라 갑을이 바뀌는 경우가 발생하는 것이다.

이처럼 플레이어가 많은 시장에서 갑과 을이 자주 바뀌는 일이 비일비재하다면 어떤 게임이론을 적용하는 것이 맞을까? 아마도 일회성이 아니라 지속가능한 경영을 염두에 둔다면 상대방을 곤궁에 빠뜨리는 결정이 아니라 서로 윈윈하는 결과를 추구해야 할 것이다. 그리고 이를 위해서는 상호신뢰가 필수 조건이다.

하지만 불행히도 현실은 그렇게 호락호락하지 못하다. 죄수의 딜레마에서 둘 다 무거운 형량을 받는 것처럼 눈앞의 이익에만 휘둘려 결과적으로 소탐대실하는 결정들이 일어나기 때문이다. 전체적인 시장의 성장을 보는 것이 아니라 법과 규정이란 미명하에 서푼짜리 자기 권리만을 휘두르는 일들이 발생한다. 그 결과 나중에 갑을이 바뀌는 상황에선 상대방도 동일한 방식으로 대응하고 만다. 이런 일들이 잦아지면 상호신뢰는커녕 작은 시장에서 이전투구의 양상이 벌어지기도 한다. 따라서 이를 방지하려면 탐욕을 버려야 한다.

다행히 이 업계는 갑을이 수시로 바뀌기 때문에 내가 당한 일에 대해 복수하기도 쉽지만 내가 받은 혜택에 대해 보답하기도 쉽다. 제로섬이 아니라 플러스섬이란 말은 바로 이런 상황에서 탄생한다. 내가 한

번 도움을 받아야 나도 한 번 도움을 주겠다는 마인드는 플러스섬 세계에서 하수에 속한다. 내가 도움을 받고 안 받고를 떠나 내가 도움을 줄 수 있는 위치에 있을 때 도와주는 것이 고수이다. 자본투자나 R&D만이 투자가 아니다. 내가 영향력이 있을 때 상대방을 진심으로 도와주는 것, 그리고 그에 대한 대가를 당장 기대하지 않는 것, 그것이야 말로 진정 플러스섬을 위한 투자다.

소설 《상도》에서 거상 임상옥은 "장사는 이문을 남기는 것이 아니라 사람을 남기는 것."이란 말을 한다. 사람과 기회에 대한 투자가 역설적이게도 비즈니스 세계에서 가장 가치 있는 투자라는 것을 표현한 말이다. 선의의 경쟁은 경쟁 구도에 있는 모든 이들의 경쟁력을 강화시키는 결과를 가져오고 시장을 확대시키는 긍정적인 효과가 있다. 국내에서의 치열한 경쟁을 겪은 아이돌 그룹의 성공적인 해외진출 사례가 이를 증명해준다. 그리고 이들의 해외진출은 우리 민족으로 하여금 반만년 역사상 최초로 문화적 측면에서 전 세계의 주목을 받게 해주었다.

조상들이 한국인의 엔터테인먼트 기질을 DNA를 통해 전달해준 탓인지, 아니면 시대의 조류를 잘 읽은 우리의 역량 때문인지는 정확히 알 수 없다. 하지만 분명한 것은 지금이 문화대국으로 우뚝 설 다시 오지 않을 절호의 기회라는 것이다. 어떻게 찾아온 기회인데, 이를 탐욕 때문에 놓쳐버린다는 것은 우리 스스로에게, 그리고 후손들에게도 미안한 일이 아니겠는가.

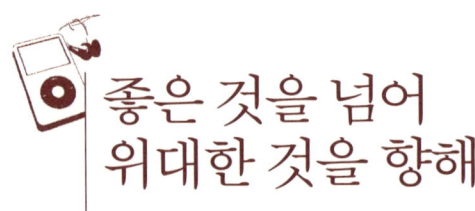

좋은 것을 넘어 위대한 것을 향해
가왕 조용필이 위대한 이유

**한국 가요계의 전설,
조용필**

20011년 3월 15일, 올림픽 체조경기장. 해질 무렵부터 주차장은 인산인해를 이루고 중장년으로 보이는 수많은 사람들이 종종 걸음으로 체조경기장에 들어서기 시작했다. 이날 만천 석의 좌석을 가득 채운 사람들은 대부분이 40~50대로 연소득은 물론 문화 소비로도 대한민국 상위 5퍼센트 이내에 드는 계층이었다.

그들이 이곳을 찾은 이유는 바로 미국의 록밴드 이글스의 공연을 보기 위해서다. 한국인이 좋아하는 팝 순위에서 언제나 상위권에 올라 있는 'Hotel California'와 'Desperado'를 부른 가장 미국적인 그룹인

이글스의 첫 내한 공연이 이날 열렸다.

3시간 가까이 진행된 콘서트에서 관객들은 이글스의 노래와 함께 30~40년 전 당시의 추억 속으로 빠져들었다. 이글스 멤버들이 전부 60대 중반을 넘은 나이라 한국에서는 아마도 처음이자 마지막이 될 가능성이 높은 기념비적인 콘서트였다. 이처럼 1970~1980년대를 풍미했던 팝의 거장들이 최근 공연을 위해 한국을 찾는 발길이 잦아지고 있다. 이글스 외에도 에릭 클랩튼, 스팅, 산타나, 엔리오 모리코네 등이 1~2년 사이에 한국을 방문한 뮤지션들이다.

팝스타들의 내한 공연이 잦은 가장 큰 이유는 음반시장의 침체를 공연시장으로 보완코자 하는 음악사업자들의 전략 수정이 있었기 때문이다. 그리고 국민소득이 2만 달러를 넘으면서 40대 이상의 구매력이 크게 향상된, 수요자의 변화도 한몫했다. 하지만 수요자의 구매력 향상이 모든 상품의 판매 증진을 일으키는 것은 아니다. 상품의 매력도가 유지되고 있어야 소비자들은 지갑을 연다.

그렇다면 히트한 지 30~40년이 지난 노래들이 꾸준히 매력도를 유지하고 있는 이유는 과연 무엇일까? 노래 자체의 완성도나 팬들의 향수 등 여러 가지 이유가 있을 수 있다. 그러나 가장 큰 이유는 그 노래를 부른 아티스트가 이미 레전드가 되었기 때문이다.

비틀즈, 엘비스 프레슬리, 롤링 스톤즈부터 2009년 사망한 마이클 잭슨에 이르기까지 팝의 세계에는 수많은 레전드가 존재한다. 세월은 많이 흘렀지만 그들의 노래는 아직도 전 세계인으로부터 많은 사랑을 받고 있다. 라디오에서, 레스토랑에서, 그리고 콘서트장에서 이들의 노래는 언제나 흘러나오고 있으며 팝의 고전이란 평가 속에 음악의 생명력을 꾸준히 잇고 있다.

레전드의 반열에 오르기 위해선 몇 가지 조건이 필요하다. 그중에서 가장 중요한 것은 그들의 노래가 현재에도 사랑받고 있어야 함은 물론, 과거 세대뿐만 아니라 현재 젊은 세대까지 아우르는 포용력이 있어야 한다는 것이다. 대한민국 가요사에서 이런 기준을 놓고 생각하면 가장 먼저 떠오르는 사람이 한 사람 있다. 바로 조용필이다.

최근 예능 프로그램들에서 소개해 다시 인기를 얻고 있는 조용필의 노래가 있다. 바로 '이젠 그랬으면 좋겠네'로 1990년에 발표한 12집에 실린 노래다. 20년의 세월을 뛰어넘어 다시 사랑받으며 조용필이 누군지도 모르던 10대들도 이 노래에 감동하는 것을 보면 한국의 레전드로서 명불허전임을 느낄 수 있다.

조용필이 한국 가요사에 가왕으로 등극하게 된 원인에는 여러 가지가 있다. 록, 발라드, 트로트에서 민요까지 모든 장르를 소화하는 능력과 최고의 절창으로 꼽히는 보컬리스트로서의 능력은 모두가 인정하는 조용필의 탁월함이다. 그러나 그는 이 영역을 뛰어넘어 노래를 직접 작곡하고 프로듀싱하는 능력까지 겸비했다. 가왕으로서 조용필의 진정한 위대함은 바로 여기에서 찾을 수 있다. 보통 싱어송라이터라고 하면 작곡도 하고 노래도 부르는 가수를 의미한다. 한 가지를 잘하기도 쉽지 않은데 두 가지를 프로페셔널하게 수행한다는 것은 그 자체만으로 범인을 뛰어넘는 실력자다. 그런데 이 두 분야에서 모두 경쟁자를 압도하는 탁월한 실력을 보이고 있으니 진정한 레전드라고 할 수 있다.

스포츠에 비유하면 맨체스터 유나이티드의 박지성이 수비형 윙어로 뛰면서 한 시즌에 40골을 넣는다든지, 박찬호가 선발로 20승을 하면서 타격에서도 3할을 치는 것과 같은 정도의 실력이라고 할 수 있다. 또 경영학적으로 보면 최고의 기술을 가진 공장에서 제품을 생산한 후 계열사가 보유한 최고의 유통매장을 통해 판매하는 것과 같다.

노래가 좋아서 히트를 한 것인지 가수가 잘 불러서 히트를 한 것인지는 닭이 먼저냐 달걀이 먼저냐 같은 답이 없는 질문이다. 하지만 가수의 성향과 능력을 가장 잘 아는 자신이 스스로 작사 작곡을 하고 직접 부른 경우는 마치 애플 OS에서 가장 잘 구동되는 아이폰처럼 곡과 가창의 조화에서 최적의 결과치를 뽑아낼 수 있을 것이다. 조용필은 자신의 감성을 통해 만들어진 노래를 자신의 가창력으로 소화함으로써 곡 해석과 곡 전달력에서 최고의 기량을 발휘한다. 이처럼 작곡과 가창능력에서 공히 경쟁자를 압도하는 탁월함을 보여줌으로써 가왕의 반열에 오를 수 있었던 것이다.

가왕의 반열에 오른 조용필이 현재도 살아 숨 쉬는 레전드로 존재할 수 있는 것은 공연에 대한 그의 열정 때문이다. 1990년대 이후 한국 음악의 흐름을 바꾼 서태지가 그러했듯 조용필의 음악도 원류는 록이다. 록은 기본적으로 젊음의 음악이고 밴드 음악이다. 아직도 위대한 탄생이라는 자신의 밴드를 갖고 있는 조용필은 이 밴드와 함께 환갑이 넘은 나이에도 매년 공연을 한다. 이글스가 그랬던 것처럼 환갑이 넘은 나이에 록밴드 공연을 지속적으로 할 수 있는 국내 가수는 현재 조용필이 유일하다.

공연을 지속적으로 하면 실력이 녹슬지 않고 관객들과 꾸준히 소통할 수 있다는 측면 외에도 장점이 하나 더 있다. 바로 이미 클래식이 된 과거의 히트곡들에 끊임없이 생명력을 불어넣는다는 점이다. 비록 세월이 흘러 젊은 시절의 목소리에 비해 성량이나 기력은 부족할지 모른다. 그러나 세월의 신산함이 더해진 그 나름대로의 매력을 공연을 통해 전달할 수 있다. 오크통에서 숙성된 위스키처럼 세월이 흐를수록 깊은 맛을 내는 무엇인가가 공연을 통해 만들어지는 것이다.

'Hotel California'의 전주에서 애잔한 기타 선율이 흐르는 것이나 조용필이 '비련'에서 '기도하는' 하고 절규하는 것 모두 시공을 뛰어 넘어 곡에 생명력을 불러일으키는 행위다. 그리고 이 과정들을 통해 그들은 이 시대의 레전드로서 팬들의 가슴에 영원히 남아 있게 된다.

아직 조용필과 같이 레전드의 반열에 오르진 못했지만 자신의 분야에서 레전드급의 활약을 꾸준히 보여주는 이들이 있다. 불혹이 넘은 나이에도 힙합 분야에서 활발한 활동을 보여주는 DJ DOC도 그중 하나다. 1994년에 데뷔한 DJ DOC는 2010년 7집을 발표하는 등 18년째 힙합 장르에서 독보적인 위치를 차지하고 있다. 멤버 3명 모두 신문의 연예면보다 사회면에 더 자주 등장한다고 할 만큼 악동이라는 확실한 캐릭터를 가지고 있는데, 갱스터랩으로 대표되는 힙합 음악과도 일맥 상통하는 그들만의 매력이 됐다.

DJ DOC가 훗날 레전드가 될 수 있다고 보는 가장 큰 이유는 아직도 시장에서 10대 아이돌 그룹과 경쟁하는 유일한 댄스그룹이라는 데 있다. 보통 전성기가 지난 40대 가수들은 가요차트의 순위에 연연하기보다 음반을 꾸준히 내는 것에 의미를 둔다. 하지만 DJ DOC는 다르다. 2010년 발표한 '나 이런 사람이야'는 음원차트 1위에 오르는 등 10대 아이돌 그룹과 동등한 조건에서 경쟁을 펼쳤다.

말이 쉬워 경쟁이지 지금처럼 음악시장이 아이돌에 편중된 상황에서는 20대 가수들이 부른 발라드도 경쟁에서 밀리는 것이 현실이다. 그러나 DJ DOC는 멤버 3명 모두 예능 MC로도 맹활약하는 등 시장의 주요 고객들과 지속적으로 교감을 유지한다. 게다가 아이돌 스타들이 보유하고 있지 못한 공연시장에서의 티켓파워도 보유하고 있다. 이처럼 DJ DOC는 그들만의 열정을 가지고 18년 동안 현역으로 꾸준히 활동하고 있으며 이는 훗날 레전드로 기억될만한 조건들을 하나씩 충족시켜 나가는 것이라 할 수 있다.

히트곡 하나도 만들기 힘든 가요계에서 수십 년간 정상의 위치에 서 있는 레전드들에게는 그들만의 특별한 무엇이 있다. 오랜 기간 그들은 치열한 경쟁을 통해 자신을 담금질해왔으며 그 경쟁에서 이긴 결과 지금의 자리에 오른 것이다. 세월이 많이 지난 지금 이제 그들의 경쟁자는 과연 누구일까? 세월과 자기 자신, 이 두 가지만이 앞으로의 경쟁에서 그들이 맞닥뜨릴 상대가 아닐까 한다.

좋은 것에서
머무르지 마라

짐 콜린스의 명저 《좋은 기업을 넘어 위대한 기업으로》의 첫 장은 '좋은 것은 위대한 것의 적'이란 말로 시작한다. 그리고 좋은 것과 위대한 것의 차이를 설명하기 위해 다음과 같은 역설을 소개한다.

거대하고 위대한 학교는 없다. 대개의 경우 좋은 학교들이 있기 때문이다. 거대하고 위대한 정부는 없다. 대개의 경우 좋은 정부가 있기 때문이다. 위대한 삶을 사는 사람은 아주 드물다. 대개의 경우 좋은 삶을 사는 것으로 족하기 때문이다. 대다수의 회사들은 위대해지지 않는다. 바로 대부분의 회사들이 제법 좋기 때문이다.

보통 사람들은 좋은 것과 위대한 것의 차이를 구분할 필요를 잘 느끼지 못한다. 그저 위대한 것이 좋은 것보다 좀 더 큰 개념이겠거니 하고 생각하는 정도다. 하지만 미켈란젤로가 남긴 이 명언을 떠올리면 그 둘의 개념 차이가 좀 더 확실해질 것 같다. "대부분의 사람이 가장 경계해야 할 위험은 목표를 너무 높게 세워 그것을 이루지 못하는 것이 아니라 목표를 너무 낮게 세워 그것을 쉽게 이루어버리는 것이다."

르네상스 시대의 대표적인 천재 예술가답게 그는 늘 도전적인 목표를 세웠고 그 결과 〈천지창조〉 같은 세기의 걸작을 남길 수 있었다. 결국 짐 콜린스와 미켈란젤로의 말을 종합하면 개인이든 기업이든 그들이 위대한 존재로 진화하길 원한다면 '좋은' 정도의 현실에 만족하지 말고, 한 발짝 더 나아가 '위대한' 위치에 이를 때까지 노력해야 한다.

조용필은 그의 밴드 이름인 '위대한 탄생'처럼 좋은 상태에 만족하지 않고 위대한 길을 택해 한 발짝 더 나아갔기에 이 시대의 레전드가 됐다. 그가 30대였던 1980년대, 조용필은 가수로서 이룰 수 있는 모든 것들을 다 이뤘다. 수많은 노래들이 1위를 차지했고 연말마다 시상하는 가수왕을 휩쓸었다. 대한민국에서 가수로서 가질 수 있는 모든 명예를 다 가진 것이다. 최고의 가수다 보니 경제적인 보상도 뒤따라 당시에 벌어들인 재산은 물론 향후 들어올 저작권료도 엄청난 액수였다.

정상의 위치에 서 본 사람은 그 위치가 가지고 있는 외로움과 공허함을 기억한다. 더 이상 올라갈 곳이 없다는 사실은 이제 아래로 내려가야 할 일만 남았다는 것이다. 지금부터 죽을 힘을 다해 노력해도 자리를 보전하는 정도밖에 되지 못한다는 현실이 정상에 있는 사람들을 공허하게 만드는 것이다.

만 40세를 맞은 1990년의 조용필도 그랬을 것 같다. 더 이상 올라갈 곳은 없고 매년 반복되는 앨범 출시와 가수왕 수상에서도 더 이상 도전의 의미를 찾을 수 없는 상황이 그를 고민케 만들었을 것이다. 만약 거기서 편하게 '좋은' 상태를 유지하자는 생각을 했다면 지금 레전드로 남지 못했을지도 모른다. 단지 1980년대를 휩쓴 한 세대의 가수 정도로만 기억됐을 것이다. 하지만 그는 '좋은' 상태에 안분지족하지 않았다.

**레전드의
조건**

-
-

1990년 12집 '추억속의 재회'를 끝으로 그는 방송출연 및 연말 가요대상 출연 중지를 발표한다. 그리고 뉴욕에서 봤던 브로드웨이 뮤지컬 〈거미 여인의 키스〉를 떠올리며 우리나라에도 그 정도 규모의 무대와 공연을 선보이겠다는 목표를 세운다. 공연시장이라고는 극장 리사이틀이나 디너쇼가 전부였던 당시 본격적으로 공연문화의 도입을 꿈꾸기 시작한 것이다.

  1993년 해운대 백사장을 10만 관객으로 가득 채운 단독콘서트를 통해 성공 가능성을 확인한 그는 1990년대 중반 이후 본격적인 대형 콘서트를 통해 관객들에게 다가가기 시작했다. 국내 대중가수 중 최초로 예술의 전당 오페라 극장에서 개최한 그의 콘서트는 개관 이후 가장 높은 예매율을 기록하기도 했다. 2003년 잠실주경기장에서 열린 데뷔 35주년 콘서트는 지금껏 팝스타도 기록하지 못한 5만 석 매진을 기록했다. 엄청난 빗속에서 열렸지만 한 명도 자리를 뜨지 않는 관객들의 모습은 가왕 조용필의 위력을 새삼 확인시키는 계기가 되었다.

  이제 명실공히 환갑을 넘은 나이가 된 조용필이지만 아직도 매년 콘서트를 열고 있다. 그리고 해가 갈수록 무대장치나 사운드가 좋아지면서 명품 공연으로서의 명성을 이어가고 있다. 좋은 것에 만족하지 않고 한 걸음 더 나아간 결과 진정한 '위대한 탄생'을 한, 이 시대의 레전드가 된 것이다.

  짐 콜린스는《좋은 기업을 넘어 위대한 기업으로》에서 위대한 기업이 되기 위한 리더의 자질을 5단계로 구분했다. 그리고 마지막 5단계의 리더가 나타나야 진정 위대한 기업으로 갈 수 있다고 말한다. 짐 콜린스가 말한 5단계 리더란 겸손한 모습을 갖춤과 동시에 직업적으로 강렬한 의지를 보유한 리더다. 겸손해 보인다고 해서 나약하거나 자신들의 이기심에 관심이 없다는 것은 아니다. 원대한 뜻을 품고 있으나 그들의 야심은 자기 자신이 아니라 조직에 우선을 둔다. 그리고 불굴의 의지와 물고 늘어지는 근성, 무한해 보이는 인내력의 소유자들이 바로 위대한 기업을 만들 수 있는 5단계 리더의 모습이다.

겸손하지만 내면에 강한 의지를 담고 있는 모습이 위대한 리더의 모습이라면 조용필은 대표적인 인물이라고 할 수 있다. 30년 넘는 기간 동안 대한민국 최정상의 가수로 지낸 조용필이지만 패티김에 비하면 자신은 아직 어린애라고 말하며 겸손한 모습을 보인다. 별다른 취미도 없고 지인들과 술 한 잔 하는 것을 낙으로 삼는 소탈함도 있다. 어쩌다 노래방을 가면 자신의 노래만 연달아 부른다는 것은 이미 공개된 사실이다.

소록도에서 자선 공연을 펼치고 한센인들에게 오히려 감동을 받았다 말하고, 다시 오겠다는 약속을 지켜 국민들을 감동시키기도 했다. 이처럼 철저한 자기관리와 겸손한 마음가짐을 갖고 지내온 조용필이지만, 음악에 대해서만은 누구보다 강한 열정을 보여준다. 아직도 틈나는 대로 창작 활동에 매진하는 한편, 콘서트를 앞두고서는 여느 젊은 가수 못지않게 연습에 힘을 쏟는다. 40년 동안 불러온 노래들이지만 꼼꼼히 점검하는 모습은 구도에 힘쓰는 성직자의 모습을 연상시키기도 한다.

무대연출에 관한 열정도 김장훈이나 싸이 같은 젊은 콘서트 스타들 못지않다. 일본에서 도입한 무빙 스테이지를 선보였고 2011년엔 이를 자체 기술로 개발해 콘서트 장치기술에 진일보를 이루기도 했다. 한 인간이 겸손하면서도 내면에 굳은 의지를 가질 수 있다는 것은 위대한 기업이 탄생하는 것과 같은 난이도를 지닌다. 조용필은 그 어려운 과정을 통과했기에 이 시대의 진정한 레전드가 될 수 있었다.

팝의 거장 퀸시 존스가 2011년 한국에 방문했을 때 기자들과의 인터뷰에서 인상적인 말을 남겼다. 자신에게 있어 가장 전성기가 언제였냐는 기자의 질문에 퀸시 존스는 일말의 고민도 없이 "Tomorrow!"라고 답변했다. 일흔이 넘은 이 위대한 팝의 거장은 아직도 자신의 전성기가 오지 않았다고 생각하는 것이다. 레전드가 되고자 하는 열망을 결코 놓지 마라.

"그래도 가장 좋은 것은 앞날에 남아 있으리……."

– 로버트 브라우닝의 시 중에서

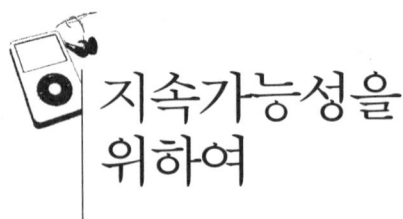

지속가능성을 위하여
최고 작곡가의 생존 전략

**창작의 샘에는
정해진 양이 있다?**

〈나는 가수다〉가 화제가 되면서 재조명을 받기 시작한 작곡가가 있다. 바로 남진의 '빈 잔'을 록과 국악이 접목된 곡으로 편곡한 하광훈이다. 하광훈은 '홀로 된다는 것'을 비롯해 대부분의 수록곡이 히트했던 변진섭의 1, 2집에 참여했고 김민우를 스타덤에 올린 '사랑일뿐이야'와 조관우의 '늪'에 이르기까지 1990년대 초반 최고의 작곡가로 명성을 날렸다.

하광훈보다 약 10년 앞선 시기에도 당대 최고의 작곡가가 한 명 있었는데 바로 이범희다. 한국인이 좋아하는 가요 베스트에 늘 상위권에 랭크되는 이용의 '잊혀진 계절'을 비롯해 조용필의 '눈물의 파티', 그리고 당대의 아이돌 스타인 전영록의 '종이학'까지. 1980년대 최고 인기를 구가했던 가수들을 통해 수많은 명곡들을 탄생시켰다. 10년의 시차를 두고 있지만 하광훈과 이범희의 당시 음악은 어떤 가수가 부르든 큰 인기를 누렸고 나오는 곡마다 대히트를 기록해 과연 그들을 넘어서는 작곡가가 나올 수 있을까가 궁금할 정도였다.

하지만 돌이켜 보면 이들의 전성기는 2~3년을 크게 넘지 않았던 것 같다. 히트곡들의 임팩트가 워낙 강렬해서 그렇지 그들의 전성기는 딱 그때까지였다. 활동 기간은 좀 더 길었지만 나오는 곡마다 히트를 기록하던 전성기는 생각보다 짧았다. 마르지 않는 화수분처럼 언제나 인기곡을 만들어낼 것만 같던 그들이 순식간에 정점을 찍고 내려오게 된 이유는 무엇이었을까?

일본 인물화의 장인으로 꼽히는 샤라쿠는 일본 역사 속에서 미스테리한 인물로 남아 있다. 어느 날 갑자기 등장해 10개월간 140여 점의 그림을 남기고선 홀연히 종적을 감췄기 때문이다. 일각에선 조선에서 넘어간 김홍도가 샤라쿠와 동일 인물이란 학설이 있을 정도다.

이처럼 창작의 세계에선 짧은 기간에 불꽃처럼 활동을 하다가 갑자기 중단하는 경우나 활동은 이어가지만 과거 같은 실력을 다시 보여주지 못하는 경우가 종종 있다. 그 이유에 대해서는 여러 가지 설이 있는데 그중 하나가 바로 '창작의 샘에는 정해진 양이 있다.'는 설이다. 즉,

인간이 일생 동안 자신의 분야에서 창작할 수 있는 양은 미리 정해져 있는데 이를 한꺼번에 많이 꺼내 쓴 사람은 그만큼 짧은 시간에 큰 인기를 누리지만 전성기는 짧게 끝난다는 얘기다. 물론 이는 과학적으로 검증된 얘기는 아니다. 하지만 지금까지 뛰어난 창작자들의 생애를 생각하면 정도의 차이가 있긴 하나 이 가설에 부합되는 사례들이 적지 않았다.

한국 가요계만 보더라도 앞서 얘기한 이범희, 하광훈 이외에도 1990년대에 서태지, 신승훈이 있다. 1992년 데뷔해 한국 가요계의 지형을 바꾸어 놓았던 서태지는 1996년 창작의 고통을 호소하며 5년 만에 충격적인 은퇴를 발표한다. 2000년 이후 본인이 그토록 하고 싶어 하던 펌프록으로 다시 돌아왔으나 5년 전 세상을 호령하던 그는 더 이상 아니었다.

신승훈도 마찬가지다. 아직도 꾸준한 활동을 하고 있지만 출시하는 앨범마다 메가톤급 인기를 보여주던 그의 곡들은 1996년 5집을 마지막으로 그 파괴력이 떨어지기 시작했다. 이처럼 당시 20대였던 서태지와 신승훈이 짧은 시간에 많이 고갈시킨 창작의 샘에서 다시 맑은 물을 길어 올리기란 버겁지 않을까 하는 생각이 든다.

다소 비과학적인 '한정된 창작의 샘' 설보다는 환경의 변화라는 보편적 담론을 바탕으로 적자생존을 얘기하는 사람들도 있다. 창작물, 특히 대중가요는 고객들이 선호하는 트렌드가 주기를 가지고 변하는데 이

변화를 따라가지 못하는 순간 도태될 수밖에 없다는 것이다.

앞의 사례를 보면 이범희의 경우 1980년대 중반 이후 조용필이 본격적으로 싱어송라이터로 나서고 이영훈이라는 걸출한 팝발라드 작곡가가 등장하면서 급격히 영향력을 잃었다. 하광훈은 서태지가 등장하면서 완전히 다른 음악이 대세가 되고 그 조류에 휩쓸린 경우다. 서태지와 신승훈은 기획사에서 철저히 훈련된 아이돌 시스템과의 경쟁에서 밀린 경우라고 할 수 있다.

이처럼 적자생존론은 환경변화와 경쟁을 바탕으로 창작능력의 지속가능성에 대해 얘기하고 있다. 이 가설은 한 명의 뛰어난 창작자의 능력이 정점에서 빛을 발할 기간은 최대 5년을 넘기가 어려울 정도로 창작세계의 경쟁이 치열하다는 것을 알려준다.

1990년대 중반 대중가요의 창작세계는 약간의 변화를 맞이한다. 이 시기에 작곡가로 데뷔해 아직도 인기 작곡가로 활동하고 있는 이들이 있다. 바로 윤일상과 박진영이다. 윤일상은 DJ DOC의 초기 히트곡인 '미녀와 야수', '겨울이야기'를 시작으로 터보, 영턱스클럽, 이정현의 히트곡들을 만들었다. 무엇보다 쿨의 '운명', '해변의 여인' 등으로 유명한 1990년대 댄스계의 최고 인기 작곡가다. 하지만 2000년대 들어서도 김범수의 '보고 싶다', '하루'는 물론 2010년까지 노래방 최고 인기곡으로 집계되는 이은미의 '애인 있어요'를 작곡하는 등 히트곡 제조기로서 명성을 이어가고 있다.

박진영은 더 설명이 필요 없는 작곡가다. 자신의 노래는 물론 god, 비, 원더걸스, 2PM, 2AM, 미쓰에이 등의 노래를 직접 작곡하며 최고의 인기를 구가하고 있다.

길게는 15년에 이르도록 아직도 최고의 노래를 작곡할 수 있는 그들의 원동력은 무엇일까? 어떤 이유로 창작의 샘이 마르지 않은 채 치열한 적자생존의 경쟁 속에서 계속 살아남을 수 있는 것일까?

첫 번째는 특정 장르에 국한되지 않고 댄스와 발라드에서 공히 최고의 곡들을 만들어내는 작곡 실력을 들 수 있다. 앞서 사례로 든 인기 작곡가들은 발라드면 발라드, 댄스면 댄스, 자신들의 주력 분야에만 집중했다. 그러다 보니 트렌드가 바뀌거나 발표한 노래가 한두 곡 인기를 얻지 못하면 장기적인 침체를 맞았다. 음악적으로나 경제적으로나 포트폴리오가 다양하지 못하다는 것은 환경변화에 취약하다는 약점을 가질 수밖에 없다.

이에 반해 윤일상과 박진영은 댄스와 발라드에서 모두 탁월한 실력을 발휘했다. 이들의 출발은 1990년대 중반 당시 유행이었던 댄스 음악이다. 하지만 댄스 음악만 고집하지 않았다. 스스로를 위해 작곡의 다양성이 필요하기도 했지만 가수의 분위기 변화를 위해서라도 발라드에 도전했다. 그들은 댄스와 발라드라는 서로 상이한 창작 샘을 모두 가졌기 때문에 경쟁자에 비해 두 배 이상 긴 창작의 시간을 누릴 수 있었는지 모른다.

둘째는 환경변화의 주기가 길어졌다는 것이다. 윤일상, 박진영이 데뷔한 1990년대 중반은 대한민국 가요사의 전성기였고 지금도 당시의 노래들이 아이돌 가수들에 의해 리메이크 되는 등 곡의 수준이나 트렌드가 현재와 비교해도 결코 뒤처지지 않는다.

다시 말하면 현재 대중가요의 형태가 제대로 모양새를 갖춘 시점이 바로 1990년대 중후반이고 이후 음악적으로 큰 변화가 없었다는 것이다. 환경변화가 미미한 상태에선 기존 플레이어들이 경쟁력을 가질 수 있는 기간이 길어진다. 이처럼 새롭게 만들어진 환경이 변화 없이 오래 지속된다면 초기에 합류한 이들은 조기진입자의 장점을 오랜 기간 누릴 수 있는 행운을 얻게 된다.

연예인의 인기든 기업의 성장이든 가능하면 오래 지속되기를 원하는 것은 인지상정이다. 과거엔 속내에 담아둘 만한 이런 욕구가 이젠 공식적으로 사회성을 띤 언어로 회자되고 있으니 바로 '지속가능성(Sustainability)'이다. 앞서 소개한 작곡가들의 사례는 창작능력의 지속가능성을 통해 아티스트, 더 나아가 엔터테인먼트 기업이 지속가능성을 확장해나가는 모습을 보여준다. 그렇다면 일반기업이 지속가능성을 증가시키기 위해선 어떤 것들이 필요한 것일까?

착해야
살아남는 시대

지속가능성이라는 말은 과거엔 주로 환경보존의 개념으로 쓰였다. 환경을 고려해 유한한 천연자원이나 지구환경의 영속성을 추구하자는 의미가 지속가능성이란 개념의 시작이다. 유한자원의 영속성을 보존해야 함은 미래 세대를 위한 일이므로 일부에선 지속가능성의 의미를 '모든 세대를 아우르는 공통된 권리(Intergenerational equity)'라고 해석하기도 한다.

이 개념을 국내 경제정책에서 자주 거론되는 성장과 분배의 논리에 비추어 설명하면 지속가능성은 분배의 개념을 지니고 있다. 분배되어야 할 재화는 현존하는 모든 종류의 자원이고 그 분배의 대상은 현 세대와 미래 세대이기 때문이다. 결국 현재 세대가 유한한 자원을 다 써버리고 환경을 파괴한다면 미래 세대에게 고스란히 피해로 돌아갈 수밖에 없기 때문에 그들을 위해서 환경보존에 힘 써야 한다는 것이다.

주로 인류의 지속가능성을 얘기하고 지극히 환경생태학적인 개념이었던 지속가능성이 경제경영 용어로 본격 등극하기 시작한 시기는 2000년 초 엔론과 월드콤 사건 등으로 기업의 모럴 헤저드(도덕적 해이)가 도마 위에 오르면서다. 기업들의 도덕불감증 여파로 기업의 사회적 책임을 강조하게 되었고, MBA 과정에는 윤리 과목이 포함되는 등 변화의 바람이 불기 시작했다.

CSR을 기업의 전략, 특히 마케팅 전략으로 삼은 기업의 경우 감사보고서와 별개로 CSR 리포트를 매년 발간하기도 한다. CSR 리포트는 기업의 연간 영업행위를 사회적, 환경적, 재무적 성과의 세 부분으로 나누어 별도 작성한 보고서다. 보통 재무적 상황만 보고하는 연차보고서와는 달리 임직원, 지역사회, 환경까지 고려한 CSR 리포트는 자신들이 돈에만 혈안이 된 기업이 아니라 사회에 책임을 다하는 '착한 기업'이라는 긍정적인 이미지를 심어 준다. 실제로 이런 착한 기업들이 지속가능할 확률이 점점 높아지는 사회가 되고 있다.

과거 나이키와 스타벅스는 후진국 어린이들의 노동력을 착취해 신발을 제조하고 커피 재배를 했다는 사실이 알려지면서 소비자들 사이에 불매운동이 벌어지기도 했다. 나쁜 일을 하는 기업들을 공개적으로 비판하고 고객들이 직접 제재를 가할 수 있는 시대가 된 것이다.

무기, 술, 담배 회사 같이 인류에게 좋지 않은 영향을 끼치는 상품을 제조, 판매하는 회사에게 투자를 하지 않는 사회적 책임 투자펀드(Social Responsible Investment)도 큰 규모로 운영되고 있다. 반대로 사회적 책임을 다하거나 환경보전에 힘쓰는 기업에 적극적인 투자를 함으로써 이들 기업의 주가상승과 이익증대에 도움을 주기도 한다. 이처럼 글로벌 기업들 사이엔 사회적 책임을 다하지 못하면 경영성과마저도 좋지 않을 수 있다는 인식이 팽배해지고 있다.

하지만 대한민국의 실정은 이런 국제적 분위기와는 사뭇 다르다. 저

축은행 불법인출 사건은 도덕 불감증이 어느 정도 심각한지를 보여주는 대표적인 사건이다. 금융업은 일반 제조업과 달리 고객의 돈을 직접 만지기 때문에 어느 직업보다 도덕성이 중시되는 직업이다. 금융회사마다 컴플라이언스 부서가 따로 있고 금융자격증 시험에 윤리가 늘 빠지지 않는 것이 그 이유이다. 그런 조직에서 영업정지 전 사전인출이 이루어졌다는 것은 모 방송사에서 얘기한 것처럼 침몰하는 배에서 직원과 직원가족들만 빠져 나온 것과 같은 비열한 행위다.

주가조작에 재벌 3세, 경제단체 임원, 공인회계사가 전부 가담했다는 뉴스를 접했을 때는 국민의 한 사람으로서 실소를 금할 수 없었다. 수백억 원 이상의 자산을 보유한 소위 사회지도층이란 사람들이 허위정보를 활용해 자신의 탐욕을 채웠다는 사실은 반대로 얼마나 수준 이하의 인간들이 그동안 사회지도층인양 행세했냐는 허탈감을 자아낸다. 노블리스 오블리제까지 기대하진 않지만 최소한 상식적인 차원의 도덕성은 지켜져야 한다. 아무리 관행이고 편법이라 할지라도 더 이상 이런 것들이 용인되는 사회로 놔둬서는 안 된다.

외국 기업들이 사회적 책임을 크게 강조하고 전체 사회 역시 이들에 대한 감시, 감독을 게을리하지 않는 것을 우리도 본보기로 삼아야 한다. 착한 기업에겐 상을 주고 나쁜 기업에겐 그에 걸맞는 벌을 주어 착한 기업들이 지속가능한 성장을 할 수 있는 사례를 만들어나가야 한다.

엔테인먼트업계의
지속가능한 미래

대한민국 엔터테인먼트 기업은 지난 10년간 한류 열풍을 일으키며 많은 발전을 이뤘다. 물론 동기간 적지 않은 시행착오를 겪은 것도 사실이다. 다수의 엔터테인먼트 기업들이 코스닥에 우회상장 열풍을 일으키고 얼굴마담으로 스타 한두 명을 내세운 머니 게임으로 치달을 땐 기껏 쌓아 올린 한류의 이미지가 무너지는 것이 아닌가 하는 위기감이 들기도 했다.

하지만 엔터테인먼트 DNA를 타고난 민족답게 스스로 자정능력과 치유능력을 보유하고 있었다. 그 결과 격변기의 시행착오를 툴툴 털어내고 제2의 한류 열풍을 일으키기 시작했다. 기업들의 실적은 좋아지고 덩달아 투명경영과 시스템경영이 자리 잡기 시작했다.

2010년 대한민국 빅3 엔터테인먼트 기업이 매출과 영업이익에서 엄청난 신장을 했다는 것은 매우 중요한 의미를 가진다. 드디어 엔터테인먼트 기업들이 선순환의 고리에 들어오기 시작했다는 의미이기도 하다. 곳간에서 인심 난다고 기본적으로 기업이 수익을 꾸준히 내고 망한다는 걱정이 없으면 주위를 살펴볼 수 있게 된다. 즉, 기업의 사회적 책임이란 관점에서 주위를 둘러볼 여유가 생긴다는 말이다.

대한민국 엔터테인먼트 기업은 여느 기업보다 사회적 책임이 막중하다. 이 나라의 초석이 될 청소년들을 주요 고객으로 두고 있다는 것이 첫 번째 이유다. 그리고 국민들이 더 열심히 일할 수 있도록 즐거움과 휴식을 주는 역할을 한다는 것이 두 번째 이유이다. 청소년들에게 있어 스타는 말 그대로 영웅이고 우상이다. 따라서 이들이 하는 말 한마디와 행동 하나가 끼치는 영향은 상상 이상이다.

일례로 스타들이 정기적으로 기부를 하고 제3세계 어린이를 돕는 모습은 우리 청소년들에게 기부와 선행이라는 행위를 더없이 숭고한 것으로 각인시킬 수 있다. 스타들이 자원입대하고 해병대에서 극한의 훈련을 받는 모습은 국토방위의 신성함을 강조하는 그 어떤 교육보다도 우수한 교육이 된다.

아시아를 넘어 유럽 등지에까지 한류 열풍을 일으킨다는 뉴스는 국민들에게 그 어떤 영양제보다 훌륭한 정신적 보약이다. 우리는 IMF 때 박세리의 골프와 박찬호의 메이저리그를 보며 고난을 이겨낸 기억이 있다. 2002년 월드컵 4강은 국민 전체를 하나로 똘똘 뭉치게 했음은 물론 국가 이미지 제고 등 경제적 부가가치도 수조 원에 달했다.

해외 교민과 해외 수출기업에게 그동안 한국의 글로벌 기업들이 국가적 자긍심을 불러일으켰다면 이젠 한류 기업과 한류 스타들이 그 자리를 대신하고 있다. 이 모든 것이 대한민국 엔터테인먼트 기업들이 기업의 사회적 책임을 다하는 것이요, 한국민과 세계인들의 사랑을 받는 착한 기업이 되는 길이기도 하다.

착한 사람이 반드시 장수하는 것은 아니지만 착한 기업은 반드시 지속가능해진다. 지금으로부터 100년 뒤, 전 세계인들의 여가와 즐거움을 책임지고 있는 대한민국 엔터테인먼트 기업들의 긍정적인 모습을 기대해본다.

  대한민국이 전 세계 엔터테인먼트 시장의 메카가 되어 히말라야에서 제일 높은 산이 세계 최고봉이 되듯 대한민국 엔터테인먼트 기업들이 세계 최고의 기업이 되는 그 날을 꿈꿔본다. 그리고 그 꿈은 반드시 이루어질 것이다.

감사의 글

처음 《킬러 콘텐츠 승부사들》 출간 제안을 받았을 때 여러 가지 감정이 교차했다. 2006년 출간한 《엔터테인먼트 경제학》이 고객의 시각에서 쓴 작품이라면, 공급자의 입장에서도 글을 쓰고 싶다는 생각을 늘 하던 차였다. 실제 엔터테인먼트업계에서 경험하고 느낀 것들은 밖에서 보고 추정하는 것들과 다른 점들이 제법 많다.

물론 공급자의 시각에서 글을 쓰는 것이 좀 더 부담스러운 것은 사실이다. 밖에서야 평론하듯 이렇다 저렇다 얘기하기 쉽지만 안에서는 사실 여부나 개인 의견의 편향성 등을 고려해야 하기 때문이다. 글을 쓰는 내내 최대한 객관성을 잃지 않기 위해 애썼고 탈고하기까지 많은 분들의 도움이 있었기에 가능했다.

우선 정확한 타이밍에 좋은 기회를 제공해 이 책을 출간할 수 있게 해준 다산북스에 감사의 말을 전하고 싶다. 그리고 집필한 원고들을 1차 독자로서 읽어 주고, 독자 입장에서 날카로운 비평을 아끼지 않은 소은과 선영에게도 감사의 말을 전한다. 비록 그대들의 날선 평론이 작가의 고집으로 많이 적용되지는 못했지만 '읽어 주는 사람'이 있어 지루한 집필 작업에 힘을 얻은 것은 부인할 수 없는 사실이다.

글을 쓸 수 있는 DNA를 주시고 묵묵히 지원해주시는 부모님께는 아무리 감사해도 늘 부족함을 느낀다. 무뚝뚝하고 표현능력 제로인 재미없는 아들이라 책 출간을 통해 지면을 빌려 사랑과 감사의 말을 전할 수 있는 것은 큰 기쁨이 아닐 수 없다.

주말마다 노트북과 씨름하느라 2011년 봄을 그냥 보낼 수밖에 없었던 아빠를 너그럽게 이해해준 딸 서영이와 아내 유미에게도 감사의 말을 전한다. 특히 올해 중학교에 들어간 딸에겐 아빠의 집필과정이 평생 특별한 기억으로 남을 것이다. 10년쯤 지난 후에는 이 책을 함께 읽고 2011년의 봄을 웃으며 얘기할 날을 기대해본다

직장인이 주말에 글을 쓴다는 것은 결코 녹록치 않은 일이라 걱정도 많았다. 하지만 '몸에서 밀어내는 글'이 있다는 한 작가의 얘기처럼 이번 책이 필자에게도 그랬다. 그동안 경험하고 메모해 놓은 것들이 글을 쓰기 무섭게 몸에서 밀어내듯 쏟아져 나왔다. 글쓰기가 벽에 부딪혔을 때는 아티스트들의 뮤직비디오나 음악에서 영감을 얻기도 했다. 마지막으로 이 책을 쓸 수 있도록 다양한 영감과 아이디어를 준 모든 대한민국 엔터테인먼트 리더들에게 감사 인사를 전하고 싶다.

킬러 콘텐츠 승부사들

초판 1쇄 발행 2011년 8월 10일
초판 2쇄 발행 2011년 8월 22일

지은이 정해승
펴낸이 김선식

Chief Story Creator 김성훈
Story Creator 한선화
Marketing Creator 이주화

Brand Creative Story Team 김성훈, 한선화
Creative Marketing Dept. 모계영, 이주화, 김하늘, 정태준, 신문수
　　　　　　Communication Team 서선행, 박혜원, 김선준, 전아름
　　　　　　Contents Rights Team 이정순, 김미영
Creative Design Dept. 최부돈, 황정민, 김태수, 박효영, 이명애, 손은숙
Creative Management Team 김성자, 김미현, 정연주, 권송이
Outsourcing 이성희

펴낸곳 (주)다산북스
주소 서울시 마포구 서교동 395-27
전화 02-702-1724(기획편집) 02-703-1725(마케팅) 02-704-1724(경영지원)
팩스 02-703-2219
이메일 dasanbooks@hanmail.net
홈페이지 www.dasanbooks.com
출판등록 2005년 12월 23일 제313-2005-00277호

필름 출력 스크린그래픽센타 **종이** 월드페이퍼(주) **인쇄·제본** (주)현문

ISBN 978-89-6370-611-5　03320

- 책값은 표지 뒤쪽에 있습니다.
- 파본은 구입하신 서점에서 교환해드립니다.
- 이 책은 저작권법에 의하여 보호를 받는 저작물이므로 무단 전재와 복제를 금합니다.